AF347446

# MICHEL BAKOUNINE

---

# ŒUVRES

# A LA MÊME LIBRAIRIE

*Ouvrages déjà publiés
dans cette Bibliothèque Sociologique :*

BIBLIOTHÈQUE SOCIOLOGIQUE

# MICHEL BAKOUNINE

# OEUVRES

## FÉDÉRALISME, SOCIALISME
## ET ANTITHÉOLOGISME

### LETTRES SUR LE PATRIOTISME

### DIEU ET L'ÉTAT

PARIS

**P. V. STOCK, ÉDITEUR**

**(Librairie TRESSE & STOCK)**

8, 9, 10, 11, GALERIE DU THÉATRE-FRANÇAIS
PALAIS-ROYAL

1895

*Il a été tiré à part, de cet ouvrage, 10 exemplaires sur papier de Hollande, numérotés à la Presse.*

N° 7

# INTRODUCTION

Avant de publier ce volume d'œuvres inédites ou peu connues de Michel Bakounine, j'ai dû me demander quel choix il convenait de faire entre les écrits assez nombreux, soit manuscrits, soit épars dans des journaux ou recueils rares, oubliés ou introuvables, qu'a laissés Bakounine. Ces écrits ont été presque tous réunis ou retrouvés par moi, en même temps que je préparais une biographie complète de leur auteur et en vue même de cette biographie. Une petite partie d'entre eux — notamment le fragment publié en 1882 sous le titre de « Dieu et l'Etat » — sont seuls connus d'un nombre relativement considérable de lecteurs, mais les idées que Bakounine a propagées, soit par la parole, soit par l'action, animent aujourd'hui des milliers d'âmes. Pendant quarante années d'une vie tumultueuse, d'énergie et de pensée, Bakounine a publié, à toutes les époques de sa vie, des œuvres souvent d'un caractère transitoire, mais dont l'ensemble, étudié selon l'ordre chronologique, permettrait une exposition, particulièrement caractéristique, du développement des idées libertaires, idées qui, évoluant naturellement, ont abouti à l'anarchie. Tous ceux qui étudieront les œuvres de Bakounine, en y appliquant un esprit clairvoyant et surtout logique, reconnaîtront cette nécessaire évolution.

Pour leur permettre cette étude complète, il eût fallu commencer par publier les premiers travaux de Michel Bakounine, publiés en Russie avant 1840; auraient suivi les écrits allemands de 1842 et 1843, puis ceux inspirés d'abord par les événements révolutionnaires de 1848 et 1849 — événements auxquels il prit une part active, — puis par sa participation à l'insurrection polonaise et à la propagande russe, dans les années 1862 et 1863. C'est à cette époque que commence pour Bakounine la période de propagande internationaliste : en Italie, où il séjourna de 1863 à 1867, et de 1867 à 1868, dans la « Ligue de la Paix et de la Liberté » ; les œuvres de cette époque auraient donc été données à la suite des précédentes. Enfin seraient venus les nombreux écrits publiés pendant la période où l'activité de Bakounine se manifesta le plus, c'est-à-dire de 1868 à 1873, lorsqu'il fit partie de « l'Association internationale des Travailleurs ». Ces écrits sont de tous genres: les uns de théorie anarchiste, les autres de propagande, ou de polémique, ces derniers dirigés soit contre les communistes autoritaires et étatistes tels que Marx qui essayaient de faire prévaloir leurs idées dans l'Internationale, au moyen surtout d'abus de pouvoir, d'intrigues et de calomnies personnelles; soit contre ceux qui préconisaient le parlementarisme et les candidatures ouvrières; soit contre les idées mazziniennes. Il faudrait encore à cette nomenclature ajouter les brochures ou articles, écrits aux divers moments de la vie de Bakounine et traitant de la question slave ou de la révolution russe et polonaise.

Une édition des œuvres de Bakounine, ainsi comprise, eût demandé plus d'un volume. Il a donc fallu faire un choix et se décider à réunir des écrits traitant d'un sujet défini, ou inspiré par des idées communes:

soit les œuvres de propagande et de théories anarchistes, ou de polémique, soit les études sur les questions
slaves. Quelles sont les idées qui nous ont guidé dans
le choix que nous donnons aujourd'hui? Les voici.

Bakounine n'est jamais parvenu, non seulement à
publier, mais même à exposer d'une façon défin-
tive, l'ensemble de ses idées ; il n'a pas bâti son système, si l'on veut se servir de ce mot qui a prêté à
des façons de comprendre, ou de ne pas comprendre,
si diverses. A quoi doit-on attribuer ce caractère
incomplet des œuvres bakouniniennes? Bakounine,
lorsqu'il ne traitait pas de *questions d'actualité*, ne
connaissait pas l'art de la composition. Si on lit ses
manuscrits, on voit comment d'une lettre il arrive à
tirer une brochure, d'une brochure un volume. Il pose
ses prémisses, subdivise son sujet et arrive rarement à
traiter plus d'un ou deux des points qu'il s'est proposé
d'établir. La plupart de ses manuscrits sont inachevés.
Pourquoi ? Parce qu'il était constamment détourné de
l'œuvre théorique commencée par l'action immédiate
qui l'absorbait et détournait ses forces dans une autre
direction. Pour cet être d'énergie, les raisons qu'il
avait eues de publier ce qu'il avait écrit n'existaient
plus sitôt que telle autre raison extérieure le sollici-

tait. Comme il ne connaissait pas l'ambition littéraire, il mettait patiemment de côté l'œuvre écrite
pour se donner à l'action utile à la cause qu'il ser-
vait. Cependant, de ces essais inachevés, ses écrits
suivants profitaient; il en employait les meilleures
parties à des œuvres nouvelles. C'est ce qui explique
la perfection des nombreuses œuvres parues dans les
années de l'Internationale, œuvres publiées selon
les besoins du moment, rapidement écrites, mais au
fond desquelles on retrouve le résultat des longues
études précédentes.

Il n'existe pas, du moins que je sache, d'exposé ou
de résumé des idées de Bakounine sur l'ensemble des
questions sociales, avant que, ayant vu s'envoler son
espérance d'une révolution en Russie, en 1862 et
1863, il se soit retiré en Italie, désabusé.

A Florence, plus tard à Naples, il arriva à coordonner l'ensemble de ses idées, qui aboutirent à l'a-
théisme et à l'anarchie. Ce fut désormais l'œuvre de
sa vie de les propager dans leur intégrité. Il le fit
d'abord par une action toute privée, action qu'il
exerça sur les hommes les plus avancés, surtout en
Italie et en France; plus tard, à la tribune des Congrès de la Paix (1867-1868) et au sein du comité cen-

tral de la Ligue issue de ces congrès. Enfin, il trouva son meilleur terrain de propagande dans l'Internationale, et son action fut surtout efficace dans la Suisse romande, le midi de la France, l'Espagne, l'Italie et parmi la jeunesse des pays slaves. Il désirait alors exposer ses idées dans deux grandes œuvres. L'une aurait fait la critique des institutions actuelles, de l'Etat, de la propriété, de la religion, etc. ; après avoir étudié leur origine et les funestes conséquences du principe d'autorité sous toutes ses formes, elle aurait démontré que l'avenir appartient aux idées libertaires. L'autre œuvre aurait traité de la question des nationalités en Europe — surtout de la question slave sous son aspect passé, présent et futur — elle aurait indiqué la solution de ces questions par la révolution sociale et par l'anarchie.

Il nous reste de nombreux fragments de ces deux œuvres, aux différentes périodes de leur élaboration — de 1863 ou 64 à 1873, peut-on affirmer. Pour les étudier sérieusement, il faudrait compléter les études théoriques inachevées, par le résumé des idées semblables que l'on trouve exprimées dans des déclarations de principes émanant de sociétés secrètes et autres, dans des discussions occasionnelles où sont traités quelques points du sujet, dans des articles de journaux, etc. J'essayerai de faire cela dans ma biographie de Bakounine. Je me bornerai ici à dire que dans la première catégorie se rangent, entre autres, un manuscrit de la période italienne : « Catéchisme de la Franc-Maçonnerie moderne » : les « Catéchismes révolutionnaires » de la « Fraternité internationale » — qui n'ont rien de commun avec un soi-disant « Catéchisme révolutionnaire » d'une époque bien postérieure qu'on attribue communément, sans aucune preuve, à Bakounine ; — les discours des Congrès de la Paix ; une œuvre inachevée : « le Fédéralisme, le Socialisme et l'Antithéologisme » (1867-68) ; plusieurs écrits rédigés en 1869 pour l'Internationale : son œuvre capitale ; un manuscrit écrit dans l'hiver de 1870 à 71, et dont « Dieu et l'Etat » a été tiré ; enfin une partie des écrits contre Mazzini et quelques autres publications ou manuscrits. De l'autre ouvrage sur les questions slaves, auquel se rattachent les publications des années 1848 et 1862-63, on a peut-être une ébauche première en des articles publiés en 1867, dans un journal de Naples que je n'ai pas encore réussi à retrouver, puis dans les discours des Congrès de la Paix, et dans les fragments existant en manuscrit, d'une publication qui devait avoir pour titre : « Question révolutionnaire dans les Pays Russes et en Pologne [1]. »

Durant les années qui suivirent, l'Internationale l'absorba tout à fait. Cependant, dès qu'il eut plus de loisirs, après que fut close la polémique contre Marx et contre Mazzini, il se mit de nouveau à écrire sur le second de ces deux sujets. Il donna, en français, une lettre aux Jurassiens (lettre de plus d'une centaine de pages), et la première partie d'un grand ouvrage, en russe : « l'Étatisme et l'Anarchie, » publié à Zurich en 1874 et formant un fort volume.

J'ai cru qu'au lieu de faire un choix nouveau parmi les écrits de propagande et de polémique, il était préférable de réunir, dans ce volume, quelques-unes des parties les mieux élaborées du premier des deux ouvrages dont je viens de parler. Ce ne sont malheureusement que des fragments, et il faudrait plus d'un volume encore pour réunir tous les matériaux existants qui permettraient de reconstruire, pour ainsi dire, l'ensemble du système.

1. Voir l'avertissement de cette publication dans la brochure de Bakounine « Un dernier mot sur M. Louis Mieroslawski, » publiée, pendant l'été de 1868, à Genève.

Mais avant de donner des détails précis sur l'historique de ces divers fragments, je tiens à déterminer de mon mieux la place que Michel Bakounine occupe dans l'histoire du développement des idées anarchistes. Ce sera là chose utile, vu le manque à peu près total d'investigations sérieuses sur l'origine et sur l'histoire de ces idées si réprouvées, si persécutées et qui sont, malgré tout, le dernier mot, la dernière pensée et la dernière espérance de tant d'hommes nobles et courageux qui savent agir et mourir pour elles.

Dans cette étude, nous laisserons de côté les nombreux penseurs qui, s'ils ont laissé voir de ci, de là, dans leurs écrits, que pour eux l'avenir appartenait aux idées libertaires et non aux idées autoritaires, n'ont pas traité ces questions de façon à en arriver logiquement à l'anarchie.

Le premier William Godwin, dans son livre sur la « Justice Politique » publié à Londres en 1793 arriva aux dernières conséquences d'une critique sérieuse des principes de l'Etat et de l'autorité et son livre fut le premier ouvrage de théorie anarchiste pure.

Les anarchistes de la première période de ce siècle, en se révoltant contre l'Etat sous sa forme actuelle, et sous la forme masquée et non moins oppressive qu'il prendrait dans une société basée sur le communisme autoritaire des socialistes de cette époque (et les socialistes de nos jours ne sont pas plus avancés sur ce point), arrivèrent à l'individualisme anarchiste. Ils propagèrent cette idée d'une société où chacun travaillerait pour soi-même, faisant à son gré avec d'autres l'échange du produit de son travail soit personnel, soit produit par une association formée en vue de son travail même, association dans laquelle il ne sera entré que si son propre et unique intérêt le lui a conseillé.

On trouve ces idées exposées dans le livre de l'Anglais Thompson : *An Inquiry into the principles of the Distribution of Wealth most conductive to human happiness...* (London, 1824) qui, cependant, les abandonna plus tard pour accepter le système d'Owen, mais les propagandistes américains de la « souveraineté individuelle » les exprimèrent avec plus de précision, et ils en montrèrent les conséquences, depuis Josiah Warren, Stephen Pearl Andrews et leur école, les Lysander Spooner et bien d'autres, jusqu'à leurs représentants actuels qui exposent leurs doctrines dans le journal que publiait, à Boston et à New-

York, R. B. Tuker : « Liberty » et dans quelques autres publications des Etats-Unis et de l'Angleterre.

De même, en France, Proudhon opposa au communisme autoritaire et aux autres systèmes socialistes de son temps, son socialisme mutuelliste, qui demandait l'égal échange, entre les producteurs du produit de leur travail. Le système n'était pas nouveau pour les Anglais et les Américains, mais pour le continent, Proudhon fut un initiateur. Il trouva de nombreux adhérents, hors de France, en Espagne par exemple où on s'inspira surtout de son fédéralisme, et en Allemagne où, pendant les années qui précédèrent la révolution de 1848, des socialistes comme M. Hess et Ch. Grüne, essayèrent d'amalgamer ses idées économiques, avec les extrêmes spéculations hégéliennes. Ils n'y réussirent guère, mais ce fut cependant en Allemagne que parut, en 1844, l'œuvre classique de l'anarchisme individualiste « Der Einzige und sein Eigenthum » (L'unique et sa propriété) de Max Stirner, qui fut le dernier grand œuvre, et comme le terminus théorique de ce mouvement individualiste international.

Après les défaites de 1848 et les années de réaction qui suivirent, le mouvement ouvrier reprit sa marche.

Le caractère de ce mouvement ne fut plus alors individualiste ou expérimental, comme auparavant, il
fut plutôt collectif, si je puis dire, et il trouva son
expression propre dans « l'Association internationale
de travailleurs », fondée en 1864. Les théories socialistes, après 1848, furent soumises à un nouvel examen et dans les milieux les plus avancés, en France,
en Belgique, dans la Suisse romande, on arriva à rejeter nettement aussi bien le socialisme autoritaire ou
d'Etat, représenté jadis par Louis Blanc, par exemple, et alors par Karl Marx et Ferdinand Lassalle, que
le mutualisme proudhonien, défendu en France par
des épigones bien exténués, les Langlois, les To-
lain, etc. et n'ayant gardé quelque verve et esprit
révolutionnaires que chez les proudhoniens belges et
chez les jeunes gens du journal « La Rive gauche ».

Après de longues discussions dans les journaux, dans
les congrès et dans les sections de l'Internationale,
l'idée du collectivisme révolutionnaire, comme on
disait alors, c'est-à-dire de l'anarchisme collectiviste,
prit naissance. Tout en adoptant la critique proudho-
nienne de l'Etat et de l'autorité, on estimait que le
système individualiste de production et de distribution, ne saurait préserver d'une rechute dans les mi-

sères du monopole économique inséparablement lié
à la restauration du pouvoir politique de l'Etat. On
s'inspirait en même temps de cette idée, base de tout
socialisme, que les produits de la nature et ceux du
travail, intellectuel et physique, des générations passées, en tant qu'ils servent d'instruments de production, ou sont employés à quelque besoin commun,
ne doivent pas être appropriés par des individus.
On se déclarait donc pour la propriété collective du
sol, des matières primitives et des instruments de travail, tout en laissant aux groupes producteurs ou aux
communes réunissant les groupes fédérés, la liberté
de choisir les moyens de répartitions. Toutefois, do-
minait toujours cette idée, que chacun devrait recevoir le produit entier de son travail personnel.

La propagation de ces idées fut l'œuvre des internationalistes suisses romands, français, belges, italiens et espagnols. Pour elles, Michel Bakounine et
ses amis jurassiens en Suisse, Varlin en France, Cé-
sar de Pape en Belgique, Cafiero en Italie, et bon
nombre d'autres, eurent d'ardentes luttes à soutenir
contre des adversaires de toutes sortes, qu'ils rencontrèrent dans le camp bourgeois, comme dans l'Internationale. Karl Marx lui-même, par ses machina-

tions souterraines et déloyales, qui avaient pour but de faire adopter son système comme doctrine officielle par l'Internationale tout entière, montra combien l'autorité est abusive, fût-elle même confiée à un homme intelligent et sincère tel qu'il était. Par son attitude, il contribua puissamment à ouvrir les yeux à la grande majorité des internationalistes, sur les défauts inhérents à toute organisation autoritaire, et il les disposa en faveur de l'anarchie.

Cette lutte dans l'Internationale entre les autoritaires et les anarchistes se termina donc en faveur de ces derniers. Si, après des défaites sanglantes et des persécutions acharnées en France, en Espagne, en Italie, l'organisation extérieure de l'Internationale fut disloquée, mais jamais complètement anéantie, les idées collectivistes anarchistes continuèrent à être propagées jusqu'au temps où, après toutes ces luttes, vint une période de calme relatif. Dans cette période on examina de nouveau le fond de la doctrine de façon à l'élaborer plus complètement et dans un sens plus avancé, de même fit-on, — ce qui ne nous intéresse pas ici — pour les questions de tactique.

On se disait que tout système se proposant d'attribuer équitablement à chacun le produit de son travail, devait être nécessairement imparfait et par conséquent injuste, car tous les individus ne sont pas semblables et ils appliquent au même travail une fraction différente de force. Donc chacun des systèmes généralement adoptés était, plus ou moins, construit au profit de la majorité qui avait trouvé bon de l'adopter. De ces conceptions sortaient encore, fatalement, la réglementation, la loi, l'Etat. On se disait encore qu'il est impossible de distinguer clairement les produits et les instruments de travail. La nourriture, le vêtement, etc., qui sont, pour l'un le produit d'un travail, sont pour l'autre ce que le charbon et l'huile sont pour la machine, c'est-à-dire des éléments indispensables pour le mettre en état de travailler et par conséquent sont des instruments aussi nécessaires à la production que tout autre outil. Partant de ces raisonnements et de ces contradictions, on en arriva au communisme anarchiste, au système qui reconnaît que le communisme libre et spontané dans la production et dans la consommation, est la seule base solide d'une société. Une telle société, organisée d'après ce principe du communisme, pourvoit ainsi aux besoins quotidiens de chacun et lui assure toute facilité pour devenir un homme vraiment libre, libre selon sa conception individuelle et comme bon lui semble.

C'est en 1876 — autant que je le sache — que ces idées furent émises pour la première fois en public, au sein de l'Internationale. On les agitait déjà dans une petite brochure abstentionniste publiée au commencement de 1876, à Genève, par des proscrits lyonnais. La Fédération italienne de l'Internationale fut la première fédération qui les adopta à son Congrès d'octobre 1876, tenu près de Florence. Elles furent plus tard exprimées dans des journaux, dans des conférences jurassiennes et genevoises, par C. Cafiero, P. Kropotkine, Elisée Reclus et d'autres, puis dans le « Révolté » de Genève et de Paris, enfin, depuis ce temps, elles ont suscité une littérature déjà abondante.

Répandues dans beaucoup de pays, ces idées nouvelles furent examinées et approfondies, elles prédominent maintenant presque partout où l'on trouve des anarchistes. Il devait se passer bien des années avant qu'elles fussent adoptées partout par les anciens collectivistes. En Espagne même, où l'Internationale anarchiste avait pris si fortement racine, qu'après sept années d'existence souterraine et clandestine elle revécut avec son ancienne vigueur, le collectivisme prévaut toujours, mais modifié dans un sens libertaire par la discussion et la critique soulevées à son sujet. Mais partout ailleurs, sauf parmi les quelques individualistes d'Amérique, d'Angleterre et d'Australie, et les adhérents récemment gagnés à leurs idées en France et en Allemagne, le communisme anarchiste est adopté en principe, bien que des divergences se produisent sur les détails, et sur les questions spéciales, comme cela doit se produire dans le développement d'une idée vivante, ayant horreur du dogme. Par exemple, de nos jours, le communisme anarchiste est loin de souffrir de la renaissance de l'individualisme, il ne peut qu'en profiter, car le communisme n'est que le moyen par lequel on peut obtenir le plus haut développement individuel de tout homme ; quant aux limites entre le communisme et l'individualisme, elles ne peuvent être fixes et invariables, elles doivent varier au contraire de mille façons selon les besoins particuliers de chacun. C'est l'expérience seule qui pourra résoudre ces mille questions ; c'est donc aux communistes comme aux individualistes à hâter, chacun à sa manière, l'avénement des temps où seront brisées les entraves qui jusqu'à présent, s'opposent à la libre expérience.

Ce rapide aperçu ne doit servir qu'à montrer la place qu'occupe Michel Bakounine dans l'histoire de l'anarchisme théorique et de faire comprendre par là, qu'il n'a pas pu arriver spontanément aux idées anarchistes actuelles; mais même ce qui peut dans ses vues nous paraître arriéré et obsolète doit être considéré, historiquement, comme marquant un pas en avant qu'il fit de sa propre initiative. Je n'ai donc pas, dans les pages qui précèdent, parlé des anarchistes plus ou moins solitaires de ce siècle qui, arrivant d'eux-mêmes à des idées plus avancées que celles des autres anarchistes de leur temps, ne réussirent cependant pas à se faire entendre efficacement, ni à influer sur le grand courant des idées. Bien que leurs efforts n'aient pas été perdus, il est presque impossible, sans études spéciales, de déterminer leur influence sur le mouvement, tellement est grand l'oubli dans lequel la plupart d'entre eux sont tombés. Ce sont par exemple les communistes révolutionnaires qui ont publié à Paris, en 1841, le journal clandestin « l'Humanitaire »; le groupe dit des « communistes matérialistes » qui paraît avoir professé les théories de la propagande par le fait et de l'expropriation individuelle, dès 1847, quand un grand procès mit fin à son action ; les Proudhoniens révolutionnaires comme Ernest Cœurderoy et surtout Joseph Déjacque, le poète ouvrier, proscrit anarchiste qui, entre autres, dans son journal « Le Libertaire, » publié à New-York de 1858 à 1861, non seulement arriva — comme le fit l'Internationale près de dix ans plus tard — au collectivisme anarchiste, mais encore, toujours de sa propre initiative, entrevit avec clarté le communisme anarchiste actuel, et émit, sur la tactique et les moyens révolutionnaires, des opinions analogues à celles qui prévalent de nos jours. Mentionnons encore Bellegarrigue, l'Italien Pisacane, mort les armes à la main à Sapri en 1857, etc.

C'est donc comme matériaux pour servir à l'histoire des théories anarchistes que je publie ces fragments de l'œuvre théorique de Bakounine. Si l'on voulait choisir selon les besoins d'une propagande immédiate, on trouverait alors bien d'autres écrits de lui, inspirés par la plus grande ardeur révolutionnaire, au lieu de ces études scientifiques.

Je vais maintenant donner quelques éclaircissements historiques sur les pièces qui sont contenues dans ce volume.

## I. Fédéralisme, Socialisme et Antithéologisme

Bakounine vint de Naples en Suisse, pour assister au premier Congrès de la Paix, tenu à Genève en septembre 1867. Il fut élu membre du Comité central de la nouvelle « Ligue de la Paix et de la Liberté, » siégeant à Berne. Pendant l'année suivante, il habitait les environs de Vevey et de Clarens d'où il se rendait à Berne pour assister aux réunions générales du Comité central. Ce fut probablement dans la séance du 26 octobre 1867 que, d'accord avec d'autres membres du comité, les russes Ogarev et Joukowsky, les polonais Mroczkowski et Zagorski et M. Naquet, délégué français, il proposa au comité d'adopter un programme nettement socialiste, anti-autoritaire et anti-religieux : c'était son programme tout entier, qu'il avait déjà, en peu de mots, exposé dans un discours prononcé aux Congrès de Genève[1].

Ces mêmes vues se trouvent exposées dans les dé-

1. Ce discours se trouve imprimé dans les « Annales » de ce Congrès, mais d'après un manuscrit de Bakounine, écrit quelques mois après le Congrès, en vue de la publication des « Annales » (1868).

clarations de principes de la « Fraternité Internationale », existant depuis 1864. Comme preuve du zèle
de Bakounine, à propager ces idées dans tous les milieux où il avait l'espoir qu'elles eussent une influence, nous citons une des premières ébauches qui
contiennent ces théories, peut-être même la première
qui existe encore. C'est un manuscrit qui a pour titre: « Catéchisme de la Franc-Maçonnerie moderne » [1].
On trouve dans cette œuvre ce passage, qu'on retrouve
presque textuellement dans des écrits bien postérieurs :
« Dieu est, donc l'homme est esclave. L'homme
est libre, donc il n'y a point de Dieu. — Je défie qui
que ce soit de sortir de ce cercle, et maintenant choi-
sissons ».

Ce manuscrit doit dater de la période du séjour
de Bakounine à Florence, période pendant laquelle il
était en relation avec des membres influents de la
Franc-Maçonnerie italienne, avant la fondation de
l'Internationale ; quand il essaya de fonder la « Fraternité internationale » et en établit certainement le

---

1. Ce manuscrit commence ainsi : « Pour redevenir un corps
vivant et utile, la Franc-Maçonnerie doit reprendre sérieuse
ment le service de l'humanité. Mais quelle signification ont au
jourd'hui ces mots : Service de l'humanité ? »...

programme. Ou bien, le manuscrit date-t-il des années 1865-67, et de Naples. On retrouve encore les idées de cette période exprimées presque avec les mêmes mots que dans les « Catéchismes révolutionnaires », dans un article de la « Démocratie » de Paris (en 1868).

Je ne connais pas quelle fut la décision prise par le comité de Berne au sujet de cette « Proposition motivée ». De plusieurs lettres adressées, à cette époque, à des amis de Bakounine, par un membre du bureau de la « Ligue » de Berne, et des manuscrits et épreuves existant encore, il résulte que les résolutions au sujet de cette publication varièrent. « La publication du mémoire doit se faire sous forme de supplément au journal » dit une lettre du 10 novembre 1867, mais le journal ne paraissait pas encore à cette époque. D'après une autre lettre du 21 décembre 1867, il y eut un arrangement postérieur, d'après lequel l'imprimerie Rieder et Simmen devait commencer l'impression du mémoire que la librairie Georg, de Genève, devait publier sous forme de brochure ou de volume. Le 15 décembre on écrit encore de Berne que Bakounine doit avoir reçu le même jour les épreuves de la deuxième feuille ; enfin le 26 décembre on écrit :

« la première feuille de la brochure Bakounine est imprimée à 3000 exemplaires. »

La suite de cette correspondance manque. Tout ce que je puis affirmer, c'est que 80 pages, grand in-8°, furent composées d'après une copie du manuscrit faite par un ami russe de Bakounine. Cette copie, dont la dernière partie existe, ne contient qu'un seul mot (« l'apôtre ») de plus que la dernière ligne de la page 80 des épreuves. Il existe du texte antérieur des manuscrits originaux, et même plusieurs rédactions de certaines parties, ainsi que huit pages et demie, imprimées en épreuves (pag. 34-42), d'une autre version fort intéressante. J'en conclus donc que, pour des raisons inconnues, Bakounine n'écrivit pas lui-même plus que ces quatre-vingts pages.

L'ouvrage, commencé sous forme de proposition motivée d'un programme adressé au comité de la ligue, était devenu une œuvre d'investigation, toute personnelle, sur l'origine de la religion, de l'Etat, etc. Le titre de : « Proposition motivée des Russes membres du comité central » fut changé en celui de : « Proposition motivée au comité central... par M. Bakounine ». Bakounine aurait peut-être même ôté tout à fait le caractère de « Proposition » à cet ou-

vrage, en le publiant sous le titre de : « La question
révolutionnaire, Fédéralisme, Socialisme et Antithéologisme », ainsi qu'il l'écrit dans le manuscrit, da-
tant de la même époque, d'un autre livre qui devait
s'appeler « La question révolutionnaire dans les pays
russes et en Pologne, » livre qui ne fut pas non plus
publié.

J'ignore les raisons qui empêchèrent définitivement
la publication de cet ouvrage, à la composition duquel
Bakounine avait mis beaucoup de soins, et dont il
se servit fréquemment dans la rédaction d'écrits
postérieurs.

Je n'essaie pas de chercher une raison intérieure
qui expliquerait cette non publication. Il y eut dans
la vie de Bakounine tant d'incidents extérieurs, tant
d'événements accidentels, que des hypothèses basées
sur des raisons intérieures ne seraient que des spéculations erronées.

II. Série d'articles de Bakounine publiée dans le
« Progrès » du Locle, du 1ᵉʳ mars au 2 octobre
1869.

Dans la partie inachevée de « l'Antithéologisme »
Bakounine avait l'intention d'exposer ses idées sur

l'origine de l'Etat et sur celle de la religion. On trouve quelques-unes de ces idées exposées dans des articles du « Progrès » du Locle de 1869. C'est pour cela que je réédite ces articles ici, le journal étant aujourd'hui à peu près introuvable, même dans de grandes bibliothèques suisses. Malheureusement, là non plus, Bakounine ne parvint pas à mener à bonne fin ses investigations.

La première ébauche de ces articles se trouve dans une conférence faite à la section de l'Alliance de Genève, le 13 février 1869. On lit à ce sujet, dans un manuscrit des « Procès-verbaux des conférences de l'Alliance internationale de la démocratie socialiste, groupe de Genève » : La parole au citoyen Bakounine pour lire son discours sur l'histoire de la bourgeoisie et de la position qu'occupe celle-ci vis-à-vis des classes ouvrières ». Sur la proposition qui fut faite d'imprimer ce discours, « le citoyen Bakounine, répondant au préopinant, dit, qu'il publiera son discours à un prix très minime. » Mais quelques jours après, Bakounine se rendit — pour la première fois, — dans le Jura où, le 11 février 1869, au cercle international du Locle, il donna une conférence sur « La philosophie du peuple ». Cette conférence était divisée en deux parties, l'une traitant de « la question religieuse » l'autre faisant « l'histoire de la bourgeoisie, de son développement, de sa grandeur et de sa décadence [1]». Au lieu de «livrer le texte complet à l'impression » (comme dit aussi le Progrès », l. c.), Bakounine fit, dès son retour à Genève, des articles pour le « Progrès ». Ecrits d'abord sous forme de lettres aux compagnons des montagnes, ces articles se transformèrent peu à peu en investigations théoriques dans le genre de « l'Antithéologisme » ; malheureusement, cette fois-ci encore, elles furent interrompues à une époque qui coïncide avec celle du départ de Bakounine, de Genève pour Locarno [2].

1. Voir le « Progrès » du 1er mars 1869, p. 2, où se trouve un bref résumé de ces deux discours.

2. La première lettre est datée « Genève, le 23 février 1869. » Le 27 février, dans la section de l'Alliance, Bakounine donna un rapport sur son voyage dans le Jura ; ce fut dans cette même séance que Fanelli déposa un rapport sur le voyage qu'avec deux amis il avait fait en Espagne, pour y poser les bases de l'Internationale ; l'un et l'autre de ces deux voyages fut plein de succès et donna une initiative puissante au mouvement révolutionnaire et anarchiste du Jura et de l'Espagne.

### III. — « Dieu et l'Etat. »

Une fois encore, Bakounine se proposa de placer devant le public l'ensemble de ses idées : ce fut, comme toujours, par un écrit d'occasion qui se développa en un grand ouvrage. Pour en retracer l'origine il faut d'abord examiner l'action politique et littéraire de Bakounine durant la guerre franco-allemande de 1870-71.

Le 26 juillet 1870, Bakounine revint de Genève, par Neuchâtel, à Locarno. Il commença à exposer, après les premières défaites, ses idées sur la méthode révolutionnaire, qu'il fallait adopter pour d'abord résister à l'invasion, ensuite pour faire une révolution sociale. C'est sous forme de « Lettres à un Français », qu'il présenta ses vues. Une édition de ces lettres, abrégée cependant et arrangée de manière à lui donner la forme d'un écrit d'actualité, fut publiée, à Neuchâtel, vers la deuxième moitié de septembre 1870[1]. Le 9 septembre Bakounine partit de Locarno par

1. J'ai appris que le manuscrit fut écrit les 25 et 27 août et le 2 septembre.

Berne, pour Lyon. Il quitta Lyon, après les événements du 29 septembre, pour se rendre à Marseille le
lendemain. Mais, voulant me borner à noter son action littéraire à cette époque, je reviens à ses écrits.
Nous avons de lui d'autres « Lettres à un Français »,
et une étude inachevée : « Le Réveil du peuple », dont
la dernière partie paraît déjà être écrite lors du séjour
à Marseille. Il existe aussi un commencement d'une
lettre à M. Esquiros, pour lui exposer les mêmes
idées, ainsi qu'une lettre à un ami de Lyon (Palix),
écrite à l'époque où il quittait cette ville. Toutefois,
moins encore qu'à Lyon, réussit-il, à Marseille, à
faire prévaloir ses idées de résistance à l'invasion par
la révolution sociale faite sur des bases fédéralistes.

Voici des extraits d'une lettre écrite, le 23 octobre 1870 à un ami russe : «... quand tu auras reçu
cette lettre, je serai en route et tout près de Barcelone
et peut-être même déjà à Barcelone. Je dois quitter
cette place, parce que je n'y trouve absolument rien à
faire, et je doute que tu trouves quelque chose de
bon à faire à Lyon. — Mon cher, je n'ai plus aucune foi dans la Révolution en France. Ce peuple
n'est plus révolutionnaire du tout. — Le peuple lui-
même y est devenu doctrinaire, raisonneur et bour-

geois comme les bourgeois... Les bourgeois sont odieux. Ils sont aussi féroces que stupides — et comme la nature policière est dans leurs veines — on dirait des sergents de ville et des procureurs généraux en herbe ! — A leurs infâmes calomnies je m'en vais répondre par un bon petit livre où je nomme toutes les choses et toutes les personnes par leur nom. — Je quitte ce pays avec un profond désespoir dans le cœur... »

Dans cette lettre nous trouvons le premier projet du livre dont « Dieu et l'Etat », publié en 1882 par C. Cafiero et E. Reclus, est un fragment.

Bakounine ne se rendit pas en Espagne mais bien, quelques jours après cette lettre, à Locarno [1], par Gênes. Là son projet prit une forme plus précise. Dans une lettre à un ami de Genève, du 19 novembre, il dit (en russe), que maintenant il n'écrit pas une brochure mais un livre entier, et il prit des arrangements pour le faire publier à Genève. Bien que la première partie de ce nouveau livre se rattache aux « Lettres à un Français » et aux événements de France,

1. Voir le récit de son départ de Marseille, publié par Ch. Alerini dans le *Bulletin de la Fédération jurassienne...*, le 1er octobre 1876.

Bakounine s'y place bientôt sur le terrain philosophique et il y reste. Dans son exemplaire du « Cours de Philosophie positive » d'Auguste Comte, on trouve, en marge, notées les dates du 10, 12, 17 et 18 décembre et de ces études sortit un long manuscrit (inachevé) dont les pages 82 à 256 existent encore. Ce manuscrit, après une discussion sur la situation en France (dont le commencement, de la page 1 à la page 81, manque) : et quelques pages sur le socialisme, prend, dès la page 107, le titre : « *Appendice, considérations philosophiques sur le fantôme divin, sur le monde réel et sur l'homme* ». Quoique écrit d'abord comme « Appendice » aux pages 1 à 107 de ce manuscrit il est cité dans plusieurs passages du manuscrit de « Dieu et l'Etat » comme « Appendice » à ce manuscrit qui lui est postérieur ; il aura donc probablement été remanié avant la publication.

Enfin, vraisemblablement en février et jusqu'aux premiers jours de mars 1871, Bakounine écrivit un manuscrit de 340 pages qui, bien qu'épars en trois pays différents, existe aujourd'hui encore, à l'exception de trois pages.

La première livraison de cette œuvre fut d'abord imprimée à l'Imprimerie coopérative de Genève, sous

le titre : « La Révolution sociale ou la dictature militaire » (pages 1 à 138 du manuscrit) mais, l'impression étant très peu correcte, deux errata et un nouveau titre : « L'Empire knoutogermanique et la Révolution sociale », furent composés à Neuchâtel, et
la brochure (mille exemplaires) fut publiée dès la fin
de mai 1871.

On avait encore composé à Genève les pages 138 à
148 du manuscrit (jusqu'au 20 mars) et cette partie
s'intitulait : « Sophismes historiques de l'école doctrinaire des Communistes allemands ». On voulait
continuer à publier l'ouvrage, en livraisons et en brochures, à Neuchâtel ; le manque d'argent empêcha cette
publication et, en septembre 1871, le projet fut définitivement abandonné. C'est alors que, déjà, Bakounine envoya à Neuchâtel le manuscrit de « La Théologie politique de Mazzini et l'Internationale » qui
fut publié immédiatement. En effet, en août 1871, par
une première lettre, publiée, en italien, comme supplément au « Gazzettino Rosa » de Milan et, en français, dans la « Liberté » de Bruxelles, Bakounine
avait entrepris une polémique ardente contre les idées
mazziniennes, polémique qui, avec les affaires de
l'Internationale, la résistance aux ambitions des au-

toritaires, l'absorba pendant cet hiver; et pour cette polémique, il tira beaucoup d'arguments de ce livre inédit.

Ce ne fut qu'après l'issue heureuse de la lutte pour la liberté dans l'Internationale, c'est-à-dire après le Congrès de Saint-Imier, en septembre 1872, que Bakounine se remit à rédiger de nouveau cette deuxième partie : « Sophismes historiques... » ; les pages 3 à 75 de ce manuscrit, des derniers mois de 1872, existent encore.

Les pages 149 à 210 et 214 à 247 du grand manuscrit de 340 pages, furent publiées en 1882 sous le titre de « Dieu et l'Etat, » à Genève (nouvelle édition : Paris, aux bureaux de la *Révolte*, 1893) [1]. Comme il n'entrait pas dans les intentions des éditeurs, de publier une édition littérale, ils ont corrigé le texte en maint endroit pour le rendre en français plus correct. Cette brochure, telle qu'elle fut éditée, a été traduite depuis en italien, espagnol, roumain, anglais, allemand, hollandais et polonais.

[1]. Quant aux pages 211 à 213, je n'ai pas pu les retrouver: mais une page au moins a été entre les mains des éditeurs de « Dieu et l'Etat » et comme les pages 149 à 210 et les pages 214 à 247 sont gardées dans différents pays, la perte temporaire ou définitive de ces quelques pages peut s'expliquer.

Les pages 248 à 340 restent inédites en français [1]. (Il existe encore 24 pages d'une rédaction antérieure des pages 248 à 279 et d'autres versions rejetées de quelques autres parties du manuscrit). Mais ces pages, formant la suite, qu'on croyait perdue, de « Dieu et l'Etat » sont celles qui méritent d'être publiées avant tout, malgré qu'elles produisent une certaine désillusion ; car le manque du sens des proportions se trahit de nouveau dans la première partie, qui est le résumé détaillé de la philosophie éclectique bourgeoise de la première moitié de ce siècle.

Un jour on fera une édition de toute cette œuvre manuscrite avec l' « Appendice » qui donnera fidèlement le texte original de « l'Empire knoutogermanique » et de « Dieu et l'Etat ; » là, on insérera ce résumé ; ici, voulant surtout insister sur la partie théorique de l'œuvre, je donne les fragments théoriques les plus intéressants de ce manuscrit, malheureusement inachevé.

En concluant, il faut encore expliquer pourquoi le manuscrit est resté inachevé. Les dernières par-

1. J'en ai publié des extraits, traduits en anglais, dans le journal anarchiste mensuel de Londres « Liberty » des mois de mai à septembre 1894.

ties furent écrites, en mars 1871, à Locarno, et le voyage, d'une quinzaine de jours, que fit Bakounine à Florence, à cette époque, interrompit ce travail. Quand Bakounine revint à Locarno, on était en pleine Commune et il se rendit dans le Jura, à Sonvillier et au Locle, pour s'occuper de la révolution en France, plutôt que d'un livre qui était devenu si purement théorique. Il y écrivit aussi le manuscrit de trois conférences qu'il donna, en avril ou mai 1871, à Sonvillier. Après la Commune, il rentra à Locarno, mais, comme j'ai dit plus haut, ne voyant plus d'occasion de publier la suite de la première brochure, il renonça à terminer son manuscrit.

Donc, et bien que Bakounine ne soit jamais parvenu à présenter un ensemble complètement élaboré de ses idées, on voit qu'il tenta de le faire de son mieux et il existe encore assez d'écrits inédits dans lesquels il étudie à fond quelque question écartée dans ce volume ; par exemple un manuscrit inachevé de 36 pages : « De la nature historique de l'Etat. Le principe de l'Etat » etc. En général, les écrits inédits se divisent en écrits ayant pour but la propagande des idées de l'Internationale antiautoritaire, en écrits de polémique contre Marx et Mazzini, en écrits sur les

questions slaves et en fragments de cette grande
œuvre de théorie, dont font partie ceux qui sont
imprimés dans ce volume [1].

J'ai publié le texte des manuscrits et des épreuves
sans altération aucune. Quant aux articles tirés du
*Progrès* du Locle, je n'en connais pas le manuscrit
original; mais il est fort probable que ce texte a été
remanié un peu par le rédacteur de ce journal, de
même que le texte de « Dieu et l'État », imprimé en
1882, l'a été par l'un des deux éditeurs. Moi, je suis
ennemi de l'uniformité incolore à laquelle on arrive
trop souvent si de telles corrections ne sont pas
faites avec la plus grande habileté. On va donc lire
dans ce livre les œuvres de Bakounine, telles qu'il
les écrivit lui-même.

11 novembre 1894.

N.

. . . . . . . . . . . . . . . . . . . . . . .

1. Jusqu'ici on a publié des parties ou extraits de ces manuscrits inédits dans le *Travailleur* de Genève, 1878 (sur la Commune de Paris ; réimprimé, en 1892, dans les *Entretiens Politiques et Littéraires* de Paris), dans le supplément littéraire de

la *Révolte*, dans la *Société nouvelle* de Bruxelles (août 1894), dans la *Lotta sociale* de Milan (janvier 1894) et dans *Liberty* de Londres (1894); en brochure: « Dieu et l'Etat » (Genève (1882 ; Paris 1893) et une brochure italienne contre Mazzini Ancona 1886, d'abord publiée dans le *Paria* d'Ancone.)

# FÉDÉRALISME, SOCIALISME

ET

## ANTITHÉOLOGISME

---

### PROPOSITION MOTIVÉE

AU COMITÉ CENTRAL

DE LA LIGUE DE LA PAIX ET DE LA LIBERTÉ

par

M. BAKOUNINE

*Genève* [1].

---

Messieurs,

L'œuvre qui nous incombe aujourd'hui, c'est d'organiser et de consolider définitivement la Ligue de la Paix et de la Liberté, en prenant pour base les principes qui ont été formulés par le comité directeur

1. C'est le titre définitif adopté dans les épreuves corrigées ; l'épreuve contenait le sous-titre : *Proposition des Russes, membres du comité central de la L. de la P. et de la L.* et le manuscrit de Bakounine (in-4, p. 1) donne pour titre : *Proposition motivée*

I

précédent et votés par le premier Congrès. Ces principes constituent désormais notre charte, la base obligatoire de tous nos travaux postérieurs. Il ne nous est plus permis d'en retrancher la moindre partie ; mais nous avons le droit et même le devoir de les développer.

Il nous paraît d'autant plus urgent de remplir aujourd'hui ce devoir, que ces principes, comme tout le monde le sait ici, ont été formulés à la hâte, sous la pression de la lourde hospitalité génevoise... Nous les avons ébauchés pour ainsi dire entre deux orages, forcés que nous étions d'en amoindrir l'expression, pour éviter un grand scandale qui aurait pu aboutir à la destruction complète de notre œuvre.

Aujourd'hui que, grâce à l'hospitalité plus sincère et plus large de la ville de Berne, nous sommes libres de toute pression locale, extérieure, nous devons rétablir ces principes dans leur intégrité, rejetant de côté les équivoques comme indignes de nous, indignes de la grande œuvre que nous avons mission de fonder. Les réticences, les demi-vérités, les pensées châtrées, les complaisantes atténuations et concessions d'une lâche diplomatie, ne sont pas les éléments dont se forment les grandes choses : elles ne se font

*des Russes, membres du comité permanent de la Ligue de la Paix et de la Liberté ; (appuyée par M. Alexandre Naquet, délégué français et par MM. Valérien Mroczkowski et Jean Zagorski, délégués polonais).*

qu'avec des cœurs haut placés, un esprit juste et ferme, un but clairement déterminé et un grand courage. Nous avons entrepris une bien grande chose, messieurs, élevons-nous à la hauteur de notre entreprise : grande ou ridicule, il n'y a point de milieu, et pour qu'elle soit grande, il faut au moins que par notre audace et par notre sincérité nous devenions grands aussi.

Ce que nous vous proposons n'est point une discussion académique de principes. Nous n'ignorons pas que nous nous sommes réunis ici principalement pour concerter les moyens et les mesures politiques nécessaires à la réalisation de notre œuvre. Mais nous savons aussi qu'en politique il n'est point de pratique honnête et utile possible, sans une théorie et sans un but clairement déterminés. Autrement, tout inspirés que nous sommes des sentiments les plus larges et les plus libéraux, nous pourrions aboutir à une réalité diamétralement opposée à ces sentiments : nous pourrions commencer avec des convictions républicaines, démocratiques, socialistes, — et finir comme des Bismarckiens ou comme des Bonapartistes.

Nous devons faire trois choses aujourd'hui :

1° Etablir les conditions et préparer les éléments d'un nouveau Congrès ;

2° Organiser notre Ligue, autant que faire se pourra,

dans tous les pays de l'Europe, l'étendre même en Amérique, ce qui nous paraît essentiel, et instituer dans chaque pays des comités nationaux et des sous-comités provinciaux, en laissant à chacun d'eux toute l'autonomie légitime, nécessaire, et en les subordonnant tous hiérarchiquement au Comité central de Berne. Donner à ces comités les pleins pouvoirs et les instructions nécessaires pour la propagande et pour la réception de nouveaux membres.

3° En vue de cette propagande, fonder un journal.

N'est-il pas évident que pour bien faire ces trois choses, nous devons préalablement établir les principes qui, en déterminant de manière à ne plus laisser de place à aucune éqvivoque, la nature et le but de la Ligue, inspireront et dirigeront d'un côté toute notre propagande tant verbale qu'écrite, et de l'autre, serviront de conditions et de base à la réception de nouveaux adhérents. Ce dernier point, messieurs, nous paraît excessivement important. Car tout l'avenir de notre Ligue dépendra des dispositions, des idées et des tendances tant politiques que sociales, tant économiques que morales, de cette foule de nouveaux-venus auxquels nous allons ouvrir nos rangs. Formant une institution éminemment démocratique, nous ne prétendrons pas gouverner notre peuple, c'est-à-dire, la masse de nos adhérents, de haut en bas ; et du moment que nous nous serons bien constitués, nous ne nous permettrons jamais de leur imposer d'autorité nos idées. Nous voulons au contraire que tous nos sous-comités provinciaux et comités nationaux, jusqu'au comité central ou international lui-même, élus de bas en haut par le suffrage des adhérents de tous les pays, deviennent la fidèle et obéissante expression de leurs sentiments, de leurs idées et de leur volonté. Mais aujourd'hui, précisément parce que nous sommes résolus de nous soumettre en tout ce qui aura rapport à l'œuvre commune de la Ligue, aux vœux de la majorité, aujourd'hui que nous sommes encore un petit nombre, si nous voulons que notre Ligue ne dévie jamais de la première pensée et de la direction que lui ont imprimées ses initiateurs, ne devons-nous pas prendre des mesures pour qu'aucun ne puisse y entrer avec des tendances contraires à cette pensée et à cette direction ? Ne devons-nous pas nous organiser de manière à ce que la grande majorité de nos adhérents reste toujours fidèle aux sentiments qui nous inspirent aujourd'hui, et établir des règles d'admission telles que, lors même que le personnel de nos comités serait changé, l'esprit de la Ligue ne change jamais.

Nous ne pourrons atteindre ce but qu'en établissant et en déterminant si clairement nos principes, qu'aucun des individus qui y seraient d'une manière ou d'une autre contraire, ne puisse jamais prendre place parmi nous.

Il n'y a pas de doute que, si nous évitons de bien préciser notre caractère réel, le nombre de nos adhérents pourra devenir depuis plus fort. Nous pourrions même dans ce cas, comme nous l'a proposé le délégué de Bâle, M. Schmidlin, accueillir dans nos rangs beaucoup de sabreurs et de prêtres, pourquoi pas des gendarmes? — ou comme vient de le faire la Ligue de la Paix, fondée à Paris sous la haute protection impériale, par MM. Michel Chevalier et Frédéric Passy, supplier quelques illustres princesses de Prusse, de Russie ou d'Autriche, de vouloir bien accepter le titre de membres honoraires de notre association. Mais, dit le proverbe, qui trop embrasse, mal étreint : nous achèterions toutes ces précieuses adhésions au prix de notre annihilation complète, et parmi tant d'équivoques et de phrases qui empoisonnent aujourd'hui l'opinion publique d l'Europe, nous ne serions qu'une mauvaise plaisanterie de plus.

Il est évident, d'un autre côté, que si nous proclamons hautement nos principes, le nombre de nos adhérents sera plus restreint : mais ce seront du moins des adhérents sérieux, sur lesquels il nous sera permis de compter, — et notre propagande sincère, intelligente et sérieuse n'empoisonnera pas, — elle moralisera le public.

Voyons donc quels sont les principes de notre nouvelle association? Elle s'appelle *Ligue de la Paix et de la Liberté*. C'est déjà beaucoup ; par là nous nous distinguons de tous ceux qui veulent et qui cherchent la paix à tout prix, même au prix de la liberté et de l'humaine dignité. Nous nous distinguons aussi de la société anglaise de la paix qui, faisant abstraction de toute politique, s'imagine qu'avec l'organisation actuelle des Etats en Europe la paix est possible. Contrairement à ces tendances ultrapacifiques des sociétés parisienne et anglaise, notre Ligue proclame qu'elle ne croit pas à la paix et qu'elle ne la désire que sous la condition suprême de la liberté.

La liberté est un mot sublime qui désigne une bien grande chose et qui ne manquera jamais d'électriser les cœurs de tous les hommes vivants, mais qui néanmoins demande à être bien déterminée, sans quoi nous n'échapperons pas à l'équivoque, et nous pourrions voir des bureaucrates partisans de la liberté civile, des monarchistes constitutionnels, des aristocrates et des bourgeois libéraux, tous plus ou moins partisans du privilège et ennemis naturels de la démocratie, venir se placer dans nos rangs et constituer une majorité parmi nous sous le prétexte, qu'eux aussi aiment la liberté.

Pour éviter les conséquences d'un si fâcheux mésentendu, le Congrès de Genève a proclamé qu'il désire « fonder la paix *sur la démocratie* et sur la liberté », d'où il suit que, pour devenir membre de notre Ligue, il faut être démocrate. Donc en sont exclus tous les aristocrates, tous les partisans de quelque privilège, de quelque monopole ou de quelque exclusion politique que ce soit, ce mot de démocratie ne voulant dire autre chose que le gouvernement du peuple par le peuple et pour le peuple, en comprenant sous cette dernière dénomination toute la masse des citoyens, — et aujourd'hui il faudrait ajouter, des citoyennes aussi, — qui forment une nation.

Dans ce sens nous sommes certainement tous démocrates.

Mais nous devons en même temps reconnaître, que ce terme : démocratie ne suffit pas pour bien déterminer le caractère de notre Ligue, et que, comme celui de liberté, considéré à part, il peut prêter à l'équivoque. N'avons-nous pas vu, dès le commencement de ce siècle, en Amérique, les planteurs, les esclavagistes du Sud et tous leurs partisans des Etats-Unis du Nord s'intituler des démocrates ? Le césarisme moderne avec ses hideuses conséquences, suspendu comme une horrible menace sur tout ce qui s'appelle humanité en Europe, ne se dit-il point également démocrate ? Et même l'impérialisme moscovite et saint-pétersbourgeois, l'Etat sans phrases, cet idéal de toutes les puissances militaires et bureaucratiques centralisées, n'est-ce pas au nom de la démocratie qu'il a écrasé dernièrement la Pologne ?

Il est évident que la démocratie sans liberté ne peut nous servir de drapeau. Mais qu'est-ce que la démocratie fondée sur la liberté si ce n'est la République ? L'alliance de la liberté avec le privilège crée le régime monarchique constitutionnel, mais son alliance avec la démocratie ne peut se réaliser que *dans la République*. Par mesure de prudence, que nous n'approuvons pas, le Congrès de Genève, dans ses résolutions, a cru devoir s'abstenir de prononcer le mot de république. Mais en proclamant son désir « de fonder la paix sur la démocratie et sur la liberté », il s'est implicitement posé comme républicain. *Donc notre Ligue doit être démocratique et républicaine en même temps.*

Et nous pensons, messieurs, que nous sommes ici tous républicains dans ce sens, que poussés par les conséquences d'une inexorable logique, avertis par les leçons à la fois si salutaires et si dures de l'histoire, par toutes les expériences du passé, et surtout éclairés par les événements qui ont attristé l'Europe depuis 1848, aussi bien que par les dangers qui la menacent aujourd'hui, nous sommes tous également arrivés à cette conviction : *que les institutions monarchiques sont incompatibles avec le règne de la paix, de la justice et de la liberté.*

Quant à nous, messieurs, comme socialistes russes

et comme slaves, nous croyons devoir franchement déclarer, que, pour nous, ce mot de république n'a d'autre valeur que cette valeur *toute négative* : celle d'être le renversement ou l'élimination de la monarchie ; et que non seulement il n'est pas capable de nous exalter, mais qu'au contraire, toutes les fois qu'on nous représente la république comme une solution positive et sérieuse de toutes les questions du jour, comme le but suprême vers lequel doivent tendre tous nos efforts, — nous éprouvons le besoin de protester.

Nous détestons la monarchie de tout notre cœur ; nous ne demandons pas mieux que de la voir renversée sur toute la surface de l'Europe et du monde, et nous sommes convaincus, comme vous, que son abolition est une condition *sine qua non* de l'émancipation de l'humanité. A ce point de vue, nous sommes franchement républicains. Mais nous ne pensons pas qu'il suffise de renverser la monarchie pour émanciper les peuples et leur donner la justice et la paix. Nous sommes fermement persuadés au contraire, qu'une grande république militaire, bureaucratique et politiquement centralisée peut devenir et nécessairement deviendra une puissance conquérante au dehors, oppressive à l'intérieur, et qu'elle sera incapable d'assurer à ses sujets, lors même qu'ils s'appelleraient des citoyens, le bien-être et la liberté. N'avons-nous pas vu la grande nation française se constituer deux fois en république démocratique, et deux fois perdre sa liberté et se laisser entraîner à des guerres de conquête ?

Attribuerons-nous, comme le font beaucoup d'autres, ces rechutes déplorables au tempérament léger et aux habitudes disciplinaires historiques du peuple français qui, prétendent ses détracteurs, est bien capable de conquérir la liberté par un élan spontané, orageux, mais non d'en jouir et de la pratiquer ?

Il nous est impossible, messieurs, de nous associer à cette condamnation d'un peuple entier, l'un des plus intelligents de l'Europe. Nous sommes donc convaincus que si, à deux reprises différentes, la France a perdu sa liberté et a vu sa république démocratique se transformer en dictature et en démocratie militaires, la faute n'en est pas au caractère de son peuple, mais à sa *centralisation politique* qui, préparée de longue main par ses rois et ses hommes d'Etat, personnifiée plus tard dans celui que la rhétorique complaisante des cours a appelé le Grand Roi, puis poussée dans l'abîme par les désordres honteux d'une monarchie décrépite, aurait péri certainement dans la boue, si la Révolution ne l'avait relevée de ses mains puissantes. Oui, chose étrange, cette grande révolution qui, pour la première fois dans l'histoire, avait proclamé la liberté non plus du citoyen seulement, mais de l'homme,

— se faisant l'héritière de la monarchie qu'elle tuait, avait ressuscité en même temps cette négation de toute liberté : *la centralisation et l'omnipotence de l'Etat*.

Reconstruite de nouveau par la Constituante, combattue, il est vrai, mais avec peu de succès par les Girondins, cette centralisation fut achevée par la Convention Nationale. Robespierre et Saint-Just en furent les vrais restaurateurs : rien ne manqua à la nouvelle machine gouvernementale, pas même l'Etre suprême avec le culte de l'Etat. Elle n'attendait plus qu'un habile machiniste pour montrer au monde étonné toutes les puissances d'oppression dont elle avait été munie par ses imprudents constructeurs... et Napoléon Ier se trouva. Donc cette Révolution, qui n'avait été d'abord inspirée que par l'amour de la liberté et de l'humanité, par cela seul qu'elle avait cru pouvoir les concilier avec la centralisation de l'Etat, se suicidait elle-même, les tuait, n'enfantant rien à leur place que la dictature militaire, le Césarisme.

N'est-il pas évident, messieurs, que pour sauver la liberté et la paix en Europe, nous devons opposer à cette monstrueuse et oppressive centralisation des Etats militaires, bureaucratiques, despotiques, monarchiques constitutionnels ou même républicains, le grand, le salutaire *principe du Fédéralisme*, — principe dont les derniers événements dans les Etats-Unis de l'Amérique du Nord nous ont donné d'ailleurs une démonstration triomphante.

Désormais il doit être clair pour tous ceux qui veulent réellement l'émancipation de l'Europe, que tout en conservant nos sympathies pour les grandes idées socialistes et humanitaires énoncées par la Révolution française, nous devons rejeter sa politique d'Etat et adopter résolument la politique de la liberté des Américains du Nord.

I


# LE FÉDÉRALISME.


Nous sommes heureux de pouvoir déclarer que ce principe a été unanimement acclamé par le Congrès de Genève. La Suisse même, qui, d'ailleurs, le pratique aujourd'hui avec tant de bonheur, y a adhéré sans restriction aucune et l'a accepté dans toute la largeur de ses conséquences. Malheureusement, dans les résolutions du congrès, ce principe a été très mal formulé et ne se trouve même qu'indirectement mentionné, d'abord à l'occasion de la Ligue que nous devons établir, et plus bas, en rapport avec le journal que nous devons rédiger sous le nom « d'Etats-Unis de l'Europe », tandis qu'il aurait dû, selon nous, occuper la première place dans notre déclaration de principes.

C'est une lacune très fâcheuse et que nous devons

nous empresser de combler. Conformément au sentiment unanime du Congrès de Genève, nous devons proclamer :

1° Que pour faire triompher la liberté, la justice et la paix dans les rapports internationaux de l'Europe, pour rendre impossible la guerre civile entre les différents peuples qui composent la famille européenne, il n'est qu'un seul moyen : c'est de constituer *les Etats-Unis de l'Europe.*

2° Que les Etats de l'Europe ne pourront jamais se former avec les Etats tels qu'ils sont aujourd'hui constitués, vu l'inégalité monstrueuse qui existe entre leurs forces respectives.

3° Que l'exemple de la défunte Confédération germanique a prouvé d'une façon péremptoire, qu'une confédération de monarchies est une dérision ; qu'elle est impuissante à garantir soit la paix, soit la liberté des populations.

4° Qu'aucun Etat centralisé, bureaucratique et par là même militaire, s'appela-t-il même république, ne pourra entrer sérieusement et sincèrement dans une confédération internationale. Par sa constitution, qui sera toujours une négation ouverte ou masquée de la liberté à l'intérieur, il serait nécessairement une déclaration de guerre permanente, une menace contre l'existence des pays voisins. Fondé essentiellement sur un acte ultérieur de violence, la conquête, ou ce que dans la vie privée on appelle le vol avec effraction, — acte béni par l'Eglise d'une religion quelconque, consacré par le temps et par là même transformé en droit historique, — et s'appuyant sur cette divine consécration de la violence triomphante comme sur un droit exclusif et suprême, chaque Etat centraliste se pose par là même comme une négation absolue du droit de tous les autres Etats, ne les reconnaissant jamais, dans les traités qu'il conclut avec eux, que dans un intérêt politique ou par impuissance.

5° Que tous les adhérents de la Ligue devront par conséquent tendre par tous leurs efforts à reconstituer leurs patries respectives, afin d'y remplacer l'ancienne organisation fondée, de haut en bas, sur la violence et sur le principe d'autorité, par une organisation nouvelle n'ayant d'autre base que les intérêts, les besoins et les attractions naturelles des populations, ni d'autre principe que la fédération libre des individus dans les communes, des communes dans les provinces [1], des provinces dans les nations, enfin

1. L'illustre patriote italien, Joseph Mazzini, dont l'idéal républicain n'est autre que la république française de 1793, refondue dans les traditions poétiques de Dante et dans les souvenirs ambitieux de Rome, souveraine du monde, puis revue et corrigée au point de vue d'une théologie nouvelle, à demi rationnelle et à demi mystique, — ce patriote éminent, ambitieux, passionné et toujours exclusif, malgré tous les efforts qu'il a faits pour s'élever à la hauteur de la justice internationale, et qui a toujours

de celles-ci dans les Etats-Unis de l'Europe d'abord et plus tard du monde entier.

6° Conséquemment, abandon absolu de tout ce qui s'appelle droit historique des Etats ; toutes les questions relatives aux frontières naturelles, politiques, stratégiques, commerciales, devront être considérées désormais comme appartenant à l'histoire ancienne et repoussées avec énergie par tous les adhérents de la Ligue.

7° Reconnaissance du droit absolu de chaque nation, grande ou petite, de chaque peuple, faible ou

préféré la grandeur et la puissance de sa patrie à son bien-être et à sa liberté, — Mazzini a été toujours l'adversaire acharné de l'autonomie des provinces, qui dérangerait naturellement la sévère uniformité de son grand Etat italien. Il prétend que pour contrebalancer l'omnipotence de la république fortement constituée, l'autonomie des communes suffira. Il se trompe : aucune commune isolée ne serait capable de résister à la puissance de cette centralisation formidable ; elle en serait écrasée. Pour ne point succomber dans cette lutte, elle devrait donc se fédérer, en vue d'une commune résistance, avec toutes les communes voisines, c'est-à-dire qu'elle devrait former avec elles une province autonome. En outre, du moment que les provinces ne seront point autonomes, il faudra les gouverner par des fonctionnaires de l'Etat. Entre le fédéralisme rigoureusement conséquent et le régime bureaucratique il n'y a point de milieu. D'où il résulte que la république voulue par Mazzini, serait un Etat bureaucratique et, par conséquent, militaire, fondé en vue de la puissance extérieure et non de la justice internationale ni de la liberté intérieure. En 1793, sous le régime de la Terreur, les communes de la France ont été reconnues autonomes, ce qui ne les a pas empêchées d'avoir été écrasées par le despotisme révolutionnaire de la Convention ou plutôt par celui de la Commune de Paris, dont Napoléon hérita naturellement.

fort, de chaque province, de chaque commune à une complète autonomie, pourvu que sa constitution intérieure ne soit pas une menace et un danger pour l'autonomie et la liberté des pays voisins.

8° De ce qu'un pays a fait partie d'un Etat, s'y fût-il même adjoint librement, il ne s'ensuit nullement pour lui l'obligation d'y rester tonjours attaché. Aucune obligation perpétuelle ne saurait être acceptée par la justice humaine, la seule qui puisse faire autorité parmi nous, et nous ne reconnaîtrons jamais d'autres droits, ni d'autres devoirs que ceux qui se fondent sur la liberté. Le droit de la libre réunion et de la sécession également libre est le premier, le plus important de tous les droits politiques ; celui sans lequel la confédération ne serait jamais qu'une centralisation masquée.

9° Il résulte de tout ce qui précède que la Ligue doit franchement proscrire toute alliance de telle ou telle fraction nationale de la démocratie européenne avec les Etats monarchiques, quand même cette alliance aurait pour but de reconquérir l'indépendance ou la liberté d'un pays opprimé ; — une telle alliance, ne pouvant amener qu'à des déceptions, serait en même temps une trahison contre la révolution.

10° Par contre la Ligue, précisément parce qu'elle est la Ligue de la paix et parce qu'elle est convaincue que la paix ne pourra être conquise et fondée que sur la plus intime et complète solidarité des peuples dans la justice et dans la liberté, doit proclamer hautement ses sympathies pour toute insurrection nationale contre toute oppression, soit étrangère, soit indigène, pourvu que cette insurrection se fasse au nom de nos principes et dans l'intérêt tant politique qu'économique des masses populaires, mais non avec l'intention ambitieuse de fonder un puissant Etat.

11° La Ligue fera une guerre à outrance à tout ce qui s'appelle gloire, grandeur et puissance des Etats. A toutes ces fausses et malfaisantes idoles auxquelles ont été immolés des millions de victimes humaines, nous opposerons les gloires de l'humaine intelligence se manifestant dans la science et d'une prospérité universelle fondée sur le travail, sur la justice et sur la liberté.

12° La Ligue reconnaîtra la *nationalité* comme un fait naturel, ayant incontestablement droit à une existence et à un développement libres, mais non comme un principe, — tout principe devant porter le caractère de l'universalité et la nationalité n'étant au contraire qu'un fait exclusif, séparé. Ce soi-disant *principe de nationalité*, tel qu'il a été posé de nos jours par les gouvernements de la France, de la Russie et de la Prusse et même par beaucoup de patriotes allemands, polonais, italiens et hongrois, n'est qu'un dérivatif opposé par la réaction à l'esprit de la révolution : éminemment aristocratique au fond, jusqu'à faire mépriser les dialectes des populations non lettrées, niant implicitement la liberté des provinces et l'autonomie réelle des communes, et soutenu dans tous les pays non par les masses populaires, dont il sacrifie systématiquement les intérêts réels à un soi-disant bien public, qui n'est jamais que celui des classes privilégiées, — ce principe n'exprime rien que les prétendus droits historiques et l'ambition des Etats. Le droit de nationalité ne pourra donc jamais être considéré par la Ligue que comme une conséquence naturelle du principe suprême de la liberté, cessant d'être un droit du moment qu'il se pose soit contre la liberté, soit même seuleme : en dehors de la liberté.

13° L'unité est le but, vers lequel tend irrésistiblement l'humanité. Mais elle devient fatale, destructive de l'intelligence, de la dignité, de la prospérit: des individus et des peuples, toutes les fois qu'elle se forme en dehors de la liberté, soit par la violence, soit sous l'autorité d'une idée théologique, métaphysique, politique ou même économique quelconque. Le patriotisme qui tend à l'unité en dehors de la liberté, est un patriotisme mauvais, toujours funeste aux intérêts populaires et réels du pays qu'il prétend exalter et servir, ami, souvent sans le vouloir, de la réaction — ennemi de la révolution, c'est-à-dire de l'émancipation des nations et des hommes. La Ligue ne pourra reconnaître qu'une seule unité : celle qui se constituera librement par la fédération des parties autonomes dans le tout, de sorte que celui-ci, cessant d'être la négation des droits et des intérêts particuliers, cessant d'être le cimetière où viennent forcément s'enterrer toutes les prospérités locales, deviendra au contraire la confirmation et la source de toutes ces autonomies et de toutes ces prospérités. La Ligue attaquera donc vigoureusement toute organisation religieuse, politique, économique et sociale, qui ne sera pas absolument pénétrée par ce grand principe de la liberté : sans lui, point d'intelligence, point de justice, point de prospérité, point d'humanité.

---

Tels sont, messieurs, selon nous et sans doute aussi selon vous, les développements et les conséquences nécessaires de ce grand principe du Fédéralisme que le Congrès de Genève a hautement proclamé. Telles sont les conditions absolues de la paix et de la liberté.

Absolues, oui — mais sont-elles les seules ? — Nous ne le pensons pas.

Les Etats du Sud, dans la grande confédération républicaine de l'Amérique du Nord, ont été, depuis l'acte d'indépendance des Etats républicains, démocrates par excellence [1] et fédéralistes jusqu'à vouloir la scission. Et pourtant ils se sont dernièrement attiré la réprobation de tous les partisans de la liberté et de l'humanité dans le monde, et ont manqué, par la guerre inique et sacrilège qu'ils ont fomentée contre les Etats républicains du Nord, de renverser et de détruire la plus belle organisation politique qui ait jamais existé dans l'histoire. Quelle peut être la cause d'un fait si étrange? Etait-ce une cause politique? Non, elle était toute *sociale*. L'organisation politique intérieure des Etats du Sud a été même, sous plusieurs rapports, plus parfaite, plus complètement libre que celle des Etats du Nord. Seulement, dans cette organisation magnifique, il s'est trouvé un point noir comme dans les républiques de l'antiquité; la liberté des citoyens a été fondée sur le travail forcé des esclaves. — Ce point noir suffit pour renverser toute l'existence politique de ces Etats.

Citoyens et esclaves, — tel a été l'antagonisme dans le monde antique, comme dans les Etats à esclaves du nouveau monde. — Citoyens et esclaves, c'est-à-dire, travailleurs forcés, esclaves, non de droit mais de fait — tel est l'antagonisme du monde moderne.

1. On sait qu'en Amérique ce sont les partisans des intérêts du Sud contre le Nord, c'est-à-dire de l'esclavage contre l'émancipation des esclaves, qui s'appellent exclusivement démocrates.

— Et comme les Etats antiques ont péri par l'esclavage, de même les Etats modernes périront par le prolétariat.

C'est en vain qu'on s'efforcerait de se consoler par l'idée, que c'est un antagonisme plutôt fictif que réel, ou qu'il est impossible d'établir une ligne de démarcation entre les classes possédantes et les classes dépossédées, ces deux classes se confondant l'une avec l'autre par une quantité de nuances intermédiaires et insaisissables. Dans le monde naturel ces lignes de démarcation n'existent pas non plus; dans la série ascendante des êtres, il est impossible de montrer par exemple le point où finit le règne végétal et où commence le règne animal, où cesse la bestialité et où commence l'humanité. Il n'en existe pas moins une différence très réelle entre la plante et l'animal, entre celui-ci et l'homme. De même dans l'humaine société, malgré les positions intermédiaires qui forment une transition insensible d'une existence politique et sociale à une autre, la différence des classes est néanmoins très marquée, et tout le monde saura distinguer l'aristocratie nobiliaire de l'aristocratie financière, la haute bourgeoisie de la petite bourgeoisie, et celle-ci des prolétaires des fabriques et des villes; aussi bien que le grand propriétaire de la terre, le rentier, le paysan propriétaire qui cultive lui-même la terre, le fermier du simple prolétaire de campagne.

Toutes ces différentes existences politiques et sociales se laissent aujourd'hui réduire à deux principales catégories, diamétralement opposées l'une à l'autre, et ennemies naturelles l'une de l'autre : les *classes politiques* [1], composées de tous les privilégiés tant de la terre que du capital, ou même seulement de l'éducation bourgeoise [2], — et les *classes ouvrières* déshéritées aussi bien du capital que de la terre, et privées de toute éducation et de toute instruction.

Il faudrait être un sophiste ou un aveugle pour nier l'existence de l'abîme qui sépare aujourd'hui ces deux classes. Comme dans le monde antique, notre civilisation moderne, comprenant une minorité comparativement fort restreinte de citoyens privilégiés, a pour base le travail forcé (par la faim) de l'immense majorité des populations, vouées fatalement à l'ignorance et à la brutalité.

C'est en vain aussi qu'on s'efforcerait de se persuader que cet abîme pourra être comblé par la simple diffusion des lumières dans les masses populaires. Il est très bien de fonder des écoles pour le peuple ; en-

1. (Leg. *privilégiées* ?)

2. A défaut même de tout autre bien, cette éducation bourgeoise, avec l'aide de la solidarité qui relie tous les membres du monde bourgeois, assure à quiconque l'a reçue, un privilège énorme dans la rémunération de son travail, — le travail des bourgeois le plus médiocre se payant presque toujours trois, quatre fois plus que celui de l'ouvrier le plus intelligent.

core faut-il se demander, si l'homme du peuple, vivant du jour au jour et nourrissant sa famille du travail de ses bras, privé lui-même d'instruction et de loisir, et forcé à se laisser assommer et abrutir par le travail pour assurer aux siens le pain du lendemain, — il faut se demander, s'il a seulement la pensée, le désir et même la possibilité d'envoyer ses enfants à l'école et de les entretenir pendant tout le temps de leur instruction ? N'aura-t-il pas besoin du concours de leurs faibles bras, de leur travail enfantin, pour subvenir à tous les besoins de sa famille ? Ce sera beaucoup s'il pousse le sacrifice jusqu'à les faire étudier, un an ou deux, leur laissant à peine le temps nécessaire pour apprendre à lire, à écrire, à compter et à se laisser empoisonner l'intelligence et le cœur par le catéchisme chrétien, qu'on distribue sciemment et avec une si large profusion dans les écoles populaires officielles de tous les pays. Ce peu d'instruction sera-t-il jamais en état d'élever les masses ouvrières au niveau de l'intelligence bourgeoise ? L'abîme sera-t-il comblé ?

Il est évident que la question si importante de l'instruction et de l'éducation populaires dépend de la solution de cette autre question bien autrement difficile d'une réforme radicale dans les conditions économiques actuelles des classes ouvrières. — Relevez les conditions du travail, rendez au travail tout ce qui d'après la justice revient au travail, et par cela même donnez au peuple la sécurité, l'aisance, le loisir, et alors, croyez-le bien, il s'instruira, il créera une civilisation plus large, plus saine, plus élevée que la vôtre.

C'est en vain aussi qu'on se dirait avec les économistes que l'amélioration de la situation économique des classes ouvrières dépend du progrès général de l'industrie et du commerce dans chaque pays et de leur complète émancipation de la tutelle et de la protection des Etats. La liberté de l'industrie et du commerce est certainement une bien grande chose et l'un des fondements essentiels de la future alliance internationale de tous les peuples du monde. Amis de la liberté quand même, de toutes les libertés, nous devons l'être également de celles-ci. Mais d'un autre côté nous devons reconnaître que tant qu'existeront les Etats actuels et tant que le travail continuera d'être le serf de la propriété et du capital, cette liberté, en enrichissant une minime portion de la bourgeoisie au détriment de l'immense majorité des populations, ne produira qu'un seul bien : celui d'énerver et de démoraliser plus complètement le petit nombre des privilégiés, d'augmenter la misère, les griefs et la juste indignation des masses ouvrières, et par là même de rapprocher l'heure de la destruction des Etats.

L'Angleterre, la Belgique, la France, l'Allemagne sont certainement les pays de l'Europe où le commerce et l'industrie jouissent comparativement de la plus grande liberté, ont atteint le plus haut degré de développement. Et précisément ce sont aussi les pays où le paupérisme se sent de la manière la plus cruelle, où l'abîme entre les capitalistes et les propriétaires d'un côté et les classes ouvrières de l'autre semble s'être élargi à un point inconnu dans d'autres pays. En Russie, dans les pays scandinaves, en Italie, en Espagne, où le commerce et l'industrie sont peu développés, à moins de quelque catastrophe extraordinaire, on meurt rarement de faim. En Angleterre, la mort par la faim est un fait journalier. Et ce ne sont pas seulement des individus isolés, ce sont des milliers, des dizaines, des centaines de milliers qui en meurent. N'est-il pas évident que, dans l'état économique qui prévaut actuellement dans tout le monde civilisé, — la liberté et le développement du commerce et de l'industrie, les applications merveilleuses de la science à la production, les machines mêmes qui ont pour mission d'émanciper le travailleur, en allégeant le travail humain, — que toutes ces iuventions, ce progrès, dont s'enorgueillit à juste titre l'homme civilisé, loin d'améliorer la situation des classes ouvrières ne font que l'empirer et la rendre plus insupportable encore.

La seule Amérique du Nord fait encore en grande
partie exception à cette règle. Mais loin de la renverser, cette exception même la confirme. Si les ouvriers
y sont mieux rétribués qu'en Europe et si personne
n'y meurt de faim, si, en même temps, l'antagonisme
des classes n'y existe encore presque pas, si tous les
travailleurs sont citoyens et si la masse des citoyens y
constitue proprement un seul corps, enfin si une forte
instruction primaire et même secondaire y est largement répandue dans les masses, il faut l'attribuer
sans doute en bonne partie à cet esprit traditionnel
de liberté que les premiers colonistes ont importé
d'Angleterre : suscité, éprouvé, raffermi dans les
grandes luttes religieuses, ce principe de l'indépendance individuelle et du *selfgovernment* communal
et provincial, se trouve encore favorisé par cette rare
circonstance, que transplanté dans un désert, délivré
pour ainsi dire des obsessions du passé, il put créer
un monde nouveau — le monde de la liberté. Et la
liberté est une si grande magicienne, elle est douée
d'une productivité tellement merveilleuse, que se
laissant inspirer par elle seule, en moins d'un siècle,
l'Amérique du Nord a pu atteindre, et on pourrait
dire aujourd'hui, même dépasser la civilisation de
l'Europe. Mais il ne faut pas s'y tromper, ces progrès
merveilleux et cette prospérité si enviable sont dus en
grande partie et surtout à un important avantage que

l'Amérique a de commun avec la Russie : nous voulons parler de l'immense quantité de terres fertiles et qui faute de bras restent encore aujourd'hui sans culture. Jusqu'à présent du moins, cette grande richesse territoriale a été presque perdue pour la Russie, parce que nous n'avons jamais eu de liberté. Il en a été autrement dans l'Amérique du Nord, qui par une libertételle qu'elle n'existe nulle autre part attire chaque année ·des centaines de milliers de colons énergiques, industrieux et intelligents, et qui, grâce à cette richesse, peut les recevoir dans son sein. Elle en éloigne en même temps le paupérisme et retarde le moment où sera posée la question sociale : un ouvrier qui ne trouve pas de travail, ou qui est mécontent du salaire que lui offre le capital, peut à la rigueur toujours émigrer au *far west* pour y défricher quelque terre sauvage et inoccupée.

Cette possibilité restant toujours ouverte comme un pis-aller à tous les ouvriers d'Amérique, y maintient naturellement le salaire à une hauteur et donne à chacun une indépendance inconnues en Europe. Tel est l'avantage, mais voici le désavantage : le bon marché des produits de l'industrie s'obtenant en grande partie par le bon marché du travail, les fabricants américains, dans la plupart des occasions, ne sont pas en état de lutter avec les fabricants de l'Europe, — d'où résulte, pour l'industrie des Etats du Nord, la nécessité d'un tarif protectionniste. Mais celui-ci a pour résultat d'abord de créer une foule d'industries artificielles et surtout d'opprimer et de ruiner les Etats non manufacturiers du Sud et de leur faire désirer la sécession ; enfin d'agglomérer dans les villes comme New-York, Philadelphie, Boston et tant d'autres des masses ouvrières prolétaires qui peu à peu commencent à se trouver déjà dans une situation analogue à celle des ouvriers dans les grands Etats manufacturiers de l'Europe. — Et nous voyons en effet la question sociale se poser déjà dans les Etats du Nord, comme elle s'est posée bien avant chez nous.

Ainsi en règle générale, force nous est bien de reconnaître que dans notre monde moderne sinon tout à fait, comme dans le monde antique, la civilisation d'un petit nombre est néanmoins encore fondée sur le travail forcé et sur la barbarie relative du grand nombre. Il serait injuste de dire que cette classe privilégiée soit étrangère au travail ; au contraire, de nos jours on y travaille beaucoup, le nombre des absolument désœuvrés diminue d'une manière sensible, on commence à y tenir en honneur le travail ; car les plus heureux comprennent aujourd'hui que pour rester à la hauteur de la civilisation actuelle, pour savoir profiter même de leurs privilèges et pour pouvoir les garder, il faut travailler beaucoup. Mais

il y a cette différence entre le travail des classes ai-
sées et celui des classes ouvrières, que le premier étant
rétribué dans une proportion infiniment plus forte
que le second, il laisse à ses privilégiés *le loisir*, cette
condition suprême de tout humain développement,
tant intellectuel que moral — condition qui ne s'est
jamais réalisée pour les classes ouvrières. Ensuite, le
travail qui se fait dans ce monde des privilégiés,
est presque exclusivement un *travail nerveux* — c'est-
à-dire celui de l'imagination, de la mémoire et de la
pensée ; — tandis que le travail des millions de prolétaires est un *travail musculaire*, et souvent, comme
dans toutes les fabriques, par exemple, un travail qui
n'exerce pas tout le système musculaire de l'homme
à la fois, mais en développe seulement une partie au
détriment de toutes les autres, et se fait en général
dans des conditions nuisibles à la santé du corps et
contraires à son développement harmonique. Sous ce
rapport, le travailleur de la terre est beaucoup plus
heureux: sa nature, non viciée par l'atmosphère étouf-
fante et souvent empoisonnée des usines et des fabriques, ni contrefaite par le développement anormal
d'une de ses forces aux dépens des autres, reste plus
vigoureuse, plus complète, — mais en revanche, son
intelligence est presque toujours plus stationnaire.
plus lourde et beaucoup moins développée que celle
des ouvriers des fabriques et des villes.

Somme toute, travailleurs de métiers et d'usines et travailleurs de la terre forment ensemble une seule et même catégorie, représentant le *travail des muscles* et opposée aux représentants privilégiés du *travail nerveux*. Quelle est la conséquence de cette division non fictive, mais très réelle et qui constitue le fond même de la situation actuelle tant politique que sociale.

Aux représentants privilégiés du *travail nerveux* — qui par parenthèse, dans l'organisation actuelle de la société, sont appelés à le représenter non parce qu'ils seraient les plus intelligents, mais seulement parce qu'ils sont nés au milieu de la classe privilégiée — à eux tous les bienfaits, mais aussi toutes les corruptions de la civilisation actuelle, la richesse, le luxe, le confort, le bien-être, les douceurs de la famille, la liberté politique exclusive avec la faculté d'exploiter le travail des millions d'ouvriers et de les gouverner à leur guise et dans leur intérêt propre — toutes les créations, tous les raffinements de l'imagination et de la pensée... et avec le pouvoir de devenir des hommes complets, tous les poisons de l'humanité pervertie par le privilège.

Aux représentants du *travail musculaire*, à ces innombrables millions de prolétaires ou même de petits propriétaires de la terre, que reste-t-il ? une misère sans issue, pas même les joies de la famille, car la famille pour le pauvre devient vite un fardeau, l'ignorance, une barbarie et nous dirions presque une bestialité forcée avec la consolation qu'ils servent de piédestal à la civilisation, à la liberté et à la corruption d'un petit nombre. — Par contre ils ont conservé une fraîcheur d'esprit et de cœur. Moralisés par le travail même forcé, ils ont gardé un sens de justice bien autrement juste que la justice des jurisconsultes et des codes ; misérables eux-mêmes, ils compatissent à toutes misères, ils ont conservé un bon sens non corrompu par les sophismes de la science doctrinaire ou par les mensonges de la politique — et comme ils n'ont pas encore abusé, ni même usé de la vie, ils ont foi dans la vie.

Mais, dira-t-on, ce contraste, cet abîme entre le petit nombre de privilégiés et l'immense nombre de déshérités a toujours existé, il existe encore : qu'y a-t-il donc de changé ? Il y a ceci de changé, que jadis cet abîme a été comblé par les nuages de la religion, de sorte que les masses populaires ne le voyaient pas ; et aujourd'hui, depuis que la grande Révolution a commencé à dissiper ces nuages, elles commencent, elles aussi, à le voir et à en demander la raison. Ceci est immense.

Depuis que la Révolution a fait tomber dans les masses son Evangile, non mystique mais rationnel, non céleste mais terrestre, non divin mais humain —

son Evangile des droits de l'homme ; depuis qu'elle a proclamé que tous les hommes sont égaux, tous également appelés à la liberté et à l'humanité, — les masses populaires dans toute l'Europe, dans tout le monde civilisé, se réveillant peu à peu du sommeil qui les avait tenues enchaînées depuis que le Christianisme les avait endormies de ses pavots, commencent à se demander si elles aussi n'ont pas droit à l'égalité, à la liberté et à l'humanité?

Du moment que cette question fut posée, le peuple partout dirigé par son bon sens admirable aussi bien que par son instinct, a compris, que la première condition de son émancipation réelle, ou si vous voulez me permettre ce mot, de son *humanisation*, c'était avant tout une réforme radicale de ses conditions économiques. La question du pain est pour lui à juste titre la première question, car Aristote l'a déjà remarqué : l'homme, pour penser, pour sentir librement, pour devenir un homme, doit être libre des préoccupations de la vie matérielle. — D'ailleurs les bourgeois qui crient si fort contre le matérialisme du peuple, et qui lui prêchent les abstinences de l'idéalisme, le savent très bien, car ils prêchent de paroles, non d'exemple. — La seconde question pour le peuple est celle de loisir après le travail, condition *sine qua non* de l'humanité ; mais pain et loisir ne peuvent jamais être pour lui obtenus que par une transformation radicale de l'organisation actuelle de la société, ce qui explique pourquoi la Révolution poussée par une conséquence logique de son propre principe, a donné naissance au *socialisme*.

II


# LE SOCIALISME.


La Révolution française ayant proclamé le droit et le devoir de tout individu humain de devenir un homme, a abouti par ses dernières conséquences au Babouvisme. Babeuf, l'un des derniers citoyens énergiques et purs que la Révolution avait créés et puis tués en si grand nombre, et qui eut le bonheur d'avoir compté parmi ses amis des hommes comme Buonarotti, avait réuni, dans une conception singulière, les traditions politiques de la patrie antique avec les idées toutes modernes d'une révolution sociale. Voyant la Révolution dépérir, faute d'un changement radical et alors très probablement impossible dans l'organisation économique de la société, fidèle d'ailleurs à l'esprit de cette Révolution, qui avait fini par substituer l'action omnipotente de l'Etat à toute initiative individuelle, il avait conçu un système politique et social, conformément auquel la république, expression de la volonté collective des citoyens, après avoir confisqué toutes les propriétés individuelles, les administrerait dans l'intérêt de tous, répartissant à portions égales à chacun : l'éducation, l'instruction, les moyens d'existence, les plaisirs, et forçant tous sans exception, selon la mesure de forces et de capacité de chacun, au travail tant musculaire que nerveux. La conspiration de Babeuf échoua, il fut guillotiné avec plusieurs de ses amis. Mais son idéal d'une république socialiste ne mourut point avec lui. Recueillie par son ami Buonarotti, le plus grand conspirateur de ce siècle, cette idée fut transmise par lui comme un dépôt sacré aux générations nouvelles, et grâce aux sociétés secrètes qu'il fonda en Belgique et en France, les idées communistes germèrent dans l'imagination populaire. — Elles trouvèrent depuis 1830 jusqu'à 1848 d'habiles interprètes dans Cabet et M. Louis Blanc, qui établirent définitivement le *socialisme révolutionnaire*. Un autre courant socialiste, parti de la même source révolutionnaire, convergeant au même but, mais par des moyens absolument différents, et que nous appellerions volontiers le *socialisme doctrinaire*, fut créé par deux hommes éminents : Saint-Simon et

Fourier. Le Saint-Simonisme fut commenté, développé, transformé et établi comme système quasi-pratique, comme église, par le père Enfantin, avec beaucoup d'amis dont la plupart sont devenus aujourd'hui des financiers et des hommes d'Etat, singulièrement dévoués à l'Empire. — Le Fouriérisme trouva son commentateur dans la « *Démocratie pacifique* » rédigée jusqu'au 2 décembre par M. Victor Considérant.

Le mérite de ces deux systèmes socialistes, d'ailleurs différents sous beaucoup de rapports, consiste principalement dans la critique profonde, scientifique, sévère, qu'ils ont faite de l'organisation actuelle de la société, dont ils ont dévoilé hardiment les contradictions monstrueuses ; — ensuite dans ce fait important d'avoir fortement attaqué et ébranlé le Christianisme, au nom de la réhabilitation de la matière et des humaines passions, calomniées et en même temps si bien pratiquées par les prêtres chrétiens. Au Christianisme, les Saint-Simoniens ont voulu substituer une religion nouvelle, basée sur le culte mystique de la chair, avec une hiérarchie nouvelle de prêtres, nouveaux exploiteurs de la foule par le privilège du génie, de l'habilité et du talent. Les Fouriéristes, beaucoup plus et on peut dire même sincèrement démocrates, imaginèrent leurs phalanstères gouvernés et administrés par des chefs, élus par le suffrage universel, et où chacun, pensaient-ils, trouverait de lui-même son travail et sa place, selon la nature de ses passions. — Les fautes des Saint-Simoniens sont trop visibles pour qu'il soit nécessaire d'en parler. Le double tort des Fouriéristes consista d'abord en ce qu'ils crurent sincèrement que par la seule force de leur persuasion et de leur propagande pacifique, ils parviendraient à toucher les cœurs des riches, au point que ceux-ci finiraient par venir d'eux-mêmes déposer le surplus de leur richesse aux portes de leurs phalanstères ; et en second lieu, en ce qu'ils s'imaginèrent, qu'on pouvait théoriquement, à priori, construire un paradis social, où l'on pourrait coucher toute l'humanité à venir. Ils n'avaient pas compris que nous pouvons bien énoncer les grands principes de son développement futur, mais que nous devons laisser aux expériences de l'avenir la réalisation pratique de ces principes.

En général, la réglementation a été la passion commune de tous les socialistes d'avant 1848, moins un seul : Cabet, Louis Blanc, Fouriéristes, Saint-Simoniens, tous avaient la passion d'endoctriner et d'organiser l'avenir, tous ont été plus ou moins *autoritaires*.

Mais voici que Proudhon parut : fils d'un paysan, et dans le fait et d'instinct cent fois plus révolutionnaire que tous ces socialistes doctrinaires et bourgeois, il s'arma d'une critique aussi profonde et pénétrante qu'impitoyable, pour détruire tous leurs systèmes. Opposant la liberté à l'autorité, contre ces socialistes d'Etat, il se proclama hardiment anarchiste, et à la barbe de leur déisme ou de leur panthéisme, il eut le courage de se dire simplement athée, ou plutôt avec Auguste Comte *positiviste.*

Son socialisme à lui, fondé sur la liberté tant individuelle que collective, et sur l'action spontanée des associations libres, n'obéissant à d'autres lois qu'aux lois générales de l'économie sociale, découvertes ou qui sont à découvrir par la science, en dehors de toute réglementation gouvernementale et de toute protection de l'Etat, subordonnant d'ailleurs la politique aux intérêts économiques, intellectuels et moraux de la société, devait plus tard et par une conséquence nécessaire aboutir au fédéralisme.

Tel fut l'état de la science sociale avant 1848. La polémique des journaux, des feuilles volantes et des brochures socialistes porta une masse de nouvelles idées au sein des classes ouvrières ; elles en étaient saturées, et lorsque la révolution de 1848 éclata, le socialisme se manifesta comme une puissance.

Le socialisme, avons-nous dit, fut le dernier enfant de la grande révolution ; mais avant de l'avoir enfanté, elle avait donné le jour à un héritier plus direct, son aîné, l'enfant bien-aimé des Robespierre et des Saint-

Just : le *républicanisme pur*, sans mélange d'idées socialistes, renouvelé de l'antiquité et s'inspirant aux traditions héroïques des grands citoyens de la Grèce et de Rome. Beaucoup moins humanitaire que le socialisme, il ne connaît presque pas l'homme et ne reconnaît que le citoyen; et tandis que le socialisme cherche à fonder une *république d'hommes*, lui, il ne veut qu'une *république de citoyens*, dussent ces citoyens, comme dans les constitutions qui succédèrent, comme conséquence naturelle et nécessaire, à la constitution de 1793 (du moment que celle-ci, après avoir hésité un instant, finit par ignorer sciemment la question sociale), — dussent-ils à titre de *citoyens actifs*, pour nous servir d'une expression de la Constituante, fonder leur privilège civique sur l'exploitation du travail des *citoyens passifs*. Le républicain politique, d'ailleurs, n'est point ou du moins est censé n'être pas égoïste pour lui-même, mais il doit l'être pour la patrie qu'il doit placer dans son cœur libre au-dessus de lui-même, de tous les individus, de toutes les nations du monde et de l'humanité tout entière. Par conséquent il ignorera toujours la justice internationale ; dans tous les débats, que sa patrie ait tort ou raison, il lui donnera toujours le pas sur les autres, il voudra qu'elle domine toujours et qu'elle écrase toutes les nations étrangères par sa puissance et sa gloire. Il deviendra par une pente naturelle conquérant, —

malgré que l'expérience des siècles lui ait bien a
montré que les triomphes militaires doivent fatalement aboutir au césarisme. Le républicain socialiste
déteste la grandeur, la puissance et la gloire militaire
de l'Etat, — il leur préfère la liberté et le bien-être.
Fédéraliste à l'intérieur, il veut la confédération internationale, d'abord par l'esprit de justice, ensuite
parce qu'il est convaincu que la révolution économique et sociale, dépassant les bornes artificielles et
funestes des Etats, ne pourra se réaliser, au moins en
partie, que par l'action solidaire sinon de toutes, au
moins de la plus grande partie des nations qui constituent aujourd'hui le monde civilisé, et que toutes,
tôt ou tard, devront finir par s'y rallier. — Le républicain exclusivement politique est un stoïcien ; il ne
se reconnaît point de droits, seulement de devoirs, ou
comme dans la république de Mazzini, il n'admet
qu'un seul droit : celui de se dévouer et de se sacrifier toujours pour la patrie, ne vivant que pour la
servir et mourant pour elle avec joie, comme dit la
chanson dont M. Alexandre Dumas a gratuitement
doté les Girondins : « *Mourir pour la patrie, c'est le
sort le plus beau, le plus digne d'envie.* » Le socialiste, au contraire, s'appuie sur ses droits positifs à la
vie et à toutes les jouissances tant intellectuelles et
morales que physiques de la vie. Il aime la vie, et il
veut en jouir pleinement. Ses convictions faisant

partie de lui-même, et ses devoirs envers la société étant indissolublement liés à ses droits, pour rester fidèle aux unes et aux autres, il saura vivre selon la justice, comme Proudhon, et au besoin mourir comme Babeuf ; mais il ne dira jamais que la vie de l'humanité doive être un sacrifice, ni que la mort soit le sort le plus doux. La liberté pour le républicain politique n'est qu'un vain mot ; c'est la liberté d'être esclave volontaire, la victime dévouée de l'Etat ; toujours prêt à lui sacrifier la sienne, il lui sacrifiera volontiers celle des autres. Le républicanisme politique aboutit donc nécessairement au despotisme. La liberté unie au bien-être et produisant l'humanité de tous par l'humanité de chacun, est pour le républicain socialiste tout, tandis que l'Etat n'est à ses yeux qu'un instrument, un serviteur de son bien-être et de la liberté de chacun. Le socialiste se distingue du bourgeois par la *justice*, ne réclamant pour lui-même que le fruit réel de son propre travail ; et il se distingue du républicain exclusif par son *franc et humain égoïsme*, vivant ouvertement et sans phrases pour lui-même, et sachant qu'en le faisant *selon la justice*, il sert la société tout entière, et qu'en la servant, il fait ses propres affaires. Le républicain est rigide, et souvent par patriotisme — comme le prêtre par religion — cruel. Le socialiste est naturel, modérement patriote, mais, par contre, toujours très humain. — En un mot, entre le socialiste républicain et le républicain politique il y a un abîme : l'un, comme une *création semi-religieuse*, appartient au passé ; à l'autre, *positiviste ou athée*, appartient l'avenir.

Cet antagonisme se fit pleinement jour en 1848. Dès les premières heures de la révolution, ils ne s'entendirent plus du tout : leurs idéals, tous leurs instincts les entraînaient dans des sens diamétralement opposés. Tout le temps qui s'écoula depuis février jusqu'en juin, se passa dans des tiraillements qui, implantant la guerre civile dans le camp des révolutionnaires, paralysant leurs forces, durent naturellement donner gain de cause à la coalition, d'ailleurs devenue formidable, de toutes les nuances de la réaction, réunies et confondues désormais en un seul parti par la peur. En juin, les républicains se coalisèrent à leur tour avec la réaction pour écraser les socialistes. Ils crurent avoir remporté la victoire et ils avaient poussé dans l'abîme leur république bien-aimée. Le général Cavaignac, le représentant de l'honneur du drapeau contre la révolution, fut le précurseur de Napoléon III. Tout le monde le comprit alors, sinon en France, du moins partout ailleurs, car cette funeste victoire des républicains contre les ouvriers de Paris, fut célébrée comme un grand triomphe par toutes les cours de l'Europe et les officiers des gardes prussiennes, leurs généraux en tête, s'empressèrent d'envoyer une adresse

de félicitations fraternelles au général Cavaignac.

Epouvantée par le fantôme rouge, la bourgeoisie de l'Europe se laissa tomber dans une servilité absolue. Frondeuse et libérale par nature, elle n'adore pas le régime militaire, mais elle opta pour lui en présence des dangers menaçants d'une émancipation populaire. Ayant sacrifié sa dignité avec toutes ses glorieuses conquêtes du xviii° et du commencement de ce siècle, elle crut au moins avoir acheté la paix et la tranquillité nécessaires pour le succès de ses transactions commerciales et industrielles : « Nous vous sacrifions notre liberté, semblait-elle dire aux puissances militaires qui s'élevèrent de nouveau sur les ruines de cette troisième révolution, — laissez-nous en retour exploiter tranquillement le travail des masses populaires, et protégez-nous contre leurs prétentions, qui peuvent paraître légitimes en théorie, mais qui, au point de vue de nos intérêts, sont détestables. » On lui promit tout, on lui tint même parole. Pourquoi donc la bourgeoisie, toute la bourgeoisie de l'Europe, est-elle généralement mécontente aujourd'hui ?

Elle n'avait point calculé que le régime militaire coûte cher, que déjà par sa seule organisation intérieure, il paralyse, il inquiète, il ruine les nations, et que, de plus, obéissant à une logique qui lui est propre et qui ne s'est jamais démentie, il a pour conséquence infaillible *la guerre*; guerres dynastiques, guerres de point d'honneur, guerres de conquête ou de frontières naturelles, guerres d'équilibre — destruction et engloutissement permanent des Etats par les Etats, fleuves de sang humain, incendies des campagnes, villes ruinées, dévastations de provinces entières — et tout pour satisfaire à l'ambition des princes et de leurs favoris, pour les enrichir, pour occuper, pour discipliner les populations et pour remplir l'histoire.

Maintenant la bourgeoisie le comprend, et c'est pourquoi elle est mécontente du régime qu'elle a si fortement contribué à créer. Elle en est lasse ; mais que mettra-t-elle à la place de ce qui est ?

La monarchie constitutionnelle a fait son temps, et d'ailleurs elle n'a jamais prodigieusement prospéré sur le continent de l'Europe ; voire même en Angleterre, ce berceau historique du constitutionalisme moderne, battue en brèche aujourd'hui par la démocratie qui s'élève, elle est ébranlée, elle chancelle et ne sera bientôt plus en état de contenir le flot montant des passions et des exigences populaires.

La république ? Mais quelle république ? Politique seulement, ou démocratique et sociale ? Les peuples sont-ils encore socialistes ? Oui, plus que jamais.

Ce qui a succombé en juin 1848, ce n'est pas le socialisme en général, c'est seulement le *socialisme d'Etat*, le socialisme autoritaire et réglementaire, celui

qui avait cru, espéré, que pleine satisfaction aux besoins et aux légitimes aspirations des classes ouvrières allait être donnée par l'Etat et que celui-ci, armé de sa plénipotence, voulait et pouvait inaugurer un ordre social nouveau. Ce ne fut donc pas le socialisme qui mourut en juin, ce fut au contraire l'Etat qui se déclara banqueroute par devant le socialisme et qui, se proclamant incapable de lui payer la dette qu'il avait contractée envers lui, essaya de le tuer pour se délivrer de la manière la plus facile de cette dette. Il ne parvint pas à le tuer, mais il tua la foi que le socialisme avait eue en lui et il anéantit en même temps toutes les théories du socialisme autoritaire ou doctrinaire, dont les unes, comme « l'Icarie » de Cabet et comme « l'Organisation du travail » de M. Louis Blanc, avaient conseillé au peuple de s'en reposer en toutes choses sur l'Etat, — dont les autres avaient démontré leur néant par une série d'expériences ridicules. Même la banque de Proudhon, qui dans des conditions plus heureuses aurait pu prospérer, écrasée par l'animadversion et par l'hostilité générale des bourgeois, — succomba.

Le socialisme perdit cette première bataille par une raison toute simple : il était riche d'instincts et d'idées théoriques négatives, qui lui donnaient mille fois raison contre le privilège; mais il manquait encore absolument d'idées positives et pratiques, qui eussent été nécessaires pour qu'il pût édifier, sur les ruines du système bourgeois, un système nouveau : celui de la justice populaire. Les ouvriers qui combattaient en juin pour l'émancipation du peuple, étaient unis d'instinct, non d'idées — et les idées confuses qu'ils avaient, formaient une tour de Babel, un chaos, dont il ne pouvait sortir rien. Telle fut la principale cause de leur défaite. Faut-il pour cela douter de l'avenir et de la force présente du socialisme ? Le christianisme qui s'était donné pour objet la fondation du règne de la justice dans le ciel, a eu besoin de plusieurs siècles pour triompher en Europe. Faut-il s'étonner après cela que le socialisme qui s'est posé un problème bien autrement difficile, celui du règne de la justice sur la terre, n'ait pas triomphé en quelques années ?

Est-il besoin, messieurs, de prouver que le socialisme n'est pas mort ? Pour s'en assurer, il n'y a qu'à jeter les yeux sur ce qui se passe aujourd'hui dans toute l'Europe. Derrière tous les cancans diplomatiques et tous ces bruits de guerre qui remplissent l'Europe depuis 1852, quelle question sérieuse s'est posée dans tous les pays, qui ne soit pas la question sociale ? C'est la grande inconnue dont tout le monde sent l'approche, qui fait trembler chacun et dont personne n'ose parler... Mais elle parle pour elle-même et toujours plus haut ; les associations coopératives ouvrières, ces banques de secours mutuels et de crédit au travail, ces trade-unions, et cette ligue internationale des ouvriers de tous les pays, tout ce mouvement ascendant des travailleurs en Angleterre, en France, en Belgique, en Allemagne, en Italie et en Suisse, ne prouve-t-il pas, qu'ils n'ont point renoncé à leur but, ni perdu foi en leur émancipation prochaine, et qu'en même temps ils ont compris que pour rapprocher l'heure de leur délivrance, ils ne doivent plus compter sur les Etats, ni sur le concours toujours plus ou moins hypocrite des classes privilégiées, — mais sur eux-mêmes et sur leurs associations indépendantes tout à fait spontanées ?

Dans la plupart des pays de l'Europe ce mouvement, en apparence du moins étranger à la politique, garde encore un caractère exclusivement économique et, pour ainsi dire, privé. Mais en Angleterre, il s'est déjà posé carrément sur le terrain brûlant de la politique et, organisé en une ligue formidable, la « Ligue de la Réforme », il a déjà remporté une grande victoire contre le privilège politiquement organisé de l'aristocratie et de la haute bourgeoisie. Avec une patience et une conséquence pratiques tout anglaises, la Reform League s'est tracé un plan de campagne, elle ne se dégoûte de rien et ne se laisse effrayer, ni arrêter par aucun obstacle. « Dans dix ans, au plus tard, disent-ils, en supposant les plus grands empêchements, nous aurons le suffrage universel, et alors... » alors ils feront la révolution sociale !

En France, comme en Allemagne, tout en procédant silencieusement par la voie des associations économiques privées, le socialisme est déjà arrivé à un si haut degré de puissance au sein des classes ouvrières, que Napoléon III d'un côté, et le comte de Bismarck de l'autre, commencent à rechercher son alliance... Bientôt en Italie et en Espagne, après le fiasco déplorable de tous les partis politiques, et vu la misère horrible où l'une et l'autre se trouvent plongées, toute autre question va bientôt se perdre dans la question économique et sociale. — En Russie et en Pologne y a-t-il au fond une autre question ? C'est elle qui vient de ruiner les dernières espérances de la vieille Pologne nobiliaire, historique ; — c'est elle qui menace et qui ruinera l'existence déjà si fortement ébranlée de cet affreux Empire de toutes les Russies. En Amérique même, le socialisme ne s'est-il pas fait complètement jour dans la proposition d'un homme éminent, M. Charles Sumner, sénateur de Boston, de distribuer des terres aux nègres émancipés des Etats du Sud ?

Vous voyez bien, messieurs, que le socialisme est partout, et que, malgré sa défaite en juin, par un travail souterrain, qui l'a fait lentement pénétrer dans les profondeurs de la vie politique de tous les pays, il est arrivé au point de se faire sentir partout, comme la puissance latente du siècle. Encore quelques années, et il se manifestera comme une puissance active, formiable.

A très peu d'exceptions près, tous les peuples de l'Europe, plusieurs sans connaître même le mot de socialisme, sont aujourd'hui socialistes, ne connaissent d'autre drapeau que celui qui leur annonce leur émancipation économique avant tout, et renonceraient mille fois à toute autre question plutôt qu'à celle-ci. Ce n'est donc que par le socialisme qu'on pourra les entraîner à faire de la politique et de la bonne politique.

N'est-ce pas assez dire, messieurs, qu'il ne nous est pas permis de faire abstraction du socialisme dans notre programme, et que nous ne saurions nous en abstenir sans frapper notre œuvre entière d'impuissance ? Par notre programme, en nous déclarant républicains fédéralistes, nous nous sommes montrés assez révolutionnaires, pour écarter de nous une bonne partie de la bourgeoisie : toute celle qui spécule sur la misère et sur les malheurs des peuples et qui trouve à gagner jusque dans les grandes catastrophes qui, aujourd'hui plus que jamais, viennent frapper les nations. Si nous laissons de côté cette portion active, remuante, intrigante, spéculative de la bourgeoisie, il nous restera bien encore la majorité des bourgeois tranquilles, industrieux, faisant quelquefois le mal, plutôt par nécessité que par volonté et par goût, et qui ne demanderaient pas mieux que de se voir délivrés de cette fatale nécessité, qui les met en hostilité permanente avec les populations ouvrières, et qui les ruine en même temps. Il faut bien le dire, la petite bourgeoisie, le petit commerce et la petite industrie commencent à souffrir aujourd'hui presque autant que les classes ouvrières et si les choses marchent du même pas, cette majorité bourgeoise respectable pourrait bien, par sa position économique, se confondre bientôt avec le prolétariat. Le grand commerce, la grande industrie et surtout la grande et malhonnête spéculation l'écrasent, la dévorent et la poussent dans l'abîme. La situation de la petite bourgeoisie devient donc de plus en plus révolutionnaire, et ses idées trop longtemps réactionnaires, s'éclaircissant aujourd'hui grâce à de terribles leçons, devront nécessairement prendre une direction opposée. Les plus intelligents commencent à comprendre qu'il ne reste d'autre salut, pour l'honnête bourgeoisie, que dans l'alliance avec le peuple — et que la question sociale l'intéresse aussi bien et de la *même manière* que le peuple.

Ce changement progressif dans l'opinion de la petite bourgeoisie en Europe est un fait aussi consolant qu'incontestable. Mais nous ne devons pas nous faire illusion : l'initiative du nouveau développement n'appartiendra pas à elle, mais au peuple ; à l'occident — aux ouvriers des fabriques et des villes ; chez nous, en Russie, en Pologne, et dans la majorité des pays slaves : — aux paysans. La petite bourgeoisie est devenue trop peureuse, trop timide, trop sceptique pour prendre d'elle-même une initiative quelconque ; elle se laissera bien entraîner, mais elle n'entraînera personne ; car en même temps qu'elle est pauvre d'idées, la foi et la passion lui manquent. Cette passion qui brise les obstacles et qui crée des mondes nouveaux se trouve exclusivement dans le peuple. Donc au peuple appartiendra, sans contestation aucune, l'initiative du mouvement nouveau. Et nous ferions abstraction du peuple ! et nous ne parlerions pas du socialisme qui est la nouvelle religion du peuple !

Mais le socialisme, dit-on, se montre enclin à conclure une alliance avec le césarisme. D'abord c'est une calomnie, c'est au contraire le césarisme qui voyant poindre à l'horizon la puissance menaçante du socialisme, en recherche les sympathies pour les exploiter à sa façon. Mais n'est-ce pas une raison de plus, pour nous, de nous en occuper, afin de pouvoir empêcher cette alliance monstrueuse, dont la conclusion serait sans doute le plus grand malheur qui puisse menacer la liberté du monde ?

Nous devons nous en occuper en dehors même de

toutes ces considérations pratiques, parce que le socialisme, c'est la *justice*. Lorsque nous parlons de justice, nous n'entendons pas celle qui nous est donnée dans les codes et par la jurisprudence romaine, fondées en grande partie sur des faits de violence accomplis par la force, consacrés par le temps et par les bénédictions d'une église quelconque, chrétienne ou païenne, et comme tels acceptés comme des principes absolus, dont le reste n'est que la déduction très logique [1] — nous parlons de la justice qui se fonde uniquement sur la conscience des hommes, que vous retrouverez dans celle de tout homme, même dans la conscience des enfants, et qui se traduit en simple *équation*.

Cette justice si universelle et qui pourtant, grâce aux envahissements de la force et aux influences religieuses, n'a jamais encore prévalu, ni dans le monde politique, ni dans le monde juridique, ni dans le monde économique, doit servir de base au monde nouveau. Sans elle point de liberté, point de républi-

1. Sous ce rapport, la science du droit offre une parfaite ressemblance avec la théologie; ces deux sciences partent également, l'une d'un fait réel, mais inique : l'appropriation par la force, la conquête; l'autre d'un fait fictif et absurde : la révélation divine, comme d'un principe absolu, et se fondant sur cette absurdité ou sur cette iniquité, toutes les deux ont recours à la logique la plus rigoureuse pour édifier ici un système théologique et là un système juridique.

que, point de prospérité, point de paix! Elle doit donc présider à toutes nos résolutions, afin que nous puissions efficacement concourir à l'établissement de la paix.

Cette justice nous commande de prendre en nos mains la cause du peuple, jusqu'à cette heure si horriblement maltraité, et de revendiquer pour lui, avec la liberté politique, l'émancipation économique et sociale.

Nous ne vous proposons pas, messieurs, tel ou tel système socialiste. Ce que nous vous demandons, c'est de proclamer de nouveau ce grand principe de la Révolution française : que tout homme doit avoir les moyens matériels et moraux de développer toute son humanité, principe qui se traduit, selon nous, dans le problème suivant :

*Organiser la société de telle sorte que tout individu, homme ou femme, venant à la vie, trouve des moyens à peu près égaux pour le développement de ses différentes facultés et pour leur utilisation par son travail*; organiser une société qui, rendant à tout individu, quel qu'il soit, l'exploitation du travail d'autrui impossible, ne laisse chacun participer à la jouissance des richesses sociales, qui ne sont en réalité jamais produites que par le travail, qu'autant qu'il aura directement contribué à les produire par le sien.

La réalisation complète de ce problème sera sans doute l'œuvre des siècles. Mais l'histoire l'a posé et nous ne saurions désormais en faire abstraction, sans nous condamner nous-mêmes à une impuissance complète.

Nous nous hâtons d'ajouter, que nous repoussons énergiquement toute tentative d'organisation sociale qui, étrangère à la plus complète liberté tant des individus que des associations, exigerait l'établissement d'une autorité réglementaire de quelque nature que ce fût, et qu'au nom de cette liberté que nous reconnaissons comme l'unique fondement et comme l'unique créateur légitime de toute organisation, tant économique que politique, nous protesterons toujours contre tout ce qui ressemblera, de près ou de loin, au communisme et au socialisme d'Etat.

L'unique chose que, selon nous, l'Etat pourra et devra faire, ce sera de modifier d'abord peu à peu le droit d'héritage, pour arriver aussitôt que possible à son abolition complète. Le droit d'héritage, étant une pure création de l'Etat, l'une des conditions essentielles de l'existence même de l'Etat autoritaire et divin, il peut et doit être aboli par la liberté dans l'Etat, — ce qui revient à dire que l'Etat lui-même doit se dissoudre dans la société organisée librement selon la justice. Ce droit devra être nécessairement aboli, selon nous, parce que tant que l'*héritage* existera, il y aura inégalité économique *héréditaire*, non l'inégalité naturelle des individus, mais l'inégalité artificielle des classes, — et que celle-ci se traduira nécessairement toujours par l'inégalité héréditaire du développement et de la culture des intelligences et continuera d'être la source et la consécration de toutes les inégalités politiques et sociales. L'égalité du point de départ au commencement de la vie pour chacun, autant que cette égalité dépendra de l'organisation économique et politique de la société, et afin que chacun, abstraction faite des natures différentes, ne soit proprement que le fils de ses œuvres — tel est le problème de la justice. Selon nous, le fond public d'éducation et d'instruction de tous les enfants des deux sexes, y comprenant leur entretien depuis leur naissance jusqu'à l'âge de la majorité, devra seul hériter de tous les mourants. Nous ajoutons en qualité de Slaves et de Russes, que chez nous, l'idée sociale, fondée sur l'instinct général et traditionnel de nos populations, est que la terre, propriété de tout le peuple, ne doit être possédée que par ceux qui la cultivent de leurs bras.

Nous sommes convaincus, messieurs, que ce principe est juste, qu'il est une condition essentielle et inévitable de toute réforme sociale sérieuse et que, par conséquent, l'Europe occidentale à son tour, ne pourra manquer de l'accepter et de le reconnaître,

malgré toutes les difficultés que sa réalisation pourra
rencontrer dans certains pays, comme la France par
exemple, où la majorité des paysans jouit déjà de la
propriété de la terre, mais où par contre aussi la plus
grande partie de ces mêmes paysans arrivera bientôt
à ne rien posséder par suite du morcellement qui est
la conséquence inévitable du système politico-écono-
mique qui prévaut aujourd'hui dans ce pays. Nous
ne faisons aucune proposition à ce sujet, comme en
général nous nous abstenons de toute proposition,
par rapport à tel ou tel problème de la science et de
la politique sociales, convaincus que toutes ces questions doivent devenir dans notre journal l'objet d'une
discussion sérieuse et profonde. -- Nous nous bor-
nerons donc aujourd'hui à vous proposer de faire la
déclaration suivante :

*« Convaincue que la réalisation sérieuse de la li-
berté, de la justice et de la paix dans le monde sera
impossible, tant que l'immense majorité des populations restera dépossédée de tout bien, privée d'instruction et condamnée à la nullité politique et sociale
et à un esclavage de fait, sinon de droit, par la
misère aussi bien que par la nécessité dans laquelle
elle se trouve de travailler sans répit ni loisir, produisant toutes les richesses dont le monde se glorifie
aujourd'hui et n'en retirant qu'une si petite partie*

qu'à peine elle suffit pour lui assurer le pain du lendemain ;

» Convaincue que pour toutes ces populations, jusqu'ici si horriblement maltraitées par les siècles, la question du pain est celle de l'émancipation intellectuelle, de la liberté et de l'humanité ;

» Que la liberté sans le socialisme, c'est le privilège, l'injustice ; et que le socialisme sans liberté, c'est l'esclavage et la brutalité ;

» La Ligue proclame hautement la nécessité d'une réforme sociale et économique radicale, ayant pour but la délivrance du travail populaire du joug du capital et des propriétaires, fondée sur la plus stricte justice, non juridique, ni théologique, ni métaphysique, mais simplement humaine, sur la science positive et sur la plus absolue liberté.

» Elle décide en même temps, que son Journal ouvrira largement ses colonnes à toutes les discussions sérieuses sur les questions économiques et sociales, lorsqu'elles seront sincèrement inspirées par le désir de la plus large émancipation populaire, tant sous le rapport matériel, qu'au point de vue politique et intellectuel. »

Après avoir exposé nos idées sur le *Fédéralisme* et le *Socialisme*, nous croyons devoir, messieurs, vous entretenir d'une troisième question, que nous croyons indissolublement liée aux deux premières, c'est-à-dire sur la *question religieuse*, et nous vous demandons la permission de résumer toutes nos idées à ce sujet par un seul mot, qui vous paraîtra peut-être barbare :

III


# L'ANTITHÉOLOGISME.


Messieurs, nous sommes convaincus qu'aucune grande transformation politique et sociale ne s'est faite dans le monde sans qu'elle n'ait été accompagnée et souvent précédée par un mouvement analogue dans les idées philosophiques et religieuses qui dirigent la conscience tant des individus que de la Société.

Toutes les religions avec leurs Dieux n'ayant jamais été rien que la création de la fantaisie croyante et crédule de l'homme non encore à la hauteur de la réflexion pure et de la pensée libre appuyée sur la science, le ciel religieux n'a été qu'un mirage où l'homme exalté par la foi a si longtemps retrouvé sa propre image, mais agrandie et renversée, c'est-à-dire *divinisée*.

L'histoire des religions, celle de la grandeur et de la décadence des Dieux qui se sont succédé, n'est donc rien que l'histoire du développement de l'intelligence et de la conscience collective des hommes. A mesure qu'ils découvraient soit en eux, soit en dehors d'eux-mêmes, une force, une capacité, une qualité quelconques, ils l'attribuaient à leurs dieux, après l'avoir agrandie, élargie, outre toute mesure, comme font ordinairement les enfants, par un acte de fantaisie religieuse. De sorte que, grâce à cette modestie et à cette générosité des hommes, le ciel s'est enrichi des dépouilles de la terre, et par une conséquence naturelle, plus le ciel devenait riche, plus l'humanité devenait misérable. Une fois la divinité installée, elle fut naturellement proclamée la maîtresse, la source, la dispensatrice de toutes choses : le monde réel ne fut plus rien que par elle et l'homme, après l'avoir créée à son insu, s'agenouilla devant elle et se déclara sa créature, son esclave.

Le Christianisme est précisément la religion par excellence parce qu'il expose et manifeste la nature même et l'essence de toute religion, qui sont : l'appauvrissement, l'anéantissement et l'asservissement systématiques, absolus, de l'humanité au profit de la divinité, — principe suprême non seulement de toute religion, mais encore de toute métaphysique, soit théiste, soit même panthéiste. Dieu étant tout, le monde réel et l'homme ne sont rien. Dieu étant la vérité, la justice et la vie infinie, l'homme est le mensonge, l'iniquité et la mort. Dieu étant le maître, l'homme est esclave. Incapable de trouver par lui-même le chemin de la justice et de la vérité, il doit les recevoir comme une révélation d'en-haut, par l'intermédiaire des envoyés et des élus de la grâce divine. Qui dit révélation dit révélateurs, dit prophètes, dit prêtres, et ceux-ci une fois reconnus comme les représentants de la divinité sur la terre, comme les instructeurs et les initiateurs de l'humanité à la vie éternelle, reçoivent par là même la mission de la diriger, de la gouverner et de lui commander ici-bas. Tous les hommes leur doivent une foi et une obéissance absolue ; esclaves de Dieu, ils doivent l'être aussi de l'Eglise et de l'Etat en tant que celui-ci est béni par l'Eglise. C'est ce que de toutes les religions qui existent ou qui ont existé, le Christianisme a seul parfaitement compris, et, ce que, parmi toutes les sectes chrétiennes, le catholicisme romain a seul proclamé et réalisé avec une conséquence rigoureuse. Voilà pourquoi le Christianisme est la religion absolue, la dernière religion, et pourquoi l'Eglise apostolique et romaine est la seule conséquente, légitime et divine.

N'en déplaise donc à tous les demi-philosophes, à tous les soi-disant penseurs religieux : *L'existence de Dieu implique l'abdication de la raison et de la justice humaines, elle est la négation de l'humaine liberté et aboutit nécessairement à un esclavage non seulement théorique mais pratique.*

A moins donc de vouloir l'esclavage, nous ne pouvons, ni ne devons faire la moindre concession à la théologie, car dans cet alphabet mystique et rigoureusement conséquent, qui commence par A devra fatalement arriver à Z, et qui veut adorer Dieu devra renoncer à sa liberté et à sa dignité d'homme :

Dieu est, donc l'homme est esclave.

L'homme est intelligent, juste, libre, — donc Dieu n'existe pas.

Nous défions qui que ce soit de sortir de ce cercle, et maintenant qu'on choisisse.

D'ailleurs l'histoire nous démontre que les prêtres de toutes les religions, moins ceux des églises persécutées, ont été les alliés de la tyrannie. Et ces derniers même, tout en combattant et en maudissant les pouvoirs qui les opprimaient, ne disciplinaient-ils pas en même temps leurs propres croyants, et par là même n'ont-ils pas toujours préparé les éléments d'une tyrannie nouvelle ? L'esclavage intellectuel de quelque nature qu'il soit, aura toujours pour conséquence naturelle l'esclavage politique et social.—Aujourd'hui le Christianisme sous toutes ses formes différentes, et avec lui la métaphysique doctrinaire et déiste, issue de lui, et qui n'est au fond qu'une théologie masquée, font sans aucun doute le plus formidable obstacle à l'émancipation de la société ; et pour preuve, c'est que les gouvernements, tous les hommes d'Etat de l'Europe qui ne sont, eux, ni métaphysiciens, ni théologiens, ni déistes, et qui, dans le fond de leurs cœurs ne croient ni à Dieu ni à Diable, protègent avec passion, avec acharnement la métaphysique, aussi bien que la religion, quelque religion que ce soit, pourvu qu'elle enseigne, comme toutes le font du reste, la patience, la résignation, la soumission.

Cet acharnement qu'ils mettent à les défendre, nous prouve combien il est pour nous nécessaire de les combattre et de les renverser.

Est-il besoin de vous rappeler, messieurs, jusqu'à quel point les influences religieuses démoralisent et corrompent les peuples? Elles tuent en eux la raison, le principal instrument de l'émancipation humaine, et les réduisent à l'imbécillité, fondement principal de tout esclavage, en remplissant leur esprit de divines absurdités. Elles tuent en eux l'énergie du travail, qui est leur gloire et leur salut : le travail étant l'acte par lequel l'homme, devenant créateur, forme son monde, les bases et les conditions de son humaine existence et conquiert en même temps sa liberté et son humanité. La religion tue en eux cette puissance productive, en leur faisant mépriser la vie terrestre, en vue d'une céleste béatitude, et en leur représentant le travail comme une malédiction ou comme un châtiment mérité, et le désœuvrement comme un divin privilège. — Elle tue en eux la justice, cette gardienne sévère de la fraternité et cette condition souveraine de la paix, en faisant toujours pencher la balance en faveur des plus forts, objets privilégiés de la sollicitude, de la grâce et de la bénédiction divines. Enfin elle tue en eux l'humanité, en la remplaçant dans leurs cœurs par la divine cruauté.

Toute religion est fondée sur le sang, car toutes, comme on sait, reposent essentiellement sur l'idée du sacrifice, c'est-à-dire sur l'immolation perpétuelle de l'humanité à l'inextinguible vengeance de la Divinité. Dans ce sanglant mystère, l'homme est toujours la victime, et le prêtre, homme aussi, mais homme privilégié par la grâce, est le divin bourreau. Cela nous explique pourquoi les prêtres de toutes les religions, les meilleurs, les plus humains, les plus doux, ont presque toujours dans le fond de leur cœur et sinon dans leur cœur, au moins dans leur esprit et dans leur imagination, — et on sait l'iufluence que l'un et l'autre exercent sur le cœur, — quelque chose de cruel et de sanguinaire : et pourquoi, lorsqu'on avait partout agité la question de l'abolition de la peine de mort, prêtres catholiques romains, orthodoxes Moscovites et Grecs, Protestants — tous se sont unanimement déclarés pour son maintien !

. La religion chrétienne plus que toute autre fut fondée sur le sang et historiquement baptisée dans le sang. Qu'on compte les millions de victimes que cette religion de l'amour et du pardon a immolées à la vengeance cruelle de son Dieu. Qu'on se rappelle les tortures qu'elle a inventées et qu'elle a infligées. Est-elle devenue plus douce et plus humaine aujourd'hui ? Non, ébranlée par l'indifférence et par le scepticisme, elle est devenue seulement impuissante, ou plutôt beaucoup moins puissante, car malheureusement la puissance du mal ne lui manque pas encore, même aujourd'hui. Et regardez dans les pays où, galvanisée par des passions réactionnaires, elle se donne l'air de revivre : son premier mot n'est-il pas toujours la vengeance et le sang, son second mot l'abdication de la raison humaine, et sa conclusion l'esclavage? Tant que le christianisme et les prêtres chrétiens, tant que quelque religion divine que ce soit, continueront d'exercer la moindre influence sur les masses populaires, la raison, la liberté, l'humanité, la justice ne triompheront pas sur la terre ; parce que tant que les masses populaires resteront plongées dans la superstition religieuse, elles serviront toujours d'instrument à tous les despotismes coalisés contre l'émancipation de l'humanité.

Il nous importe donc beaucoup de délivrer les masses de la superstition religieuse, pas seulement par amour d'elles, mais encore par amour de nous-mêmes, pour sauver notre liberté et notre sécurité. Mais nous ne pouvons atteindre ce but que par deux moyens : la *science rationnelle* et la *propagande du socialisme*.

Nous entendons par *science rationnelle* celle qui, s'étant délivrée de tous les fantômes de la métaphysique et de la religion, se distingue des sciences purement expérimentales et critiques, d'abord en ce qu'elle ne restreint pas ses investigations à tel ou tel objet déterminé, mais s'efforce d'embrasser l'univers tout entier, en tant que connu, car elle n'a rien à faire avec l'inconnu ; et ensuite en ce qu'elle ne se sert pas, comme les sciences ci-dessus mentionnées, exclusivement et seulement de la méthode analytique, mais se permet aussi de recourir à la synthèse, procédant assez souvent par analogie et par déduction, tout en ayant soin de ne jamais prêter à ces synthèses qu'une valeur hypothétique, jusqu'à ce qu'elles n'aient été entièrement confirmées par la plus sévère analyse expérimentale ou critique.

Les hypothèses de la science rationnelle se distinguent de celles de la métaphysique, en ce que cette

dernière, déduisant les siennes comme des conséquences logiques d'un système absolu, prétend forcer
la nature à les accepter ; tandis que les hypothèses de
la science rationnelle, issues non d'un système trans-
cendant, mais d'une synthèse qui n'est jamais elle-
même que le résumé ou l'expression générale d'une
quantité de faits démontrés par l'expérience, ne peuvent jamais avoir ce caractère impératif et obligatoire,
étant au contraire toujours présentées de manière à ce
qu'on puisse les retirer aussitôt qu'elles se trouvent
démenties pas de nouvelles expériences.

La philosophie rationnelle ou science universelle
ne procède pas aristocratiquement, ni autoritairement
comme feu-dame métaphysique. Celle-ci s'organisant
toujours de haut en bas, par voie de déduction et de
synthèse, prétendait bien reconnaître aussi l'autonomie
et la liberté des sciences particulières, mais dans le
fait elle les gênait horriblement, jusqu'au point de
leur imposer des lois et même des faits qu'il était
souvent impossible de retrouver dans la nature, et de
les empêcher de se livrer à des expériences dont les
résultats auraient pu réduire toutes ses spéculations
au néant. — La métaphysique comme on voit, agis-
sait selon la méthode des Etats centralisés.

La philosophie rationnelle au contraire est une
science toute démocratique. Elle s'organise de bas en
haut librement, et a pour fondement unique l'expé-

rience. *Rien de ce qui n'a été réellement analysé et confirmé par l'expérience ou par la plus sévère critique ne peut être par elle accepté.* Par conséquent, Dieu, l'Infini, l'Absolu,. tous ces objets tant aimés de la métaphysique, sont absolument éliminés de son sein. Elle s'en détourne avec indifférence, les regardant comme autant de mirages ou de fantômes. Mais comme les mirages et les fantômes font une partie essentielle du développement de l'esprit humain, puisque l'homme n'arrive ordinairement à la connaissance de la vérité simple qu'après avoir imaginé, épuisé toutes les illusions possibles, et comme le développement de l'esprit humain est un objet réel de la science, — la philosophie naturelle leur assigne leur vraie place, ne s'en occupant qu'au point de vue de l'histoire et s'efforce de nous montrer en même temps les causes tant physiologiques qu'historiques qui expliquent la naissance, le développement et la décadence des idées religieuses et métaphysiques aussi bien que leur nécessité relative et transitoire dans les évolutions de l'esprit humain. De cette manière, elle leur rend toute la justice à laquelle elles ont droit, puis s'en détourne pour toujours.

Son objet c'est le monde réel et connu. Aux yeux du philosophe rationnel il n'est qu'un être au monde et une science. Par conséquent il tient à embrasser et à coordonner toutes les sciences particulières en un

qui constituait la base même de la métaphysique, et que la philosophie spéculative considérait comme un monde quasi absolu, spontané et indépendant de toute influence matérielle, n'a plus, dans le système d'Auguste Comte, d'autre base que la physiologie, et n'est autre chose que le développement de celle-ci ; de sorte que ce que nous appelons intelligence, imagination, mémoire, sentiment, sensation et volonté, ne sont plus rien à nos yeux que les différentes facultés, fonctions ou activités du corps humain.

Considérés à ce point de vue, le monde humain, son développement, son histoire, — que nous avions envisagé jusque-là comme une manifestation d'une idée théologique, métaphysique et juridico-politique, et dont aujourd'hui nous devons recommmencer l'étude, en prenant pour point de départ toute la nature et pour fil directeur la propre physiologie de l'homme, nous apparaîtront sous un jour tout nouveau, plus naturel, plus large, plus humain et plus fécond en enseignements pour l'avenir.

C'est ainsi que l'on pressent déjà dans cette voie l'avénement d'une science nouvelle : la *sociologie*, — c'est-à-dire la science de lois générales qui président à tous les développements de la société humaine. Elle sera le dernier terme et le couronnement de la philosophie positive. L'histoire et la statistique nous prouvent que le corps social comme tout autre corps naturel, obéit dans ses évolutions et transmutations à des lois générales et qui paraissent être tout aussi nécessaires que celles du monde physique. Dégager ces lois des événements passés et de la masse des faits présents, tel doit être l'objet de cette science. En dehors de l'immense intérêt qu'elle présente déjà à l'esprit, elle nous promet dans l'avenir une grande utilité pratique ; car de même que nous ne pouvons dominer la nature et la transformer selon nos besoins progressifs que grâce à la connaissance que nous avons acquise de ses lois, nous ne pourrons réaliser notre liberté et notre prospérité dans le milieu social qu'en tenant compte des lois naturelles et permanentes qui le gouvernent. Et du moment que nous avons reconnu que l'abîme qui dans l'imagination des théologiens et des métaphysiciens, était censé séparer l'esprit de la nature, n'existe pas du tout, nous devons considérer la société humaine comme un corps sans doute beaucoup plus complexe que les autres, mais tout aussi naturel, et obéissant aux mêmes lois, plus celles qui lui sont exclusivement propres. Une fois ceci admis, il devient clair que la connaissance et la stricte observation de ces lois devient indispensable, pour que les transformations sociales que nous entreprendrons soient viables.

Mais d'un autre côté, nous savons que la *sociologie* est une science à peine née, qu'elle est encore à la recherche de ses éléments, et si nous jugeons de cette science, la plus difficile de toutes, d'après l'exemple des autres, nous devons reconnaître qu'il lui faudra des siècles, un siècle au moins, pour se constituer définitivement et pour devenir une science sérieuse, quelque peu suffisante et complète. Comment faire alors ? Faudra-t-il que l'humanité souffrante, pour se délivrer de toutes les misères qui l'oppriment, attende encore un siècle et plus, jusqu'au moment où la sociologie positive, définitivement constituée, viendra lui déclarer qu'elle est enfin en état de lui donner les indications et les instructions que réclame sa transformation rationnelle ?

Non, mille fois non ! D'abord, pour attendre quelques siècles encore, il faudrait avoir la patience... cédant à une vieille habitude, nous allions dire la patience des Allemands, mais nous avons été arrêtés par cette réflexion, que dans l'exercice de cette vertu d'autres peuples ont aujourd'hui surpassé les Allemands. Et ensuite, supposant même que nous eussions la possibilité et la patience d'attendre, que serait une société qui ne nous présenterait rien que la traduction en pratique ou l'application d'une science, lors même que cette science serait la plus parfaite et la plus complète du monde ? une misère. Imaginez-vous un univers qui ne contiendrait rien que ce que l'esprit humain a jusqu'ici aperçu, reconnu et compris, — ne serait-ce pas une misérable bicoque à côté de l'univers qui existe ?

Nous sommes pleins de respect pour la science et nous la considérons comme un des plus précieux trésors, comme une des gloires les plus pures de l'humanité. Par elle l'homme se distingue de l'animal, aujourd'hui son frère cadet, jadis son ancêtre, et devient capable de liberté. Pourtant il est nécessaire de reconnaître aussi les limites de la science et de lui rappeler qu'elle n'est pas le tout, qu'elle n'en est seulement qu'une partie, et que le tout c'est la vie : la vie universelle des mondes, ou pour ne pas nous perdre dans l'inconnu et dans l'indéfini : celle de notre système solaire ou même seulement de notre globe terrestre, enfin nous restreignant encore davantage : le monde humain, — le mouvement, le développement, la vie de l'humaine société sur la terre. Tout cela est infiniment plus étendu, plus large, plus profond et plus riche que la science, et ne sera jamais par elle épuisé.

La vie, prise dans ce sens universel, n'est point l'application de telle théorie humaine ou divine que ce soit, c'est une création, aurions-nous dit volontiers, si nous n'avions crainte de donner lieu à un mésentendu par ce mot ; et comparant les peuples, créateurs de leur propre histoire à des artistes, nous aurions demandé si les grands poètes ont jamais attendu que la science découvrît les lois de la création poétique pour créer leurs chefs-d'œuvre ? Eschyle et Sophocle n'ont-ils pas fait leurs magnifiques tragédies bien avant qu'Aristote eût calqué sur leurs œuvres mêmes la première esthétique ? Shakespeare s'est-il laissé jamais inspirer par aucune théorie, et Beethoven n'at-il point élargi les bases du contre-point par la création de ses symphonies ? Et que serait une œuvre d'art produite selon les préceptes de la plus belle esthétique du monde ? Encore une fois, une chose misérable. Mais les peuples qui créent leur histoire ne sont probablement pas ni moins riches d'instinct ni moins puissants créateurs, ni plus dépendants de MM. les savants que les artistes !

Si nous hésitons à faire usage de ce mot : création, c'est parce que nous craignons qu'on n'y attache un sens qu'il nous est impossible d'admettre. Qui dit création semble dire créateur et nous repoussons l'existence d'un unique créateur aussi bien pour le monde humain, que pour le monde physique, qui tous deux d'ailleurs n'en forment qu'un seul à nos yeux. Même en parlant des peuples, créateurs de leur propre histoire, nous avons la conscience d'employer une expression métaphorique, une comparaison impropre. Chaque peuple est un être collectif possédant sans doute des propriétés tant physiologico-psychologiques que politico-sociales particulières qui, en le

distinguant de tous les autres peuples, l'individua-
lisent en quelque sorte ; mais ce n'est jamais un individu, un être unique et indivisible, dans le sens
réel de ce mot. Quelque développée que soit sa conscience collective et quelque concentrée que puisse se
trouver, au moment d'une grande crise nationale, la
passion ou ce qu'on appelle la volonté populaire vers
un seul but, jamais cette concentration n'atteindra
celle d'un individu réel. En un mot, aucun peuple,
quelque uni qu'il se sente, ne pourra jamais dire : je
veux ! il devra toujours dire : nous voulous. L'individu seul a l'habitude de dire : je veux ! Et lorsque
vous entendez dire, au nom d'un peuple enier : il
veut ! soyez bien sûr qu'un usurpateur quelconque,
homme ou parti, se cache derrière.

Sous le mot création, nous n'entendons donc ici ni
la création théologique ou métaphysique, ni la création artistique, savante, industrielle, ni n'importe
quelle création derrière laquelle se trouve un individu créateur. Nous entendons tout simplement par
ce mot le produit infiniment complexe d'une quantité innombrable de causes très différentes, grandes
et petites, quelques-unes connues, mais dont la plus
immense partie reste encore inconnue, et qui, dans
un moment donné, s'étant combinées, non sans raison, sans doute, mais sans plan tracé d'avance et sans
préméditation aucune, ont produit le fait.

Mais alors, dira-t-on, l'histoire et les destinées de l'humaine société ne présenteraient plus qu'un chaos et ne seraient plus que le jouet du hasard ? Bien, au contraire, du moment que l'histoire est libre de tout arbitraire divin et humain, c'est alors, et seulement alors, qu'elle se présente à nos yeux dans toute la grandeur imposante et en même temps rationnelle d'un développement nécessaire, comme la nature organique et physique, dont elle est la continuation immédiate. Cette dernière, malgré l'inépuisable richesse et variété des êtres réels dont elle est composée, ne nous présente nullement le chaos, mais au contraire un monde magnifiquement organisé, et où chaque partie garde, pour ainsi dire, un rapport nécessairement logique avec toutes les autres. Mais alors, dira-t-on, il y a eu un ordonnateur ? Pas du tout, un ordonnateur, fût-il un Dieu, n'aurait pu qu'entraver par son arbitraire personnel l'ordonnance naturelle et le développement logique des choses, et nous avons vu que la propriété principale de la divinité dans toutes les religions, c'est d'être précisément supérieure, c'est-à-dire contraire à toute logique, et de n'avoir toujours qu'une seule logique à elle : celle de l'impossibilité naturelle, ou de l'absurdité [1]. Car

1. Dire que Dieu n'est pas contraire à la logique, c'est affirmer qu'il lui est absolument identique, qu'il n'est rien lui-même que la logique, c'est-à-dire que le courant et le développement

qu'est-ce que la logique, si ce n'est le courant ou le développement naturel des choses, ou bien le procédé naturel par lequel beaucoup de causes déterminantes produisent un fait. Par conséquent, nous pouvons énoncer cet axiome si simple et en même temps si décisif : *Tout ce qui est naturel est logique, et tout ce qui est logique est réalisé ou doit se réaliser dans le monde réel : dans la nature proprement dite, et dans son développement postérieur — dans l'histoire naturelle de l'humaine société.*

La question est donc de savoir — ce qui est logique dans la nature aussi bien que dans l'histoire ? Ce n'est pas aussi facile à déterminer qu'on peut le penser du prime-abord. Car, pour le savoir en perfection, de manière à ne jamais se tromper, il faudrait avo la connaissance de toutes les causes, influences, actions et réactions qui déterminent la nature d'une chose et d'un fait, sans en excepter une seule, fût-elle la plus éloignée ou la plus faible. Et quelle est la philosophie ou la science qui pourra se flatter de pouvoir jamais les embrasser toutes et les épuiser par

naturel des choses réelles, c'est-à-dire que -Dieu n'existe pas. L'existence de Dieu ne peut donc avoir de valeur que comme la négation des lois naturelles, d'où résulte ce dilemme irréfutable : Dieu est, donc il n'y a point de lois naturelles et le monde présente un chaos. Le monde n'est pas un chaos, il est ordonné en lui-même, donc Dieu n'existe pas.

son analyse ? Il faudrait être bien pauvre d'esprit, bien peu conscient de l'infinie richesse du monde réel, pour y prétendre.

Faut-il pour cela douter de la science? Faut-il, parce qu'elle ne nous donne que ce qu'elle peut nous donner, la rejeter ? Ce serait une autre folie et bien plus funeste encore que la première. Perdez la science, et faute de lumière, vous retournerez à l'état des gorilles, nos ancêtres, et force vous sera de refaire pendant encore quelque mille ans, tout le chemin que l'humanité a dû parcourir à travers les phantasmagoriques lueurs de la religion et de la métaphysique, pour arriver de nouveau à la lumière imparfaite, il est vrai, mais du moins très certaine que nous possédons déjà aujourd'hui.

Le plus grand et le plus décisif triomple obtenu par elle de nos jours, ce fut comme nous l'avons déjà observé, d'avoir incorporé la psychologie dans la biologie ; d'avoir établi que tous les actes intellectuels et moraux qui distinguent l'homme de toutes les autres espèces d'animaux, tels que la pensée, l'acte de l'humaine intelligence et les manifestations de la volonté réfléchie, ont leur source unique dans l'organisation sans doute plus accomplie, mais néanmoins toute matérielle de l'homme, sans l'ombre d'une intervention spirituelle ou extra-matérielle quelconque ; qu'ils sont en un mot, des produits issus de la combinaison de

5.

diverses fonctions purement physiologiques du cerveau.

Cette découverte est immense tant sous le rapport de la science que sous le rapport de la vie. Grâce à elle, la science du monde humain, y compris l'anthropologie, la psychologie, la logique, la morale, l'économie sociale, la politique, l'esthétique, la théologie et la métaphysique mêmes ; l'histoire, en un mot toute la sociologie, devient enfin possible. Entre le monde humain et le monde naturel, il n'y a plus de solution de continuité ; mais, de même que le monde organique qui, tout en étant le développement non interrompu et direct du monde inorganique, se distingue pourtant de lui foncièrement par l'introduction d'un élément actif nouveau : *la matière organique*, produite non par l'intervention d'une cause extra-mondaine quelconque, mais par des combinaisons jusqu'à présent à nous inconnues de la matière inorganique elle-même, et produisant à son tour, sur la base et dans les conditions de ce monde inorganique, dont elle est elle-même le plus élevé résultat, toutes les richesses de la vie végétale et animale ; — de même le monde humain, tout en étant aussi la continuation immédiate du monde organique, s'en distingue essentiellement par un nouvel élément : *la pensée*, produite par l'activité toute physiologique du cerveau et produisant en même temps au milieu de ce monde matériel et dans les conditions organiques et inorganiques dont elle est, pour ainsi dire, le dernier résumé, tout ce que nous appelons le développement intellectuel et moral, politique et social de l'homme — l'histoire de l'humanité.

Pour les hommes qui pensent réellement avec logique et dont l'intelligence s'est élevée à la hauteur actuelle de la science, — cette unité du Monde ou de l'Etre est désormais un fait acquis. Mais il est impossible de ne point reconnaître que ce fait si simple et tellement évident que tout ce qui lui est opposé nous apparaît désormais comme absurde, que ce fait, disons-nous, ne se trouve en flagrante contradiction avec la conscience universelle de l'humanité, qui, abstraction faite de la différence des formes sous lesquelles elle s'est manifestée dans l'histoire, s'est toujours unanimement prononcée pour l'existence de deux mondes distincts: le monde spirituel et le monde matériel, le monde divin et le monde réel. Depuis les grossiers fétichistes qui adorent dans le monde qui les entoure l'action d'une puissance surnaturelle, incarnée dans quelque objet matériel, tous les peuples ont cru, tous croient encore aujourd'hui à l'existence d'une divinité quelconque.

Cette unanimité imposante, selon l'avis de beaucoup de personnes, vaut plus que toutes les démonstrations de la science ; et, si la logique d'un petit nombre

de penseurs conséquents mais isolés lui est contraire,
tant pis, disent-elles, pour cette logique, car le con-
sentement unanime, l'adoption universelle d'une idée
ont été considérés de tout temps comme la preuve la
plus victorieuse de sa vérité, et cela avec beaucoup
de raison parce que le sentiment de tout le monde et
de tous les temps ne saurait se tromper ; il doit avoir
sa racine dans une nécessité essentiellement inhérente
à la nature même de toute l'humanité. Mais s'il est
vrai que, conformément à cette nécessité, l'homme ait
absolument besoin de croire à l'existence d'un Dieu,
celui qui n'y croit pas, quelle que soit la logique qui
l'entraîne à ce scepticisme, est une exception anor-
male, un monstre.

Voilà l'argumentation favorite de beaucoup de
théologiens et métaphysiciens de nos jours, voire l'illustre Mazzini lui-même, qui ne peut se passer d'un
bon Dieu pour fonder sa république ascétique et
pour la faire accepter par les masses populaires, dont
il sacrifie systématiquement la liberté et le bien-être
à la grandeur d'un Etat idéal.

Ainsi donc l'antiquité et l'universalité de la croyance
en Dieu seraient, contre toute science et contre toute
logique, les preuves irrécusables de l'existence de
Dieu. Et pourquoi ? Jusqu'au siècle de Kopernic et de
Galilée, tout le monde, moins les Pythagoriciens peut-
être, avait cru que le soleil tourne autour de la terre :

cette croyance était-elle une preuve de la vérité de cette supposition ? Dès l'origine de la société historique jusqu'à nos jours, il y a eu toujours et partout exploitation du travail forcé des masses ouvrières, esclaves ou salariées, par quelque minorité conquérante ; s'ensuit-il que l'exploitation du travail d'autrui par des parasites ne soit pas une iniquité, une spoliation ou un vol ? Voilà deux exemples qui prouvent que l'argumentation de nos déistes modernes ne vaut rien.

Rien n'est en effet ni aussi universel, ni aussi antique que l'absurde, et c'est la vérité au contraire qui relativement est beaucoup plus jeune, ayant toujours été le résultat, le produit, jamais le commencement de l'histoire ; car l'homme, par son origine, cousin, sinon descendant direct du gorille, est parti de la nuit profonde de l'instinct animal pour arriver à la lumière de l'esprit, ce qui explique fort naturellement toutes ses divagations passées et nous console en partie de ses présentes erreurs. Toute l'histoire de l'homme n'est donc autre chose que son éloignement progressif de la pure animalité par la création de son humanité. Il s'ensuit que l'antiquité d'une idée, loin de prouver quelque chose en faveur d'une idée, doit au contraire nous la rendre suspecte. Quant à l'universalité d'une erreur, elle ne prouve qu'une chose : l'identité de l'humaine nature dans tous les temps et sous tous les climats. Et puisque tous les peuples à toutes les époques ont cru et croient en Dieu, sans nous en laisser imposer par ce fait sans doute incontestable, mais qui ne saurait prévaloir dans notre esprit ni contre la logique, ni contre la science, nous devrons en conclure simplement que l'idée divine, sans doute issue de nous-mêmes, est une erreur nécessaire dans le développement de l'humanité et nous demander comment et pourquoi elle est née, pourquoi, pour l'immense majorité de l'espèce humaine, elle reste encore aujourd'hui nécessaire ?

Tant que nous ne saurons pas nous rendre compte de la manière dont l'idée d'un monde surnaturel ou divin s'est produite, et a dû nécessairement se produire dans le développement naturel de l'esprit humain et de l'humaine société par l'histoire, nous aurons beau être scientifiquement convaincus de l'absurdité de cette idée, nous ne pourrons jamais la détruire dans l'opinion du monde, parce que sans cette connaissance, nous ne pourrons jamais l'attaquer dans les profondeurs mêmes de l'être humain, où elle a pris racine, — et condamnés à une lutte stérile et sans fin, nous devrons nous contenter de la combattre seulement à la surface, dans ses mille manifestations, dont l'absurdité, à peine abattue par les coups du bon sens, renaîtra aussitôt dans une forme nouvelle et non moins insensée, — parce que tant que la racine de la croyance en Dieu reste intacte, elle produira toujours des rejetons nouveaux. C'est ainsi que dans certaines régions de la société civilisée actuelle, le spiritisme tend à s'installer aujourd'hui sur les ruines du Christianisme.

Qui plus est, il nous est indispensable de nous en rendre compte pour nous-mêmes, car nous aurons beau nous dire athées, tant que nous n'aurons pas compris la genèse historique, naturelle, de l'idée de Dieu dans l'humaine société, nous nous laisserons toujours plus ou moins dominer par les clameurs de cette conscience universelle dont nous n'aurons pas surpris le secret, c'est-à-dire la raison naturelle, et vu la faiblesse naturelle de l'individu contre le milieu social qui l'entoure, nous courrons toujours le risque de retomber tôt ou tard dans l'esclavage de l'absurdité religieuse. — Les exemples de ces tristes conversions sont fréquents dans la société actuelle.

Nous sommes plus que jamais convaincus, messieurs, de l'urgence qu'il y a aujourd'hui à résoudre complètement la question suivante :

*L'homme formant avec toute la nature un seul être et n'étant que le produit matériel d'une quantité indéfinie de causes exclusivement matérielles, comment cette dualité : la supposition de deux mondes opposés, l'un spirituel, l'autre matériel, l'un divin, l'autre tout naturel, a-t-elle pu naître, s'établir et s'enraciner si profondément dans la conscience humaine ?*

Nous sommes tellement persuadés que de la solution de cette question importante dépend notre émancipation définitive et complète des chaînes de toute religion, que nous vous demandons la permission de vous exposer nos idées là-dessus.

Il pourra paraître étrange à beaucoup de personnes que, dans un écrit politique et socialiste, nous traitions des questions de métaphysique et de théologie. Mais c'est que, selon notre plus intime conviction, ces questions ne se laissent plus séparer de celles du socialisme et de la politique. Le monde réactionnaire, poussé par une logique invincible, devient de plus en plus religieux. Il soutient le pape à Rome, il persécute les sciences naturelles en Russie, il met dans tous les pays ses iniquités militaires et civiles, politiques et sociales sous la protection du bon Dieu, qu'il protège puissamment à son tour, dans les églises et dans les écoles, à l'aide d'une science hypocritement religieuse, servile, complaisante, pesamment doctrinaire, et par tous les moyens dont l'Etat dispose. Le règne de Dieu dans le ciel se traduisant par le règne avoué ou masqué du knout et par l'exploitation en règle du travail des masses asservies sur la terre, — tel est aujourd'hui l'idéal religieux, social, politique et absolument logique du parti de la réaction en Europe. Par contre et par raison inverse, la révolution doit être athée : l'expérience historique et la logique en même temps ayant prouvé qu'il suffit d'un seul maître au ciel, pour en créer des milliers sur la terre.

Enfin le socialisme, par son objet même, qui est la réalisation du bien-être et de toutes les destinées humaines ici-bas, en dehors de toute compensation céleste, n'est-il point l'accomplissement et par conséquent la négation de toute religion, qui, du moment que ses aspirations se trouveront réalisées, n'aura plus aucune raison d'être.

En exposant nos idées sur les origines de la religion, nous nous efforcerons d'être aussi brefs et aussi sobres d'abstractions que possible.

Sans vouloir approfondir les spéculations philosophiques sur la nature de l'Etre, nous croyons pouvoir établir comme un axiome la proposition suivante : *Tout ce qui est, les Etres qui constituent l'ensemble indéfini de l'Univers, toutes les choses existantes dans le monde, quelle que soit d'ailleurs leur nature, sous le rapport de la qualité comme de la quantité, grandes, moyennes ou infiniment petites, rapprochées ou immensément éloignées, exercent, sans le vouloir et sans pouvoir même y penser, les unes snr les autres et chacune sur toutes, soit immédiatement soit par transition, une action et réaction perpétuelles qui, se combinant en un seul mouvement, constituent ce que nous appelons la solidarité, la vie et la causalité universelles.* Appelez cette solidarité Dieu, l'absolu, si cela vous amuse, peu nous importe, pourvu que vous ne donniez à ce Dieu d'autre sens que celui que nous venons de préciser : celui de la combinaison universelle, naturelle, nécessaire, mais nullement prédéterminée ni prévue d'une infinité d'actions et de réactions particulières. Cette solidarité toujours mouvante et active, cette vie universelle peut bien être par nous rationnellement supposée, mais jamais réellement embrassée, même par notre imagination, et encore moins reconnue. Car nous ne pouvons reconnaître que ce qui nous est manifesté par nos sens et ceux-ci ne pourront jamais embrasser qu'une indéfinitivement petite partie de l'Univers. Bien entendu que nous acceptons cette solidarité, non comme une cause absolue et première, mais tout au contraire comme une *résultante*[1] toujours produite et reproduite par l'action simultanée de toutes les causes particulières — action qui constitue précisément la causalité universelle. L'ayant ainsi déterminée, nous pouvons dire à présent, sans craindre de produire

1. Comme tout individu humain n'est aussi rien que la Résultante de toutes les causes qui ont présidé à sa naissance, combinées avec toutes les conditions de son développement postérieur.

par là un mésentendu quelconque, que la vie universelle crée les mondes. C'est elle qui a déterminé la
configuration géologique, climatologique et géographique de notre terre et qui, après avoir couvert sa
surface de toutes les splendeurs de la vie organique,
continue de *créer* encore le monde humain : la société avec tous ses développements passés, présents
et à venir.

On comprend maintenant que, dans la création
ainsi entendue, il ne puisse être question ni d'idées
antérieures, ni de lois préordonnées, préconçues.
Dans le monde réel, tous les faits, produits par un
concours d'influences et de conditions sans nombre,
viennent avant, — puis vient avec l'homme pensant
la conscience de ces faits et la connaissance plus ou
moins détaillée et parfaite de la *manière* dont ils se
sont produits; et lorsque dans un ordre de faits quelconque, nous observons que la même manière ou le
même procédé se répètent souvent ou presque toujours, nous l'appelons une *loi* de la nature.

Par ce mot *nature*, nous entendons non une idée
mystique, panthéistique ou substantielle quelconque,
mais tout simplement la somme des êtres, des faits
et des procédés réels qui produisent ces derniers. Il
est évident que dans la nature ainsi définie, — grâce
sans doute au concours des mêmes conditions et influences et peut-être aussi grâce aux tendances une

fois prises par le flot de la perpétuelle création, —
tendances qui, à force d'avoir été trop souvent répé-
tées, sont devenues constantes, il est évident, disons-
nous, que dans certains ordres déterminés de faits,
les mêmes lois se reproduisent toujours, et ce n'est
qu'à cause de cette constance de procédés dans la
nature, que l'esprit humain a pu constater et reconnaître ce que nous appelons les lois mécaniques,
physiques, chimiques et physiologiques ; ce n'est que
par elle que s'explique aussi la quasi-constante répétition des genres, des espèces et des variétés tant végétales qu'animales dans lesquelles s'est développée
jusqu'ici la vie organique sur la terre. Cette constance
et cette répétition ne sont point absolues. Elles laissent toujours un large champ à ce que nous appelons
improprement les anomalies et les exceptions, — manière de parler fort injuste, car les faits auxquels elle
se rapporte prouvent seulement que ces règles générales reconnues par nous comme des lois naturelles,
n'étant rien que des abstractions dégagées par notre
esprit du développement réel des choses, ne sont pas
en état d'embrasser, d'épuiser, d'expliquer toute l'indéfinie richesse de ce développement. D'ailleurs,
comme l'a si bien démontré Darwin, ces prétendues
anomalies en se combinant plus souvent entre elles
et se fixant par là même davantage, créant, pour ainsi
dire, de nouveaux procédés habituels, de nouvelles

manières de se reproduire et d'être dans la nature, sont précisément la voie par laquelle la vie organique donne naissance à de nouvelles variétés et espèces. C'est ainsi, qu'après avoir commencé par une simple cellule à peine organisée et l'avoir fait passer par toutes les transformations de l'organisation végétale d'abord et plus tard animale, elle en a fait un homme.

L'homme sera-t-il toujours le dernier et le plus complet produit organique sur cette terre ? Qui pourrait en répondre et jurer que dans quelques dizaines ou centaines de siècles il ne puisse se dégager de la plus haute variété de l'espèce humaine une espèce d'êtres supérieurs à l'homme et qui se rapporteraient à lui comme il se rapporte lui-même aujourd'hui au gorille ? Dans tous les cas que notre vanité se rassure. Les procédés de la nature sont très lents, et rien dans l'état actuel de l'humanité ne dénote encore la probabilité qu'elle aille donner naissance à une espèce supérieure. Au reste, la nature ne continue-t-elle pas toujours immédiatement son œuvre de création perpétuelle dans les développements historiques du monde humain? Ce n'est pas sa faute, si nous avons séparé dans notre esprit ce monde, l'humaine société, de ce que nous appelons exclusivement le monde naturel.

La raison de cette séparation est dans la nature même de notre esprit, qui sépare essentiellement l'homme des animaux de toutes les autres espèces.

Nous devons pourtant reconnaître, que l'homme n'est pas le seul animal intelligent sur la terre. Bien loin de là, la psychologie comparée nous démontre qu'il n'y a point d'animal qui soit dénué d'intelligence et que plus une espèce, par son organisation et surtout par le développement de son cerveau, se rapproche de l'humaine espèce, plus son intelligence se développe et s'élève aussi. Mais dans l'homme seul elle arrive à ce point de pouvoir être nommée la faculté de penser, c'est-à-dire de combiner les représentations des objets tant extérieurs qu'intérieurs qui nous sont données par nos sens, d'en former des groupes, puis de comparer et de combiner de nouveau ces groupes différents, qui ne sont plus des êtres réels, des objets de nos sens, mais des notions formées en nous par le premier exercice de cette faculté que nous appelons jugement, retenues par notre mémoire, et dont la combinaison postérieure par cette même faculté constitue ce que nous appelons les idées, — pour en déduire ensuite les conséquences ou bien les applications logiquement nécessaires. Nous rencontrons, hélas! assez souvent des hommes qui ne sont pas encore arrivés au plein exercice de cette faculté, mais nous n'avons jamais vu, ni même entendu parler d'aucun individu d'espèce inférieure qui l'ait jamais exercé, à moins qu'on ne veuille nous citer l'exemple de l'âne de Balaam ou de quelques autres animaux recommandés à notre foi et à notre respect par une religion quelconque. Nous pouvons donc dire, sans crainte d'être réfutés, que de tous les animaux de cette terre, l'homme seul pense.

Seul il est doué de cette puissance d'abstraction, fortifiée et développée sans doute dans l'espèce par l'exercice des siècles, et qui, l'élevant successivement en lui-même au-dessus de tous les objets qui l'environnent, au-dessus de tout ce qu'on appelle le monde extérieur et même au-dessus de lui-même comme individu, lui permet de concevoir, de créer l'idée de la totalité des Etres, de l'Univers, de l'Infini ou de l'Absolu, — idée tout abstraite et vide de tout contenu si l'on veut; mais tout de même toute-puissante et cause de toutes les conquêtes postérieures de l'homme, parce que seule elle l'arrache aux prétendues béatitudes et à la stupide innocence du paradis animal, pour le jeter dans les triomphes et dans les tourments infinis d'un développement sans bornes...

Grâce à cette faculté d'abstraction, l'homme en s'élevant au-dessus de la pression immédiate que tous les objets extérieurs ne manquent jamais d'exercer sur chaque individu, peut les comparer les uns avec les autres, observer leurs rapports. — Voilà le commencement de *l'analyse et de la science expérimentale*. Grâce à cette même faculté, il se dédouble et se séparant de lui-même en lui-même, il s'élève au-dessus de ses mouvements propres, de ses instincts et de ses différents appétits, en tant que passagers et particuliers, ce qui lui donne la possibilité de les comparer entre eux, comme il compare les objets et les mouvements extérieurs, et de prendre parti pour les uns contre les autres, selon l'idéal (social) qui s'est formé en lui — voilà le réveil de la *conscience* et de ce que nous appelons la *volonté*.

L'homme possède-t-il réellement une volonté libre? Oui et non, c'est selon la manière dont on l'entend. Si, par volonté libre, on veut dire le libre arbitre, c'est-à-dire, la faculté présumée de l'individu humain de se déterminer spontanément, de lui-même, indépendamment de toute influence extérieure ; si, comme l'ont fait toutes les religions et toutes les métaphysiques, par cette prétendue volonté libre on veut arracher l'homme au courant de la causalité universelle qui détermine l'existence de toute chose et qui rend chacune dépendante de toutes les autres, nous ne pourrons faire autrement que la rejeter comme un non-sens, car rien ne peut exister en dehors de cette causalité.

L'action et la réaction incessante du tout sur chaque point et de chaque point sur le tout, constituent, avons-nous dit, la vie, la loi générique et suprême et la totalité des mondes, qui est toujours, et en même temps, et producteur et produit : éternellement active, toute-puissante, cette universelle solidarité, cette causalité mutuelle, que nous appellerons désormais *nature*, a créé, avons-nous dit, parmi une quantité innombrable d'autres mondes, notre terre, avec toute l'échelle de ses êtres, depuis le minéral jusqu'à l'homme. Elle les reproduit toujours, les développe, les nourrit, les conserve, puis lorsque leur terme arrive, et souvent même avant qu'il ne soit arrivé, elle les détruit ou plutôt les transforme en êtres nouveaux. Elle est donc la toute-puissance, contre laquelle il n'y a pas d'indépendance, ni d'autonomie possibles, — l'être suprême qui embrasse et pénètre de son action irrésistible toute l'existence des êtres, et parmi les êtres vivants, il n'en est pas un seul, qui ne porte en lui-même, sans doute plus ou moins développé, le sentiment ou la sensation de cette influence suprême et de cette dépendance absolue. — Eh bien, cette sensation et ce sentiment constituent le fond même de toute religion.

La religion, comme on voit, ainsi que toutes les choses humaines a sa première source dans la vie animale. Il est impossible de dire qu'aucun animal, excepté l'homme, ait une religion ; parce que la religion la plus grossière suppose encore un certain degré de réflexion, auquel aucun animal, hormis l'homme, ne s'est jamais élevé. Mais il est tout aussi impossible de nier que dans l'existence de tous les animaux, sans en excepter aucun, ne se trouvent tous les éléments,

6

pour ainsi dire matériels, constitutifs de la religion, moins sans doute son côté idéal, celui même, qui doit la détruire, tôt ou tard — la pensée. En effet, quelle est l'essence réelle de toute religion? C'est précisément ce sentiment d'absolue dépendance de l'individu passager vis-à-vis l'éternelle et omnipotente nature.

Il nous est difficile d'observer ce sentiment et d'en analyser toutes les manifestations dans les animaux d'espèces inférieures; pourtant nous pouvons dire que l'instinct de conservation, qu'on retrouve jusque dans les organisations relativement les plus pauvres, sans doute à un moindre degré que dans les organisations supérieures, n'est rien qu'une sorte de sagesse coutumière qui se forme en chacune sous l'influence de ce sentiment qui n'est autre, avons-nous dit, que le sentiment religieux. Dans les animaux doués d'une organisation plus complète et qui se rapprochent davantage de l'homme, il se manifeste d'une manière beaucoup plus sensible pour nous, dans la peur instinctive et panique, par exemple, qui s'empare d'eux quelquefois à l'approche de quelque grande catastrophe naturelle, tels qu'un tremblement de terre, une incendie de forêts ou une forte tempête. Et en général, on peut dire, que la peur est un des sentiments prédominants dans la vie animale. Tous les animaux vivants en liberté sont farouches, ce qui prouve qu'ils vivent dans une peur instinctive, incessante, qu'ils ont toujours le sentiment du danger, c'est-à-dire celui d'une influence toute-puissante qui les poursuit, les pénètre et les embrasse toujours et partout. Cette crainte, la crainte de Dieu, diraient les théologiens, est le commencement de la sagesse, c'est-à-dire, de la religion. Mais chez les animaux elle ne devient pas religion, parce qu'il leur manque cette puissance de réflexion, qui fixe le sentiment, en détermine l'objet et le transforme en conscience, en pensée. — On a eu donc raison de prétendre que l'homme est religieux par naturel, il l'est comme tous les autres animaux, — mais lui seul, sur cette terre, a la conscience de sa religion.

La religion, a-t-on dit, est le premier réveil de la raison : oui, mais sous la forme de la déraison. La religion, avons-nous observé tout à l'heure, commence par la crainte. Et en effet l'homme, en se réveillant aux premières lueurs de ce soleil intérieur, que nous appelons la conscience de soi-même, et sortant lentement, pas à pas, de ce demi-sommeil magnétique, de cette existence toute d'instinct qu'il menait, lorsqu'il se trouvait encore à l'état de pure innocence, c'est-à-dire d'animal : — étant d'ailleurs né comme tout animal, dans la crainte de ce monde extérieur, qui le produit et le nourrit, il est vrai, mais qui, en même temps, l'opprime, l'écrase et menace de l'engloutir à toute heure, — l'homme a dû avoir né-

cessairement, pour premier objet de sa naissante réflexion, cette crainte même. On peut présumer que
chez l'homme primitif, au réveil de son intelligence,
cette instinctive terreur devait être plus forte que
chez les animaux de toutes les autres espèces ; d'abord
parce qu'il naît beaucoup moins armé que les autres,
et que son enfance dure beaucoup plus longtemps, et
ensuite parce que cette même réflexion, à peine éclose
et non encore arrivée à un degré suffisant de maturité
et de force pour reconnaître et pour utiliser les objets
extérieurs, a dû tout de même arracher l'homme à
l'union, à l'entente, à l'harmonie instinctive, dans
lesquelles, comme cousin du gorille, il a dû se trouver avec le reste de la nature, avant que la pensée ne
se fût en lui réveillée ; ainsi la réflexion l'isolait au
milieu de cette nature, qui, lui devenant ainsi étrangère, a dû lui apparaître à travers le prisme de son
imagination excitée et élargie par l'effet même de cette
commençante réflexion, comme une sombre et mys-
térieuse puissance, infiniment plus hostile et plus
menaçante qu'elle ne l'est en réalité.

Il nous est excessivement difficile, sinon impossible, de nous rendre un compte exact des premières
sensations et imaginations religieuses de l'homme
sauvage. Dans leurs détails, elles ont dû être sans
doute aussi diverses que l'ont été les propres natures
des peuplades primitives qui les ont éprouvées, aussi

bien que les climats, la nature des lieux et toutes les autres circonstances et déterminations extérieures, au milieu desquelles elles se sont développées. Mais comme après tout c'étaient des sensations et des imaginations humaines, elles ont dû, malgré cette grande diversité de détails, se résumer en quelques simples points identiques, d'un caractère général et que nous allons tâcher de fixer. Quelle que soit la provenance des différents groupes humains et de la séparation des races humaines sur le globe ; que tous les hommes n'aient eu qu'un seul Adam-gorille ou cousin de gorille pour ancêtre, ou qu'ils soient issus de plusieurs, que la nature aurait formés sur différents points et à différentes époques, indépendamment les uns des autres, la faculté qui constitue proprement et qui crée l'humanité de tous les hommes : la réflexion, la puissance d'abstraction, la raison, la pensée, en un mot, la faculté de former des idées, restent, aussi bien que les lois qui déterminent la manifestation de cette faculté, en tous temps et en tous lieux identiques, partout et toujours les mêmes — de sorte qu'aucun développement humain ne saurait se faire contrairement à ces lois. Ceci nous donne le droit de penser, que les phases principales observées dans le premier développement religieux d'un seul peuple, ont dû se reproduire dans celui de toutes les autres populations de la terre.

6.

A en juger d'après les rapports unanimes des voyageurs, qui, depuis le siècle passé ont visité les îles de l'Océanie, comme de ceux qui de nos jours ont pénétré dans l'intérieur de l'Afrique, le *Fétichisme* doit être la première religion, celle de toutes les peuplades sauvages, qui se sont le moins éloignées de l'état de nature. Mais le Fétichisme n'est autre chose que *la religion de la peur*. Il est la première humaine expression de cette sensation de dépendance absolue, mêlée de terreur instinctive, que nous trouvons au fond de toute vie animale et qui, comme nous l'avons déjà dit, constitue le rapport religieux des individus des espèces même les plus inférieures avec la toute-puissance de la nature. Qui ne connaît l'influence qu'exercent et l'impression que produisent sur tous les êtres vivants, sans en excepter même les plantes, les grands phénomènes réguliers de la nature; tels que le lever et le coucher du soleil, le clair de la lune, le retour des saisons, la succession du froid et du chaud, l'action particulière et constante de l'océan, des montagnes, du désert, ou bien les catastrophes naturelles, telles que les tempêtes, les éclipses, les tremblements de terre, aussi bien que les rapports si variés et mutuellement destructifs des espèces animales entre elles et avec les espèces végétales; — tout cela constitue pour chaque animal un ensemble de conditions d'existence, un caractère, une nature; et nous serions presque tentés de dire un culte particulier, car chez tous les animaux, dans tous les êtres vivants, vous retrouverez une sorte d'adoration de la nature, mêlée de crainte et de joie, d'espérance et d'inquiétude, et qui en tant que sentiment, ressemble beaucoup à la religion humaine. L'invocation et la prière même n'y manquent pas. Considérez le chien apprivoisé, implorant une caresse, un regard de son maître; n'est-ce pas l'image de l'homme à genoux devant son Dieu? Ce chien ne transporte-t-il pas par son imagination et même par un commencement de réflexion, que l'expérience a développé en lui, la toute-puissance naturelle qui l'obsède, sur son maître comme l'homme croyant la transporte sur Dieu? Quelle est donc la différence entre le sentiment religieux de l'homme et celui du chien? Ce n'est pas même la réflexion, c'est le degré de la réflexion, ou bien la capacité de la fixer et de la concevoir comme une pensée abstraite, de la généraliser en la nommant, — la parole humaine ayant ceci de particulier, qu'incapable de nommer les choses réelles qui agissent immédiatement sur nos sens, elle n'en exprime que la notion ou la généralité abstraite; et comme la parole et la pensée sont les deux formes distinctes, mais inséparables, d'un seul et même acte de l'humaine réflexion, cette dernière, en fixant l'objet de la terreur et de l'adoration animales ou du premier culte naturel de l'homme, l'universalise, le transforme en être abstrait et cherche à le désigner par un nom. L'objet réellement adoré par tel ou tel individu reste toujours celui-ci : *cette* pierre, *ce* morceau de bois, pas un autre ; mais du moment qu'il a été nommé par la parole, il devient un objet ou une notion abstraite, *un* morceau de bois ou *une* pierre, en général. — C'est ainsi qu'avec le premier réveil de la pensée, manifestée par la parole, le monde exclusivement humain, le monde des abstractions commence.

Grâce à cette faculté d'abstraction, avons-nous dit, l'homme, né dans la nature, produit par elle, se crée, au milieu et dans les conditions mêmes de cette nature, une seconde existence, conforme à son idéal et comme lui progressive.

Tout ce qui vit, ajouterons-nous, pour nous mieux expliquer, tend à se réaliser dans la plénitude de son être. L'homme, être vivant et pensant à la fois, pour se réaliser doit d'abord se connaître. C'est la cause de l'immense retard que nous observons dans son développement et qui fait que, pour arriver à l'état actuel de la société, dans les pays les plus civilisés, — état encore si peu conforme à l'idéal auquel nous tendons aujourd'hui — il lui a fallu employer plusieurs centaines de siècles... On dirait que, dans la recherche de lui-même, à travers toutes ses pérégrinations physiologiques aussi bien qu'historiques, l'homme a dû épuiser toutes les sottises et tous les malheurs possibles, avant d'avoir pu réaliser le peu de raison et de justice qui règne aujourd'hui dans le monde.

Le dernier terme, le but suprême de tout développement humain, c'est *la liberté*. J.-J. Rousseau et ses disciples ont eu le tort de l'avoir cherchée dans les commencements de l'histoire, alors que l'homme encore privé de toute conscience de lui-même, et par conséquent incapable de former quelque contrat que ce soit, subissait pleinement le joug de cette fatalité de la vie naturelle, à laquelle se trouvent assujettis tous les animaux, et dont l'homme n'a pu s'émanciper, en un certain sens, que par l'usage consécutif de sa raison qui, en se développant avec beaucoup de lenteur, il est vrai, à travers toute l'histoire, reconnaissait peu à peu les lois qui régissent le monde extérieur, aussi bien que celles qui sont inhérentes à notre propre nature, se les appropriait pour ainsi dire, en les transformant en idées — créations quasi spontanées de notre propre cerveau — et faisait *que tout en continuant d'obéir à ces lois, l'homme n'obéissait plus qu'à ses propres pensées*. C'est vis-à-vis de la nature, pour l'homme, la seule dignité et toute la liberté possible. Il n'en aura jamais d'autre; car les lois naturelles sont immuables, fatales; elles sont la base même de toute existence et constituent notre être, de sorte que nul ne saurait se révolter contre elles, sans arriver

immédiatement à l'absurde et sans se suicider à coup
sûr. Mais en les reconnaissant et en se les appropriant
par l'esprit, l'homme s'élève au-dessus de l'obsession
immédiate du monde extérieur, puis devenant créateur à son tour, n'obéissant désormais qu'à ses propres idées, il transforme ce dernier plus ou moins
selon ses besoins progressifs et lui inspire en quelque
sorte l'image de son humanité.

Ainsi ce que nous appelons *monde humain* n'a
point d'autre créateur immédiat que l'homme qui le
produit en conquérant, pas à pas, sur le monde extérieur et sur sa propre bestialité, sa liberté et son humaine dignité. Il les conquiert, poussé par une force
indépendante de lui, irrésistible et qui est également
inhérente à tous les êtres vivants. Cette force, c'est le
courant universel de la vie, celui-là même, que nous
avons appelé la causalité universelle, la nature, et qui
se traduit dans tous les êtres vivants, plantes ou animaux, par la tendance à réaliser, chacun pour soi-
même, les conditions vitales de son espèce — c'est-à-
dire à satisfaire ses besoins. Cette tendance, manifestation essentielle et suprême de la vie, constitue la
base même de ce que nous appelons *volonté* : fatale
et irrésistible dans tous les animaux, sans en excepter
l'homme le plus civilisé — instinctive, on pourrait
presque dire, mécanique, dans les organisations inférieures ; plus intelligente dans les espèces supérieures,

elle n'arrive à une pleine conception d'elle-même que dans l'homme qui, grâce à son intelligence — qui l'élève au-dessus de chacun de ses mouvements instinctifs et lui permet de comparer, et de critiquer et d'ordonner ses propres besoins, — seul parmi tous les animaux de cette terre, possède une détermination réfléchie de soi-même, *une volonté libre.*

Bien entendu que cette liberté de la volonté humaine en présence du courant universel de la vie ou de cette causalité absolue, dont chaque vouloir particulier n'est pour ainsi dire qu'un ruisseau, n'a d'autre sens ici que celui que lui donne la réflexion, en tant qu'opposée à l'exécution mécanique ou même à l'instinct. L'homme saisit et comprend les nécessités naturelles qui, en se réfléchissant dans son cerveau, y renaissent par un procédé physiologique réactif, encore peu connu, comme une succession logique de propres pensées — et cette compréhension, au milieu de son absolue dépendance aucunement interrompue, lui donne le sentiment de la propre détermination, de la volonté réfléchie spontanée et de la liberté. — A moins d'un suicide, partiel ou total, aucun homme ne parviendra jamais à se délivrer de ses appétits naturels, mais il pourra les régler et les modifier, en s'efforçant de les conformer toujours davantage à ce que dans les différentes époques de son développement intellectuel et moral, il appellera le juste et le beau.

Au fond, les points cardinaux de l'existence humaine la plus raffinée et de l'existence animale la moins éveillée, sont et resteront toujours identiques : naître, se développer et grandir, travailler pour manger et boire, pour s'abriter et se défendre, maintenir son existence individuelle dans l'équilibre social de sa propre espèce, aimer, se reproduire, puis mourir... A ces points, il s'en ajoute seulement pour l'homme un nouveau : c'est penser et connaître, — faculté et besoin qui se retrouvent sans doute à un degré inférieur, mais déjà fort sensible, dans les espèces d'animaux, qui par leur organisation sont les plus proches de l'homme, car il semble que dans la nature il n'est point de différences qualitatives absolues, et que toutes les différences de qualité se réduisent en dernière analyse à des différences de quantité — mais qui dans l'homme seul arrivent à une puissance tellement impérative et prédominante, qu'ils transforment à la longue toute sa vie. Comme l'a fort bien observé l'un des plus grands penseurs de nos jours, Ludwig Feuerbach, l'homme fait tout ce que les animaux font, seulement il doit le faire de plus en plus *humainement*. C'est toute la différence, mais elle est énorme [1]. Elle

---

1. On ne saurait assez répéter ceci à beaucoup de partisans du naturalisme ou du matérialisme moderne, qui — parce que l'homme a retrouvé de nos jours sa parenté pleine et entière avec toutes les autres espèces d'animaux et sa descendance im-

contient toute la civilisation avec toutes les merveil-
les de l'industrie, de la science et des arts ; avec tous
les développements religieux, esthétiques, philosophiques, politiques, économiques et sociaux de l'humanité — en un mot tout le monde de l'histoire.
L'homme crée ce monde historique par la puissance
d'une activité que vous retrouvez dans tous les êtres
vivants, qui constitue le fond même de toute vie organique, et qui tend à s'assimiler et à transformer le
monde extérieur selon les besoins de chacun — activité par conséquent instinctive et fatale, antérieure
à toute pensée, mais qui illuminée par la raison de
l'homme et déterminée par sa volonté réfléchie, se
transforme en lui et pour lui en *travail intelligent et
libre*.

médiate et directe de la terre, et parce qu'il a renoncé aux absurdes et vaines ostentations d'un spiritualisme, qui sous le
prétexte de le gratifier d'une liberté absolue, le condamnait à un
éternel esclavage, s'imaginent que cela leur donne le droit de renoncer à tout respect humain. On pourrait comparer ces gens -
là à des laquais, qui en découvrant l'origine plébéienne d'un
homme, qui leur avait imposé par sa dignité naturelle, croient
pouvoir le traiter comme un égal, par cette simple raison qu'ils
ne comprennent pas d'autre dignité que celle que crée à leurs
yeux une naissance aristocratique. D'autres sont si heureux
d'avoir retrouvé la parenté de l'homme avec le gorille, qu'ils
voudraient le conserver toujours à l'état d'animal et se refusent à
comprendre que toute sa mission historique, toute sa dignité
et toute sa liberté consistent à s'en éloigner.

C'est uniquement par la pensée que l'homme arrive à la conscience de sa liberté dans ce milieu naturel dont il est le produit ; mais c'est par *le travail* seulement qu'il la réalise. Nous avons observé que l'activité, qui constitue le travail, c'est-à-dire *l'œuvre si lente de la transformation de la surface de notre globe par la force physique de chaque être vivant, conformément aux besoins de chacun,* se retrouve plus ou moins développée à tous les degrés de la vie organique. Mais elle ne commence à constituer *le travail proprement humain*, que lorsque, dirigée par l'intelligence de l'homme et par sa volonté réfléchie, elle sert à la satisfaction non plus seulement des besoins fixes et fatalement circonscrits de la vie exclusivement animale, mais encore de ceux de *l'être pensant, qui conquiert son humanité en affirmant et en réalisant sa liberté dans le monde.*

L'accomplissement de cette tâche immense, infinie, n'est pas seulement une œuvre de développement intellectuel et moral, c'est en même temps une œuvre d'émancipation matérielle. L'homme ne devient réellement homme, il ne conquiert la possibilité de son développement et de son perfectionnement intérieur qu'à la condition d'avoir rompu dans une certaine mesure pour le moins, les chaînes d'esclave que la nature fait peser sur tous ses enfants. Ces chaînes sont la faim, les privations de toute espèce, la dou-

leur, l'influence des climats, des saisons et en général les mille conditions de la vie animale qui main-
tiennent l'être humain dans une dépendance quasi-ab-
solue vis-à-vis du milieu qui l'entoure ; les dangers
permanents qui dans la forme de phénomènes naturels le menacent et l'oppressent de toutes parts : cette
crainte perpétuelle qui constitue le fond de toute
existence animale et qui domine l'individu naturel et
sauvage au point qu'il ne trouve rien en lui-même
qui puisse lui résister et la combattre... en un mot il
n'y manque aucun des éléments de l'esclavage le plus
absolu. Le premier pas que l'homme fait pour s'é-
manciper de cet esclavage, consiste, avons-nous dit,
dans cet acte abstractif de l'intelligence qui, en s'é-
levant au dedans de lui-même, au-dessus des choses
qui l'entourent, lui permet d'en étudier les rapports
et les lois. Mais le second pas est un acte nécessairement matériel, déterminé par la volonté et dirigé par
la connaissance plus ou moins approfondie du monde
extérieur : c'est l'application de la force musculaire
de l'homme à la transformation de ce monde selon
ses besoins progressifs. Cette lutte de l'homme, intelligent travailleur, contre la mère-nature, n'est point
une révolte contre elle, ni contre aucune de ses lois.
Il ne se sert de la connaissance qu'il en a acquise que
pour se fortifier et se prémunir seulement contre
les envahissements brutaux et contre les catastrophes

accidentelles, aussi bien que contre les phénomènes périodiques et réguliers du monde physique, et ce n'est précisément que la connaissance et l'observation la plus respectueuse des lois de la nature, qui le rendent capable de la maîtriser à son tour, de la faire servir à ses desseins et de pouvoir transformer la surface du globe en un milieu de plus en plus favorable aux développements de l'humanité.

Cette faculté d'abstraction, source de toutes nos connaissances et de toutes nos idées, est donc aussi, comme on voit, l'unique cause de toutes les émancipations humaines. Mais le premier réveil de cette faculté, qui n'est autre que la raison, ne produit pas immédiatement la liberté. Lorsqu'elle commence à agir dans l'homme, en se dégageant lentement des langes de son instinctivité animale, elle se manifete d'abord, non sous la forme d'une réflexion raisonnée, ayant conscience et connaissance de son activité propre, mais sous celle d'une *réflexion imaginative* ou de la déraison, et comme telle, elle ne délivre graduellement l'homme de l'esclavage naturel qui l'obsède à son berceau, que pour le rejeter aussitôt sous le poids d'un esclavage, mille fois plus dur et plus terrible encore — sous celui de la religion.

C'est la réflexion imaginative de l'homme qui transforme le culte naturel dont nous avons retrouvé les éléments et les traces chez tous les animaux en culte

pas ; elle n'est ni bonne ni mauvaise, — elle est seulement la toute-puissance. Pourtant le caractère divin commence déjà à se dessiner ; elle est égoïste et vaniteuse, elle aime les compliments, les génuflexions, l'humiliation et l'immolation des hommes, leur adoration et leurs sacrifices — et elle persécute et punit cruellement ceux qui ne veulent pas s'y soumettre : les rebelles, les orgueilleux, les impies. C'est, comme on sait, le fond principal de la nature divine dans tous les dieux, antiques et présents, créés par l'humaine déraison. Y a-t-il eu jamais au monde un être plus atrocement jaloux, vaniteux, égoïste, sanguinaire que le Jehovah des Juifs ou Dieu, le père des chrétiens.

Dans le culte de la sorcellerie primitive, la divinité ou cette toute-puissance indéterminée, apparaît d'abord comme inséparable de la personne du sorcier : lui-même est Dieu, comme le Fétiche. Mais à la longue, le rôle d'homme surnaturel, d'homme-Dieu, pour un homme réel, — surtout pour un sauvage, qui n'ayant encore aucun moyen de s'abriter contre la curiosité indiscrète de ses croyants, reste du matin jusqu'au soir exposé à leurs investigations — devient impossible. Le bon sens, l'esprit pratique d'une peuplade sauvage, qui continue de se développer parallèlement à son imagination religieuse, finit enfin par lui démontrer l'impossibilité qu'un homme accessi-

ble à toutes les faiblesses et infirmités humaines, soit
un Dieu. — Le sorcier reste pour elle un être surnaturel, mais seulement par instant, lorsqu'il est possédé. Mais possédé par qui ? Par la toute-puissance,
par Dieu... Donc la divinité se trouve ordinairement
en dehors du sorcier. — Où la chercher ? — Le Fétiche, le Dieu-chose est dépassé, le sorcier, l'homme-
Dieu, l'est aussi. — Toutes ces transformations, dans
les temps primitifs, ont pu occuper des siècles. —
L'homme sauvage déjà avancé, développé et riche de
l'expérience et de la tradition de plusieurs siècles,
cherche alors la divinité bien loin de lui, mais toujours encore dans des êtres réellement existants : dans
le soleil, dans la lune, dans les astres. — La pensée
religieuse commence déjà à embrasser l'univers.

L'homme, avons-nous dit, n'a pu arriver à ce point
qu'après une longue série de siècles. Sa faculté abstractive, sa raison s'est déjà développée, fortifiée,
éprouvée par la connaissance pratique des choses qui
l'entourent, et par l'observation de leurs rapports ou
de leur causalité mutuelle, tandis que le retour ré-
gulier de certains phénomènes lui a donné la première notion de quelques lois naturelles ; il commence à s'inquiéter de l'ensemble des phénomènes
et de leurs causes ; il les cherche. En même temps
il commence à se connaître lui-même, et grâce toujours à cette puissance d'abstraction, qui lui permet

de s'élever en lui-même, par la pensée, au-dessus de lui-même et de se poser comme objet de sa réflexion, il commence à séparer son être matériel et vivant de son être pensant, son extérieur de son intérieur, son corps de son âme. — Mais une fois cette distinction pour lui acquise et fixée, il la transporte naturellement, nécessairement dans son Dieu, il commence à chercher l'âme invisible de cet apparent univers. — C'est ainsi qu'a dû naître le panthéisme religieux des Indiens.

Nous devons nous arrêter sur ce point, car c'est ici que commence proprement la religion dans la pleine acception de ce mot, et avec elle la théologie et la métaphysique mêmes. Jusque-là l'imagination religieuse de l'homme, obsédée par la représentation fixe de la toute-puissance, a procédé naturellement, cherchant la cause et la source de cette toute-puissance, par la voie de l'investigation expérimentale, d'abord dans les objets les plus rapprochés, dans les fétiches, puis dans les sorciers, plus tard encore dans les grands phénomènes de la nature, enfin dans les astres, mais l'attachant toujours à quelque objet réel et visible, si éloigné qu'il fût. Maintenant il suppose l'existence d'un Dieu spirituel, extra-mondain, invisible. D'autre part, jusqu'ici, ses dieux ont été des êtres restreints et particuliers, parmi beaucoup d'autres êtres non divins, non doués de la toute-puissance, mais non moins réellement existants. Maintenant il pose pour la première fois une divinité universelle : l'Etre des Etres, substance et créateur de tous ces Etres restreints et particuliers, — l'âme universelle de tout l'univers, le Grand-Tout. Voici donc le vrai Dieu qui commence et avec lui la vraie religion.

Nous devons examiner maintenant le procédé par lequel l'homme est arrivé à ce résultat, afin de reconnaître, dans son origine historique même, la véritable nature de la divinité.

Toute la question se réduit à celle-ci : comment naissent en l'homme la représentation de l'univers et l'idée de son unité ? D'abord, commençons par le dire, la représentation de l'univers pour l'animal ne peut exister, car ce n'est pas un objet qui se donne immédiatement par le sens, comme tous les objets réels, grands ou petits, qui de près ou de loin l'entourent — c'est un être abstrait et qui par conséquent ne peut exister que pour la faculté abstractive —c'est-à-dire pour l'homme seul. Examinons donc la manière dont elle se forme dans l'homme. L'homme se voit entouré d'objets extérieurs; lui-même, en tant que corps vivant, en est un pour sa propre pensée. Tous ces objets qu'il apprend successivement et lentement à connaître, se trouvent entre eux dans des rapports mutuels, réguliers, qu'il reconnaît aussi plus ou moins ; et néanmoins malgré ces rapports, qui les avoisinent sans les unir, ni les confondre en un seul, ces objets restent en dehors l'un de l'autre. Le monde extérieur ne présente donc à l'homme rien qu'une diversité innombrable d'objets, d'actions et de rapports séparés et distincts, sans la moindre apparence d'unité, — c'est une juxtaposition indéfinie, ce n'est pas un ensemble. D'où vient l'ensemble ? Il gît dans la pensée de l'homme. L'intelligence de l'homme est douée de cette faculté abstractive, qui lui permet, après qu'elle eut parcouru lentement et examiné séparément, l'un après l'autre, une quantité d'objets, de les embrasser en un clin d'œil par une seule représentation, de les unir en une seule et même pensée. — C'est donc la pensée de l'homme qui crée l'unité et qui la transporte dans la diversité du monde extérieur.

Il s'ensuit que cette unité est un être, non concret et réel, mais abstrait, produit uniquement par la faculté abstractive de l'homme. Nous disons : faculté *abstractive*, parce que pour unir tant d'objets différents en une seule représentation, notre pensée doit faire abstraction de tout ce qui constitue leur différence, c'est-à-dire leur existence séparée et réelle, et ne retenir que ce qu'ils ont de commun, d'où il résulte, que plus une unité pensée par nous embrasse d'objets, plus elle s'élève, et plus ce qu'elle retient en commun et ce qui constitue sa détermination positive, son contenu, se raréfie ; — plus elle devient abstraite et dénuée de réalité. La vie avec toutes ses exubérances et magnificences passagères est en bas, dans la diversité, — la mort avec sa monotonie éternelle et sublime est en haut, dans l'unité. — Montez toujours plus haut et plus haut, par cette même puissance d'abstraction, dépassez le monde terrestre, embrassez en une même pensée le monde solaire, imaginez-vous cette sublime unité : que vous restera-t-il pour la remplir ? — Le sauvage aurait été bien embarrassé de répondre à cette question ! Mais nous répondrons pour lui : il restera la matière avec ce que nous appelons la force d'abstraction, la matière mouvante avec ses divers phénomènes, tels que la lumière, la chaleur, l'électricité et le magnétisme, qui sont, comme on le prouve aujourd'hui, les différentes manifestations d'une seule et même chose. — Mais, si par la puissance de cette faculté d'abstraction, qui ne s'arrête devant aucune limite, vous montez encore plus haut, au-dessus de votre système solaire, et réunissez dans votre pensée, non seulement ces millions de soleils que nous voyons briller au firmament, mais encore une infinité d'autres systèmes solaires, que nous ne voyons et que nous ne verrons jamais, mais dont nous supposons l'existence, car notre pensée, par cette même raison, qu'elle ne connaît point de limites à son action abstractive, se refuse de croire que l'univers, c'est-à-dire la totalité de tous les mondes existants puisse avoir une limite ou une fin, — puis faisant abstraction, toujours par notre pensée, de l'existence particulière de chacun de ces mondes existants, si vous tâchez de vous représenter l'unité de cet univers infini — que vous restera-t-il pour la déterminer et la remplir ? Un seul mot, une seule abstraction : l'*Etre indéterminé*, c'est-à-dire l'immobilité, le vide, le néant absolu — Dieu.

*Dieu — c'est donc l'abstractum absolu*, c'est le propre produit de la pensée humaine qui, comme puissance abstractive, ayant dépassé tous les êtres connus, tous les mondes existants et s'étant délivrée par là même de tout contenu réel, arrivée à n'être plus rien que le monde absolu, se pose devant elle-même, sans se reconnaître pourtant dans cette sublime nudité — comme l'*Etre unique et suprême*.

On pourra nous objecter, qu'après avoir nous-mêmes affirmé, dans nos pages précédentes, l'*unité réelle de l'univers*, et après l'avoir définie comme la solidarité ou la causalité universelle et comme l'unique toute-puissance régissant toute choses et sentie plus ou moins par tous les êtres vivants, nous avons maintenant l'air de vouloir la nier. Mais nous ne la nions pas du tout, nous prétendons seulement qu'entre cette réelle unité universelle et l'unité idéale cherchée et créée par voie d'abstraction, par la métaphysique tant religieuse que philosophique, il n'y a rien de commun. Nous avons défini la première comme la somme indéfinie des êtres, ou plutôt comme la somme des transformations incessantes de tous les êtres réels, ou celle de leurs actions et de leurs réactions perpétuelles, qui, en se combinant en un seul mouvement, constituent, avons-nous dit, ce qu'on appelle la solidarité ou la causalité universelle, et nous avons ajouté que nous entendons cette solidarité, non comme une cause absolue et première, mais tout au contraire, comme une *résultante*, toujours produite et reproduite par l'action simultanée de toutes les causes particulières, — action qui constitue précisément la *causalité universelle* — toujours créatrice et toujours créée. Après l'avoir ainsi déterminée, nous avons cru pouvoir dire, sans craindre désormais aucun malentendu, que cette causalité universelle crée les mondes et quoique nous ayons eu bien soin d'ajouter qu'elle le fait, sans qu'il puisse y avoir de sa part aucune pensée ou volonté antérieure, aucun plan, aucune préméditation ou prédétermination possible — elle-même n'ayant en dehors de sa réalisation incessante aucune existence ni antérieure ni séparée, et n'étant rien qu'une absolue résultante — nous reconnaissons maintenant que cette expression n'est ni heureuse, ni exacte et que malgré toutes les explications ajoutées elle peut encore donner lieu à

et des malentendus, — tant nous sommes habitués à
rattacher à ce mot : *création* l'idée d'un créateur conscient de lui-même et séparé du son œuvre. — Nous
aurions dù dire que chaque monde, chaque être inconsciemment et involontairement se produit, naît,
se développe, vit et meurt en se transformant en un
être nouveau au milieu et sous l'influence, toute-puissante, absolue, de la solidarité universelle, — et
nous ajouterons maintenant, pour préciser encore
mieux notre pensée que *l'unité réelle de l'univers
n'est rien que la solidarité et l'infinité absolues de ses
réelles transformations, — car la transformation incessante de chaque être particulier constitue la
vraie, l'unique réalité de chacun, tout l'univers n'é-
tant qu'une histoire sans limites, sans commencement
et sans fin.*

Les détails en sont infinis. Il ne sera jamais donné
à l'homme d'en connaître qu'une infiniment petite
partie. Notre ciel étoilé avec sa multitude de soleils
ne forme qu'un point imperceptible dans l'immen-
sité de l'espace et quoique nous l'embrassions du regard, nous n'en saurons jamais presque rien. Force
nous est de nous contenter de connaître un peu notre
système solaire, dont nous devons présumer la parfaite harmonie avec le reste de l'univers ; car si cette
harmonie n'existait pas, elle devrait ou bien s'établir ou bien notre monde solaire périrait. Nous con-

naissons déjà fort bien ce dernier sous le rapport de la haute mécanique et nous commençons à le reconnaître déjà quelque peu sous le rapport physique, chimique, voire même géologique. Notre science ira difficilement beaucoup au delà. Si nous voulons une connaissance plus concrète, nous devrons nous en tenir à notre globe terrestre. Nous savons qu'il est né dans le temps et nous présumons que nous ne savons dans quel nombre de siècles, il sera condamné à périr, — comme naît et périt ou plutôt se transforme tout ce qui est.

Comment notre globe terrestre, d'abord matière brûlante et gazeuse, infiniment plus légère que l'air, s'est condensé, s'est refroidi, s'est formé, par quelle immense série d'évolutions géologiques il a dû passer, avant de pouvoir produire à sa surface toute cette infinie richesse de la vie organique, depuis la première et la plus simple cellule jusqu'à l'homme ? Comment s'est-il transformé et continue-t-il à se développer dans le monde historique et social de l'homme ? Quel est le but vers lequel nous marchons, poussés par cette loi suprême et fatale de transformation incessante ?

Voilà les seules questions qui nous soient accessibles, les seules qui peuvent et qui doivent être réellement embrassées, étudiées en détail et résolues par l'homme. Ne formant, comme nous l'avons déjà dit, qu'un point imperceptible dans la question illimitée et indéfinissable de l'univers, elles offrent tout de même à notre esprit un monde réellement infini — non dans le sens divin, c'est-à-dire dans le sens abstrait de ce mot, non comme l'être suprême, créé par l'abstraction religieuse; infini, au contraire, par la richesse de ses détails qu'aucune observation, ni aucune science ne pourront jamais épuiser.

Et pour connaître *ce* monde, *notre* monde infini, la seule abstraction ne suffit pas. Elle nous conduirait de nouveau à Dieu, à l'Etre suprême, au néant. Il faut tout en appliquant cette faculté d'abstraction, sans laquelle nous ne pourrions jamais nous élever d'un ordre de choses inférieur, à un ordre de choses supérieur, ni par conséquent comprendre la hiérarchie naturelle des êtres, — il faut, disons-nous, que notre esprit se plonge avec respect et amour dans l'étude minutieuse des détails et des infiniment petits, sans lesquels nous ne concevrons jamais la réalité vivante des êtres. Ce n'est donc qu'en unissant ces deux facultés, ces deux tendances en apparence si contraires: l'abstraction et l'analyse attentive, scrupuleuse et patiente de tous les détails, que nous pourrons nous élever à la conception réelle de *notre monde non extérieurement mais intérieurement infini* et nous former une idée quelque peu suffisante de *notre univers à nous* — de notre globe terrestre, ou, si vous voulez aussi, de notre système solaire. — Il est donc évident, que si notre sentiment et notre imagination peuvent nous donner une image, une représentation nécessairement plus ou moins fausse de ce monde, s'ils peuvent même, par une sorte de divination intuitive nous faire pressentir une ombre, une apparence lointaine de la vérité, ce n'est que la science seule, qui pourra nous donner la vérité pure et entière.

Quelle est donc cette curiosité impérieuse qui pousse l'homme à reconnaître le monde qui l'entoure, à poursuivre avec une infatigable passion les secrets de cette nature dont il est lui-même, sur cette terre, le dernier et le plus complet résultat ? Cette curiosité est-elle un simple luxe, un agréable passe-temps, ou bien l'une des principales nécessités inhérentes à son être ? Nous n'hésitons pas à dire, que de toutes les nécessités qui constituent sa propre nature, c'est la plus humaine et qu'il ne devient réellement homme, ne se distingue effectivement de tous les animaux des autres espèces que par cet inextinguible besoin de savoir. Pour se réaliser dans la plénitude de son être, avons-nous dit, l'homme doit se reconnaître, et, il ne se reconnaîtra jamais réellement tant qu'il n'aura pas réellement reconnu la nature qui l'enveloppe et dont il est le produit. — A moins donc de renoncer à son humanité, l'homme doit *savoir*, il doit pénétrer par sa pensée tout le monde visible, et sans espoir de pouvoir jamais en atteindre le fond, en approfondir toujours davantage, la coordonnance et les lois, car notre humanité n'est qu'à ce prix. Il lui en faut reconnaître toutes les régions inférieures, antérieures et contemporaines à lui, toutes les évolutions mécaniques, physiques, chimiques, géologiques, organiques, à tous les degrés de développement de la vie végétale et animale, — c'est-à-dire toutes les causes et conditions de sa propre naissance et de son existence, afin qu'il puisse comprendre sa propre nature et sa mission sur cette terre, — sa patrie et son théâtre uniques — afin que dans ce monde de l'aveugle fatalité, il puisse inaugurer le règne de la liberté.

Telle est la tâche de l'homme : elle est inépuisable, elle est infinie et bien suffisante pour satisfaire les esprits et les cœurs les plus ambitieux. Etre instantané et imperceptible au milieu de l'océan sans rivages de la transformation universelle, avec une éternité ignorée derrière lui et une éternité inconnue devant lui, l'homme pensant, l'homme actif, l'homme conscient de son humaine mission reste fier et calme dans le sentiment de sa liberté qu'il conquiert lui-même, en éclairant, en aidant, en émancipant, en révoltant au besoin, le monde autour de lui. Voilà sa consolation, sa récompense et son unique paradis. Si vous lui demandez après cela son intime pensée

et son dernier mot sur l'unité réelle de l'univers, il
vous dira, que c'est *l'éternelle et universelle transformation,* un mouvement sans commencement, sans
limites et sans fin. — C'est donc le contraire absolu
de toute Providence — la négation de Dieu.

Dans toutes les religions qui se partagent le monde
et qui possèdent une théologie quelque peu développée — moins le Bouddhisme pourtant, dont la doctrine étrange et d'ailleurs parfaitement incomprise
par les quelques centaines de millions de ses adhérents, établit une religion sans Dieu — dans tous les
systèmes de métaphysique, Dieu nous apparaît avant
tout comme un être suprême, éternellement préexistant et prédéterminant, contenant en lui-même, étant
lui-même la pensée et la volonté génératrices de toute
existence et antérieures à toute existence : source et
cause éternelle de toute création, immuable et toujours égal à lui-même dans le mouvement universel
des mondes créés. Ce Dieu, nous l'avons vu, ne se
trouve pas dans l'univers réel, au moins dans cette
partie de l'univers que l'homme peut atteindre. Donc
n'ayant pu le rencontrer en dehors de lui-même,
l'homme a dû le trouver en lui-même. Comment l'a-
t-il cherché ? — En faisant abstraction de toutes les
choses vivantes et réelles, de tous les mondes visibles,
connus. — Mais nous avons vu qu'à la fin de ce
stérile voyage, la faculté ou l'action abstractive de

l'homme ne rencontre plus qu'un seul objet : elle-même, mais délivrée de tout contenu et privée de tout mouvement, faute de quelque chose à dépasser — elle-même comme abstraction, comme être absolument immobile et absolument vide. — Nous dirions le Néant absolu. — Mais la fantaisie religieuse dit : l'Être suprême — Dieu.

D'ailleurs, comme nous l'avons déjà fait observer, elle est induite à le faire en prenant exemple de la différence ou même de l'opposition que la réflexion déjà développée à ce point, commence à établir entre l'homme extérieur — son corps, et son monde intérieur, comprenant sa pensée et sa volonté — l'âme humaine. Ignorant naturellement que cette dernière n'est rien que le produit et la dernière expression toujours renouvelée, reproduite de l'organisme humain, voyant au contraire que dans la vie journalière, le corps semble toujours obéir aux suggestions de la pensée et de la volonté ; supposant par conséquent que l'âme est, sinon le créateur, au moins toujours le maître du corps auquel il ne resterait alors d'autre mission que celle de la servir et de la manifester, — l'homme religieux, — du moment que sa faculté abstractive arrivée, de la manière que nous venons de décrire, à la conception de l'être universel et suprême, qui n'est autre, avons-nous prouvé, que cette puissance d'abstraction se posant à elle-même comme objet, en fait naturellement l'âme de tout l'univers — Dieu.

C'est ainsi que le vrai Dieu, — l'être universel, éternel, immuable créé par la double action de l'imagination religieuse et de la faculté abstractive de l'homme, fut posé pour la première fois dans l'histoire. Mais du moment qu'il fut ainsi connu et posé, l'homme oubliant ou plutôt même ignorant sa propre action intellectuelle, qui seul l'avait créé et, ne se reconnaissant plus du tout dans sa création propre : l'*abstractum universel*, se mit à l'adorer. Les rôles aussitôt changèrent : le créé devint le créateur présumé et le véritable créateur, l'homme prit sa place parmi tant d'autres créatures misérables, comme une pauvre créature à peine quelque peu privilégiée.

Une fois Dieu posé, le développement successif et progressif des différentes théologies s'explique naturellement, comme le reflet du développement de l'humanité dans l'histoire. Car du moment que l'idée d'un être extraordinaire et suprême s'est emparée de l'imagination de l'homme et s'est établie dans sa conviction religieuse, au point que la réalité de cet être lui apparaît plus certaine que celle des choses réelles qu'il voit et qu'il touche de ses doigts, — il devient naturel, nécessaire, que cette idée devienne le fond principal de toute l'humaine existence, qu'elle la modifie, la pénètre et la domine exclusivement et d'une manière absolue. L'être suprême apparaît aussitôt comme le maître absolu, comme la pensée, la volonté, la source — comme le créateur et le régulateur de toutes choses, rien ne saurait plus rivaliser avec lui, et tout doit en sa présence disparaître : la vérité de toute chose ne se trouvant qu'en lui seul, et chaque être particulier, quelque puissant qu'il paraisse, y compris l'homme lui-même, ne pouvant désormais exister que par une concession divine, — ce qui d'ailleurs est parfaitement logique, puisqu'autrement Dieu ne serait point l'être suprême, tout-puissant, absolu, c'est-à-dire qu'il n'existerait pas du tout.

Dès lors, par une conséquence naturelle, l'homme attribue à Dieu toutes les qualités, toutes les forces, toutes les vertus qu'il découvre successivement soit en lui, soit en dehors de lui-même. Nous avons vu que, posé comme être suprême, et n'étant rien en réalité que l'abstractum absolu, Dieu est absolument vide de toute détermination et de tout contenu — nu et nul comme le néant : et comme tel, il se remplit et s'enrichit de toutes les réalités du monde existant, dont il n'est rien que l'abstraction, mais dont il apparaît à la fantaisie religieuse comme le Seigneur et le Maître, — d'où il résulte que Dieu, c'est le spoliateur absolu, et que — l'anthropomorphisme étant l'essence même de toute religion — le ciel, séjour des Dieux immortels, n'est rien qu'un infidèle miroir qui renvoie à l'homme croyant sa propre image renversée et grossie.

Car l'action de la religion ne consiste pas seulement en ceci qu'elle prend à la terre les richesses et puissances naturelles et à l'homme ses facultés et ses vertus, à mesure qu'il les découvre dans son développement historique, pour les transformer dans le ciel en autant d'attributs ou d'êtres divins. En effectuant cette transformation, elle change radicalement la nature de ces puissances et de ces qualités, elle les fausse, les corrompt, leur donnant une direction diamétralement opposée à leur direction primitive.

C'est ainsi que la raison humaine, le seul organe, que nous possédions pour reconnaître la vérité, en devenant raison divine, se fait incompréhensible pour nous et s'impose aux croyants, comme la révélation de l'absurde. C'est ainsi que le respect du ciel se traduit en mépris pour la terre, et l'adoration de la divinité en dénigrement de l'humanité; l'amour humain, cette immense solidarité naturelle, qui reliant tous les individus, tous les peuples, et rendant le bonheur et la liberté de chacun dépendants de la liberté et du bonheur de tous les autres, doit, malgré toutes les différences de couleurs et de races les unir tôt ou tard, dans une commune fraternité, — cet amour, transformé en amour divin et en religieuse charité, devient aussitôt le fléau de l'humanité : tout le sang versé au nom de la religion, depuis le commencement de l'histoire, des millions de victimes humaines immolées à la plus grande gloire des Dieux, en font foi.... Enfin la justice elle-même, cette mère future de l'égalité, une fois transportée par la fantaisie religieuse dans les célestes régions et transformée en justice divine, retombant aussitôt sur la terre sous la forme théologique de la grâce, et embrassant toujours et partout le parti des plus forts, ne sème plus parmi les hommes que violences, privilèges, monopoles et toutes les monstrueuses inégalités consacrés par le droit historique.

Nous ne prétendons pas nier la nécessité historique de la religion, ni affirmer qu'elle ait été un mal absolu dans l'histoire. Si c'en est un, elle fut et malheureusement elle reste encore aujourd'hui pour l'immense majorité de l'humanité ignorante, un mal inévitable, comme le sont, dans le développement de toute humaine faculté, les défaillances, les erreurs. La religion, avons-nous dit, c'est le premier réveil de l'humaine raison sous la forme de la divine déraison; c'est la première lueur de l'humaine vérité à travers le voile divin du mensonge; la première manifestation de la morale humaine, de la justice et du droit, à travers les iniquités historiques de la grâce divine; c'est enfin l'apprentissage de la liberté sous le joug humiliant et pénible de la divinité, joug qu'il faudra

bien finir par briser, afin de conquérir pour tout de
bon la raison raisonnable, la vérité vraie, la pleine
justice et la réelle liberté.

Par la religion, l'homme animal, en sortant de la
bestialité, fait un premier pas vers l'humanité; mais
tant qu'il restera religieux, il n'atteindra jamais son
but, parce que toute religion le condamne à l'absurde
et, faussant la direction de ses pas, le fait chercher le
divin au lieu de l'humain. Par la religion, les peuples
à peine délivrés de l'esclavage naturel, dans lequel
restent plongées toutes les autres espèces d'animaux,
retombent aussitôt dans l'esclavage des hommes forts
et des castes privilégiées par la divine élection.

L'un des principaux attributs des Dieux immortels,
comme on sait, c'est d'être des législateurs de l'humaine société, les fondateurs de l'Etat. L'homme,
disent à peu près toutes les religions, serait incapable
de reconnaître ce qui est le bien et le mal, le juste ou
l'injuste, il a donc fallu que la divinité elle-même,
d'une manière ou d'une autre, ait descendu sur la
terre pour le lui enseigner et pour établir dans l'humaine société l'ordre politique et civil, — d'où naturellement résulte cette triomphante conclusion : que
toutes les lois et tous les pouvoirs établis, consacrés

par le ciel, doivent être toujours et quand même aveuglément obéis.

C'est très commode pour les gouvernants, très incommode pour les gouvernés ; et comme nous sommes de ce nombre, nous avons tout intérêt à examiner de plus près la validité de cette antique assertion, qui a fait de nous tous des esclaves, afin de trouver le moyen de nous délivrer de son joug.

La question est pour nous maintenant excessivement simplifiée : Dieu n'étant pas, ou n'étant rien qu'une création de notre faculté abstractive, unie en premier mariage avec le sentiment religieux que nous tenons de notre animalité, — Dieu n'étant qu'un abstractum universel, incapable de mouvement et d'action propre : le Néant absolu imaginé comme être suprême et mis en mouvement par la seule fantaisie religieuse ; absolument vide de tout contenu et s'enrichissant de toutes les réalités de la terre ; ne rendant à l'homme, sous une forme dénaturée, corrompue, divine, que ce qu'il lui a d'abord dérobé, — Dieu ne peut être ni bon, ni méchant, ni juste, ni injuste. Il ne peut rien vouloir, ni rien établir, car en réalité il n'est rien, et ne devient le tout que par la crédulité religieuse. Par conséquent, si cette dernière a trouvé en lui les idées de la justice et du bien, c'est elle-même qui a dû les lui prêter à son insu ; croyant recevoir, elle donnait. Mais pour les prêter à Dieu, l'homme a

dû les avoir! Où les a-t-il trouvées? Nécessairement
en lui-même. Mais tout ce qu'il a, il le tient d'abord
de son animalité, — son esprit n'étant rien que l'explication, la parole de sa nature animale. — Donc les
idées du juste et du bien doivent avoir, comme toutes
les choses humaines, leur racine dans l'animalité
même de l'homme.

Et en effet, les éléments de ce que nous appelons la
*morale*, se trouvent déjà dans le monde animal.
Dans toutes les espèces d'animaux, sans aucune exception, seulement avec une grande différence de développement, ne voyons-nous pas deux instincts opposés : l'instinct de la conservation de l'Individu et
celui de la conservation de l'Espèce, ou, pour parler
humainement, *l'instinct égoïste* et *l'instinct social*.
Au point de vue de la science, comme à celui de la
nature elle-même, ces deux instincts sont également
naturels et par conséquent légitimes, et ce qui plus
est, également nécessaires dans l'économie naturelle
des êtres, — l'instinct individuel étant lui-même une
condition fondamentale de la conservation de l'espèce ;
car si les individus ne se défendaient pas avec énergie
contre toutes les privations et contre toutes les pressions extérieures qui menacent leur existence sans
cesse, l'espèce elle-même, qui ne vit qu'en eux et par
eux, ne pourrait subsister. Mais si l'on voulait juger
de ces deux mouvements en ne prenant pour point de

vue absolu que l'intérêt exclusif de l'espèce, on dirait que l'instinct social est le bon, et l'instinct individuel, et tant qu'il lui est opposé, le mauvais. Chez les fourmis, chez les abeilles, c'est la vertu qui prédomine, parce que l'instinct social semble en eux absolument écraser l'instinct individuel. C'est tout le contraire dans les bêtes féroces, et en général, on peut dire que c'est plutôt l'égoïsme qui triomphe dans le monde animal. L'instinct de l'espèce, au contraire, ne s'y réveille que par courts intervalles et ne dure que le temps nécessaire à la procréation et à l'éducation d'une famille.

Il en est autrement dans l'homme. Il paraît et cela est une des preuves de sa grande supériorité sur toutes les autres espèces d'animaux — que les deux instincts opposés : l'égoïsme et la sociabilité, sont en lui et beaucoup plus puissants tous les deux et beaucoup moins séparables que chez tous les animaux d'espèces inférieures : il est plus féroce dans son égoïsme que les bêtes les plus féroces, et plus socialiste en même temps que les abeilles et les fourmis.

La manifestation d'une plus grande puissance d'égoïsme ou d'individualité dans un animal quelconque, est une preuve indubitable d'une plus grande perfection relative de son organisme, le signe d'une intelligence supérieure. Chaque espèce d'animaux est constituée comme telle par une loi spéciale, c'est-à-

dire par un procédé de formation et de conservation
qui lui est propre et qui le distingue de toutes les
autres espèces d'animaux. Cette loi n'a pas d'existence
propre en dehors des individus réels qui appartiennent à l'espèce qu'elle gouverne; elle n'a de réalité
qu'en eux seuls, mais elle les gouverne d'une manière absolue et ils en sont les esclaves. Dans les
espèces tout à fait inférieures, se manifestant plutôt
comme un procédé de la vie végétale que de la vie
animale, elle leur est quasi tout à fait étrangère, ap-
paraissant presque comme une loi extérieure, à laquelle les individus à peine déterminés comme tels,
obéissent pour ainsi dire mécaniquement. Mais plus
les espèces se développent, montant par une série
progressive vers l'homme, et plus la loi générique et
spéciale qui les gouverne s'individualise davantage,
et plus complètement elle se réalise et s'exprime dans
chaque individu, qui acquiert par là même un caractère plus déterminé, une physionomie plus distincte,
de sorte que tout en continuant d'obéir à cette loi
aussi fatalement que les autres, du moment qu'elle
se manifeste en lui davantage comme son impulsion
individuelle propre, comme une nécessité plutôt intérieure qu'extérieure, — malgré que cette nécessité
intérieure soit toujours produite *sans qu'il s'en doute
en lui* par une foule de causes extérieures — l'individu
se sent plus libre et plus autonome, plus doué de

mouvement spontané, que les individus des espèces inférieures. Il commence à avoir le sentiment de sa *liberté*. Donc nous pouvons dire que la nature elle-même, par ses transformations progressives, tend à l'émancipation, et que déjà en son sein, une plus grande liberté individuelle est un signe indubitable de supériorité. L'être, comparativement, *le plus individuel et le plus libre*, sous le point de vue animal, c'est sans contredit l'homme.

Nous avons dit que l'homme n'est pas seulement l'être le plus individuel de la terre, — il en est encore le plus *social*. Ce fut une grande erreur de la part de J.-J. Rousseau d'avoir pensé que la société primitive ait été établie par un contrat libre, formé par des sauvages. Mais J.-J. Rousseau n'est pas le seul qui l'affirme. La majorité des juristes et des publicistes modernes soit de l'école de Kant, soit de toute autre école individualiste et libérale, et qui, n'admettent ni la société fondée sur le droit divin des théologiens, ni la société déterminée par l'école hégélienne, comme la réalisation plus ou moins mystique de la Morale objective, ni la société primitivement animale des naturalistes, prennent *nolens volens*, et faute d'autre fondement, le *contrat tacite* pour point de départ. Un contrat tacite ! C'est-à-dire un contrat sans paroles et par conséquent sans pensée et sans volonté — un révoltant non sens ! Une absurde fiction, et, ce qui

plus est, une méchante fiction! Une indigne supercherie! car il suppose que, alors que je n'étais en état
ni de vouloir ni de penser, ni de parler — parce que
je me suis laissé tondre sans protester, j'ai pu con-
sentir, pour moi-même, et pour ma descendance tout
entière, à un éternel esclavage!

Les conséquences du *contrat social* sont en effet
funestes, parce qu'elles aboutissent à l'absolue domination de l'Etat. Et pourtant le principe, pris au point
de départ, semble excessivement libéral. Les individus, avant de former ce contrat, sont supposés jouis-
sants d'une absolue liberté, car d'après cette théorie,
l'homme naturel, l'homme sauvage est le seul qui
soit complètement libre. Nous avons dit ce que nous
pensons de cette liberté naturelle, qui n'est rien que
l'absolue dépendance de l'homme gorille vis-à-vis de
l'obsession permanente du monde extérieur. Mais
supposons qu'il soit réellement libre à son point de
départ, pourquoi alors se formerait-il en société?
Pour assurer, répond-on, sa sécurité contre tous les
envahissements possibles de ce même monde extérieur, y compris d'autres hommes, associés ou non
associés, mais qui n'appartiendraient pas à cette nouvelle société qui se forme.

Voilà donc les hommes primitifs, absolument libres, chacun en lui-même et par lui-même, et qui ne
jouissent de cette liberté illimitée qu'autant qu'ils ne

se rencontrent pas, qu'autant qu'ils restent plongés chacun dans un isolement individuel absolu. La liberté de l'un n'a pas besoin de la liberté de l'autre, au contraire, chacune de ces libertés individuelles se suffisant à elle-même, existant par elle-même, la liberté de chacun apparaît nécessairement comme la négation de celle de tous les autres, et toutes ces libertés, en se rencontrant, doivent se limiter et s'amoindrir mutuellement, se contredire, se détruire...

Pour ne point se détruire jusqu'au bout, elles forment entre elles *un contrat* explicite ou tacite, par lequel elles abandonnent une partie d'elles-mêmes, afin d'assurer le reste. Ce contrat devient le fondement de la société ou plutôt de l'Etat; car il faut remarquer, que dans cette théorie, il n'y a point de place pour la société, il n'y existe que l'Etat, ou plutôt la société y est tout absorbée par l'État.

*La société*, c'est le mode naturel d'existence de la collectivité humaine indépendamment de tout contrat. Elle se gouverne par les mœurs ou par des habitudes traditionnelles, mais jamais par des lois. Elle progresse lentement par l'impulsion que lui donnent les initiatives individuelles et non par la pensée, ni par la volonté du législateur. Il y a bien des lois qui la gouvernent à son insu, mais ce sont des lois naturelles, inhérentes au corps social, comme les lois physiques sont inhérentes aux corps matériels. La plus grande partie de ces lois reste jusqu'à présent inconnue, et pourtant elles ont gouverné l'humaine société depuis sa naissance, indépendamment de la pensée et de la volonté des hommes qui l'ont composée ; d'où il résulte qu'il ne faut pas les confondre avec les lois politiques et juridiques qui, dans le système que nous examinons, proclamées par un pouvoir législatif quelconque, sont censées être les déductions logiques du premier contrat formé sciemment par les hommes.

L'Etat n'est point un produit immédiat de la nature ; il ne précède pas, comme la société, le réveil de la pensée dans les hommes, et nous essaierons plus tard de montrer comment *la conscience religieuse le crée au milieu de la société naturelle*. Selon les publicistes libéraux, le premier Etat fut créé par la volonté libre et réfléchie des hommes ; selon les absolutistes, il est une création divine. Dans l'un et dans l'autre cas, il domine la société et tend à l'absorber tout à fait.

Dans le second cas, cette absorption se comprend d'elle-même : une institution divine doit nécessairement dévorer toute organisation naturelle. Ce qui est plus curieux, c'est que l'école individualiste avec son contrat libre aboutit au même résultat. Et en effet, cette école commence par nier l'existence même d'une société naturelle antérieure au contrat — puisqu'une telle société supposerait des rapports naturels d'individus et par conséquent une *limitation réciproque de leurs libertés*, qui serait contraire à l'absolue liberté, dont chacun conformément à cette théorie, est censé jouir avant la conclusion du contrat, et qui ne serait ni plus ni moins que ce contrat lui-même, existant comme un fait naturel et antérieurement même au libre contrat. Donc, selon ce système, la société humaine ne commence qu'avec la conclusion du contrat. Mais qu'est-ce alors que cette société? C'est la pure et logique réalisation du contrat avec toutes ses dispositions et conséquences législatives et pratiques, — c'est l'Etat.

Examinons-le de plus près. Que représente-t-il ? La somme des négations des libertés individuelles de tous ses membres ; ou bien celle des sacrifices, que tous ses membres font, en renonçant à une portion de leur liberté au profit du bien commun. Nous avons vu que, d'après la théorie individualiste, la liberté de chacun est la limite ou bien la négation naturelle de la liberté de tous les autres : eh bien ! cette limitation absolue, cette négation de la liberté de chacun au nom de la liberté de tous ou du droit commun, — c'est l'Etat. Donc là où commence l'Etat, la liberté individuelle cesse et vice-versa.

On répondra que l'Etat, représentant du salut public ou de l'intérêt commun de tous, ne retranche une partie de la liberté de chacun, que pour lui en assurer tout le reste. Mais ce reste, c'est la sécurité, si vous voulez, ce n'est jamais la liberté. La liberté est indivisible : on ne peut en retrancher une partie sans la tuer tout entière. Cette petite partie que vous retranchez, c'est l'essence même de ma liberté, c'est le tout. Par un mouvement naturel, nécessaire et irrésistible, toute ma liberté se concentre précisément dans la partie, si petite qu'elle soit, que vous en retranchez. C'est l'histoire de la femme de Barbe-Bleue, qui eut tout un palais à sa disposition avec la liberté pleine et entière de pénétrer partout, de voir et de toucher tout, excepté une mauvaise petite chambre, que la volonté souveraine de son terrible mari lui avait défendu d'ouvrir sous peine de mort. Eh bien, se détournant de toutes les magnificences du palais, son âme se concentra tout entière sur cette mauvaise petite chambre : elle l'ouvrit, et elle eut raison de l'ouvrir, car ce fut un acte nécessaire de sa liberté, tandis que la défense d'y entrer était une violation flagrante de cette même liberté. C'est encore l'histoire du péché d'Adam et d'Eve : la défense de goûter du fruit de l'arbre de la science, sans autre raison que telle était la volonté du Seigneur, était de la part du bon Dieu un acte d'affreux despotisme ; et si nos premiers parents avaient obéi, toute la race humaine resterait plongée dans le plus humiliant esclavage. Leur désobéissance au contraire nous a émancipés et sauvés. Ce fut, mythiquement parlant, le premier acte de l'humaine liberté.

Mais l'Etat, dira-t-on, l'Etat démocratique, basé sur le libre suffrage de tous les citoyens, ne saurait être la négation de leur liberté? Et pourquoi pas ? Cela dépendra absolument de la mission et du pouvoir que les citoyens abandonneront à l'Etat. Un Etat républicain, basé sur le suffrage universel, pourra être très despotique, plus despotique même que l'Etat monarchique, lorsque sous le prétexte qu'il représente la volonté de tout le monde, il pèsera sur la volonté et sur le mouvement libre de chacun de ses membres de tout le poids de son pouvoir collectif.

Mais l'Etat, dira-t-on encore, ne restreint la liberté de ses membres qu'autant seulement qu'elle est portée vers l'injustice, vers le mal. Il les empêche de s'entre-tuer, de se piller et de s'offenser mutuellement, et en général de faire le mal, leur laissant au contraire liberté pleine et entière pour le bien. C'est toujours la même histoire de Barbe-Bleue ou celle du fruit défendu : qu'est-ce que le mal, qu'est-ce que le bien ?

Au point de vue du système que nous examinons, la distinction du bien et du mal n'existait pas avant la conclusion du contrat, alors que chaque individu restait plongé dans l'isolement de sa liberté ou de son droit absolu, n'ayant aucune considération à garder vis-à-vis de tous les autres, que celles que lui con-

seillaient sa faiblesse ou sa force relatives — c'est-à-
dire sa prudence et son intérêt propres [1]. Alors l'é-
goïsme, toujours selon cette même théorie, était la loi
suprême, le seul droit : le bien était déterminé par le
succès, le mal par la seule défaite et la justice n'était
que la consécration du fait accompli, quelque horrible, cruel ou infâme qu'il fût — tout à fait comme
dans la morale politique qui prévaut aujourd'hui en
Europe.

La distinction du bien et du mal ne commence,
selon ce système, qu'avec la conclusion du contrat
social. Alors tout ce qui fut reconnu comme constituant l'intérêt commun, fut proclamé le bien, et tout
ce qui lui fut contraire, le mal. Les membres con-
tractants, devenus citoyens, s'étant liés par un engagement plus ou moins solennel, assumèrent par là

1. Ces rapports, qui d'ailleurs n'ont jamais pu exister entre
les hommes primitifs, parce que la vie sociale a été antérieure
au réveil de la conscience individuelle et de la volonté réfléchie
dans les hommes, et parce qu'en dehors de la société aucun individu humain n'a jamais pu avoir de liberté ni absolue ni même
relative, — ces rapports, disons-nous, sont précisément les
mêmes, qui existent réellement aujourd'hui entre les Etats modernes, chacun d'eux se considérant comme investi d'une liberté
d'un pouvoir et d'un droit absolu, à l'exclusion de tous les autres, et ne gardant, par conséqueut vis à-vis de tous les autres
Etats, que les considérations qui lui sont commandées par son
intérêt propre, — ce qui les constitue nécessairement tous en
état de guerre permanente ou latente.

même un devoir : celui de subordonner leurs intérêts privés au salut commun, à l'intérêt inséparable de tous, et leurs droits séparés du droit public, dont le représentant unique, l'Etat, fut par là même investi du pouvoir de réprimer toutes les révoltes de l'égoïsme individuel, mais avec le devoir de protéger chacun de ses membres dans l'exercice de ses droits, tant que ces derniers n'étaient pas contraires au droit commun.

Nous allons examiner maintenant ce que doit être l'Etat ainsi constitué, tant vis-à-vis des autres Etats, ses pareils, que vis-à-vis des populations qu'il gouverne. Cet examen nous paraît d'autant plus intéressant et utile, que l'Etat tel qu'il est défini ici, est précisément l'Etat moderne, en tant qu'il s'est séparé de l'idée religieuse : l'*Etat laïque ou athée*, proclamé par les publicistes modernes. Voyons donc, en quoi consiste sa morale ? — C'est l'Etat moderne, avons-nous dit, au moment où il s'est délivré du joug de l'église, et où, par conséquent, il a secoué le joug de la morale universelle ou cosmopolite de la religion chrétienne ; et nous ajouterons encore, au moment où il ne s'est pas encore pénétré de la morale ni de l'idée humanitaire, ce qu'il ne saurait faire d'ailleurs sans se détruire ; parce que dans son existence séparée et dans sa concentration isolée, il serait trop étroit pour pouvoir embrasser, contenir les intérêts et par conséquent aussi la morale de l'humanité tout entière.

Les Etats modernes sont arrivés précisément à ce point. Le christianisme ne leur sert plus que de prétexte et de phrase, ou de moyen pour tromper les badauds, car ils poursuivent des buts, qui n'ont rien à démêler avec les sentiments religieux ; et les grands hommes d'Etat de nos jours : les Palmerston, les Mouravieff, les Cavour, les Bismark, les Napoléon riraient beaucoup, si on prenait leurs démonstrations religieuses au sérieux. Ils riraient encore davantage, si on leur prêtait des sentiments, des considérations, des intentions humanitaires, qu'ils ne se font d'ailleurs jamais faute de traiter publiquement de niaiseries. Que reste-t-il donc pour leur constituer une morale ? Uniquement l'intérêt de l'Etat. De ce point de vue, qui d'ailleurs, à très peu d'exceptions près, fut celui des hommes d'Etat, des *hommes forts* de tous les temps et de tous les pays, tout ce que sert à la conservation, à la grandeur et à la puissance de l'Etat, quelque sacrilège que ce soit au point de vue religieux, et quelque révoltant que cela puisse paraître à celui de la morale humaine — c'est *le bien*, et vice-versa, tout ce qui y est contraire, que ce soit la chose la plus sainte et humainement la plus juste, — c'est *le mal*. Telle est dans sa vérité la morale et la pratique séculaires de tous les Etats.

C'est aussi celle de l'Etat fondé sur la théorie du

contrat social. Selon ce système, le bien et le juste ne commençant qu'avec le contrat, ne sont rien en effet que le contenu même et le but du contrat, c'est-à-dire *l'intérêt commun* et *le droit public* de tous les individus, qui l'ont formé entre eux, *à l'exclusion de tous ceux qui sont restés en dehors du contrat,* — par conséquent rien *que la plus grande satisfaction donnée à l'égoïsme collectif d'une association particulière et restreinte,* qui étant fondée sur le sacrifice partiel de l'égoïsme individuel de chacun de ses membres rejette de son sein, comme étrangers et comme ennemis naturels, l'immense majorité de l'humaine espèce, formée ou non formée en associations analogues.

L'existence d'un seul Etat restreint suppose nécessairement l'existence et au besoin provoque la formation de plusieurs Etats, étant fort naturel que les individus qui se trouvent en dehors de lui, menacés par lui dans leur existence et dans leur liberté, s'associent à leur tour contre lui. Voilà donc l'humanité divisée en un nombre indéfini d'Etats étrangers, hostiles et menaçants les uns pour les autres. Il n'existe point de droit commun, de contrat social entre eux, car s'il en existait un, ils cesseraient d'être des Etats absolument indépendants l'un de l'autre, devenant des membres fédérés d'un seul grand Etat. Mais à moins que ce grand Etat n'embrasse l'humanité tout entière, il aurait contre lui dans la même attitude d'hostilité nécessaire d'autres grands Etats intérieurement fédérés, — ce serait toujours la guerre comme loi suprême et comme une nécessité inhérente à l'existence même de l'humanité.

Intérieurement fédéré ou non fédéré, chaque Etat, sous peine de périr, doit donc chercher à devenir le plus puissant. Il doit dévorer pour ne point être dévoré, conquérir pour ne pas être conquis, asservir pour ne pas être asservi, — car deux puissances similaires et en même temps étrangères l'une à l'autre ne sauraient coexister sans s'entre-détruire.

*L'Etat est donc la négation la plus flagrante, la plus cynique et la plus complète de l'humanité.* Il rompt l'universelle solidarité de tous les hommes sur la terre, et n'en associe une partie que pour en détruire, conquérir et asservir tout le reste. Il ne couvre de sa protection que ses propres citoyens, ne reconnaît le droit humain, l'humanité, la civilisation qu'à l'intérieur de ses propres limites; ne reconnaissant aucun droit en dehors de lui-même, il s'arroge logiquement celui de la plus féroce inhumanité contre toutes les populations étrangères qu'il peut piller, exterminer ou asservir à son gré. S'il se montre généreux et humain envers elles, ce n'est jamais par devoir ; car il n'a de devoirs qu'envers lui-même d'abord, et ensuite envers ceux de ses membres, qui l'ont librement formé, qui continuent de le constituer librement ou bien même, comme cela arrive toujours à la longue, qui sont devenus ses sujets. Comme le droit international n'existe pas, *et comme il ne saurait jamais exister d'une manière sérieuse et réelle sans miner dans ses fondements même le principe de l'absolue souveraineté des Etats* — l'Etat ne peut avoir de devoirs vis-à-vis des populations étrangères. Donc s'il traite humainement un peuple conquis, s'il ne le pille et ne l'extermine qu'à demi et s'il ne le réduit pas au dernier degré d'esclavage, ce sera par politique et par prudence peut-être, ou bien par pure magnanimité, mais jamais par devoir, — car il a le droit absolu de disposer de lui à son gré.

Cette négation flagrante de l'humanité, qui constitue l'essence même de l'Etat, est au point de vue de l'Etat le suprême devoir et la plus grande vertu : elle s'appelle *patriotisme*, et constitue toute la *morale transcendante* de l'Etat. Nous l'appelons morale transcendante parce qu'elle dépasse ordinairement le niveau de la morale et de la justice humaines, communes ou privées, et par là-même se met le plus souvent en contradiction avec elles. Ainsi offenser, opprimer, spolier, piller, assassiner ou asservir son prochain, selon la morale ordinaire des hommes, est regardé comme un crime. Dans la vie publique au contraire, au point de vue du patriotisme, lorsque cela se fait pour la plus grande gloire de l'Etat, pour conserver

ou bien pour élargir sa puissance, tout cela devient
devoir et vertu. Et cette vertu, ce devoir sont obliga-
toires pour chaque citoyen patriote ; chacun est censé
devoir les exercer, non seulement contre les étrangers, mais contre ses concitoyens eux-mêmes, membres ou sujets comme lui de l'Etat, toutes les fois que
le réclame le salut de l'Etat.

Ceci nous explique pourquoi dès le commencement
de l'histoire, c'est-à-dire dès la naissance des Etats,
le monde de la politique a toujours été et continue
d'être encore le théâtre de la haute coquinerie et du
sublime brigandage, — brigandage et coquinerie
d'ailleurs hautement honorés, puisqu'ils sont com-
mandés par le patriotisme, par la morale transcendante et par l'intérêt suprême de l'Etat. Cela nous
explique pourquoi toute l'histoire des Etats antiques
et modernes n'est qu'une série de crimes révoltants ;
pourquoi rois et ministres présents et passés, de tous
les temps et de tous les pays : hommes d'Etat, di-
plomates, bureaucrates et guerriers, si on les juge au
point de vue de la simple morale et de la justice humaine, ont cent fois, mille fois mérité le gibet ou les
galères ; car il n'est point d'horreur, de cruauté, de
sacrilège, de parjure, d'imposture, d'infâme transac-
tion, de vol cynique, de pillage effronté et de sale
trahison, qui n'aient été ou qui ne soient quotidien-
nement accomplis par les représentants des Etats,

sans autre excuse que ce mot élastique, à la fois si commode et si terrible : *la raison d'Etat !*

Mot vraiment terrible ! car il a corrompu et déshonoré, dans les régions officielles et dans les classes gouvernantes de la société plus de gens que le Christianisme lui-même. Aussitôt qu'il est prononcé, tout se tait et tout cesse : honnêteté, honneur, justice, droit, la pitié elle-même cesse, et avec elle la logique et le bon sens : le noir devient blanc et le blanc noir, l'horrible humain, et les plus lâches félonies, les crimes les plus atroces deviennent des actes méritoires !

Le grand philosophe politique italien, Machiavel, fut le premier qui prononça ce mot, ou qui du moins lui a donné son vrai sens et l'immense popularité dont il jouit encore à cette heure dans le monde de nos gouvernants. Penseur réaliste et positif s'il en fût, il a compris le premier que les grands et puissants Etats ne pouvaient être fondés et maintenus que par le crime, — par beaucoup de grands crimes et par un mépris radical pour tout ce qui s'appelle honnêteté ! Il l'a écrit, expliqué et prouvé avec une terrible franchise. Et comme l'idée de l'humanité a été parfaitement ignorée de son temps ; comme celle de la fraternité, non humaine, mais religieuse, prêchée par l'église catholique n'a été alors, comme toujours, rien qu'une affreuse ironie, démentie à chaque instant par les propres actes de l'Eglise ; comme de son temps aucun ne se doutait même pas, qu'il y eût quelque chose comme un droit populaire, — les peuples n'ayant jamais été considérés que comme une masse inerte et inepte, comme une sorte de chair à Etats, taillable et corvéable à merci, et vouée à une obéissance éternelle ; — comme il n'y avait alors absolument rien, ni en Italie, ni ailleurs, qui fût au-dessus de l'Etat — Machiavel en conclut avec beaucoup de logique, que l'Etat était le but suprême de toute humaine existence, qu'on devait le servir à tout prix, et que l'intérêt de l'Etat prévalant sur toutes choses, un bon patriote ne devait reculer devant aucun crime pour le servir. Il conseille le crime, il le commande et en fait une condition *sine qua non* de l'intelligence politique, ainsi que du vrai patriotisme. Que l'Etat s'appelle monarchie ou république, le crime, pour sa conservation et pour son triomphe, sera toujours nécessaire. Il changera sans doute de direction et d'objet, mais sa nature restera la même. Ce sera toujours la violation énergique, permanente de la justice, de la pitié et de l'honnêteté — pour le salut de l'Etat.

Oui, Machiavel a raison, nous ne pouvons pas en douter après une expérience de trois siècles et demi, ajoutée à son expérience. Oui, toute l'histoire nous le dit : tandis que les petits Etats ne sont vertueux que par faiblesse, les Etats puissants ne se soutiennent que par le crime. Seulement notre conclusion sera absolument différente de la sienne et cela pour une très simple raison : Nous sommes les fils de la Révolution et nous avons hérité d'elle la Religion de l'humanité, que nous devons fonder sur les ruines de la Religion de la divinité : nous croyons aux droits de l'homme, à la dignité et à l'émancipation nécessaire de l'humaine espèce ; nous croyons à l'humaine liberté et à l'humaine fraternité fondées sur l'humaine justice. — Nous croyons, en un mot, au triomphe de l'humanité sur la terre ; mais ce triomphe, que nous appelons de nos vœux et que nous voulons rapprocher par tous nos efforts réunis, étant par sa nature même la négation du crime qui n'est lui-même autre chose que la négation de l'humanité, — il ne pourra se réaliser que lorsque le crime cessera d'être, ce qu'il est plus ou moins partout aujourd'hui : *la base même de l'existence politique des nations absorbées, dominées par l'idée de l'Etat.* — Et puisqu'il est prouvé désormais qu'aucun Etat ne saurait exister sans commettre des crimes, ou du moins sans les rêver et sans les méditer, alors même que son impuissance l'empêcherait de les accomplir — nous concluons aujourd'hui *à l'absolue nécessité de la destruction des Etats,* ou si l'on veut de leur radicale et complète transformation, dans ce sens que, cessant d'être des puissances centralisées et organisées de haut en bas, soit par la violence, soit par l'autorité d'un principe quelcon-

que, ils se réorganisent, — avec une absolue liberté pour toutes les parties de s'unir ou de ne s'u-
nir pas, et en conservant à chacune celle de sortir
toujours d'une union, même une fois librement con-
sentie, — de bas en haut, selon les besoins réels et
les tendances naturelles des parties, par la libre fédération des individus et des associations, des communes, des districts, des provinces et des nations
dans l'humanité.

Telles sont les conclusions auxquelles nous amène
nécessairement l'examen des rapports extérieurs de
l'Etat même soi-disant libre, avec les autres Etats.
Nous verrons plus tard que l'Etat qui se fonde sur le
droit divin ou sur la sanction religieuse arrive précisément aux mêmes résultats. Examinons maintenant
les rapports de l'Etat fondé sur le libre contrat envers
ses propres citoyens ou sujets.

Nous avons vu qu'en excluant l'immense majorité
de l'humaine espèce de son sein, en la rejetant en
dehors des engagements et des devoirs réciproques
de la morale, de la justice et du droit, il nie l'humanité et avec ce grand mot : Patriotisme, impose l'injustice et la cruauté à tous ses sujets, comme un suprême devoir. Il restreint, il tronque, il tue en eux
l'humanité pour qu'en cessant d'être des hommes ils
ne soient plus que des citoyens, — ou bien ce qui sera
plus juste, sous le rapport de la succession historique

des faits, pour qu'ils ne s'élèvent jamais au delà du citoyen, à la hauteur de l'homme. — Nous avons vu d'ailleurs que tout Etat, sous peine de périr et de se voir dévoré par les Etats voisins, doit tendre à la toute-puissance, et que, devenu puissant, il doit conquérir. Qui dit conquête, dit peuples conquis, asservis, réduits à l'esclavage, sous quelque forme et quelque dénomination que ce soit. L'esclavage est donc une conséquence nécessaire de l'existence même de l'Etat.

L'esclavage peut changer de forme et de nom — son fond reste le même. Ce fond se laisse exprimer par ces mots : *être esclave, c'est être forcé de travailler pour autrui,* — *comme être maître, c'est vivre du travail d'autrui.* Dans l'antiquité, comme aujourd'hui en Asie, en Afrique, et comme dans une partie de l'Amérique encore, les esclaves s'appelaient tout bonnement des esclaves. Au moyen-âge ils prirent le nom de serfs, aujourd'hui on les appelle *salariés.* La position de ces derniers est beaucoup plus digne et moins dure que celle des esclaves, mais ils n'en sont pas moins forcés par la faim aussi bien que par les institutions politiques et sociales, d'entretenir par un travail très dur le désœuvrement absolu ou relatif d'autrui. Par conséquent ils sont des esclaves. Et en général, aucun Etat, ni antique, ni moderne, n'a jamais pu ni ne pourra jamais se passer du travail forcé

des masses soit salariés, soit esclaves, comme d'un
fondement principal et absolument nécessaire du loisir, de la liberté et de la civilisation de la classe politique : des *citoyens*. — Sous ce rapport, les Etats-Unis
de l'Amérique du Nord ne font pas même encore exception.

Telles sont les conditions intérieures qui découlent
nécessairement pour l'Etat de sa position extérieure,
c'est-à-dire de son hostilité naturelle, permanente et
inévitable envers tous les autres Etats. Voyons maintenant les conditions qui découlent directement pour
les citoyens du libre contrat par lequel ils se constituent en Etat.

L'Etat n'a pas seulement la mission de garantir la
sécurité de ses membres contre toutes les attaques venant du dehors, il doit encore intérieurement les défendre les uns contre les autres et *chacun contre lui-
même*. Car l'Etat — et ceci constitue son trait caractéristique et fondamental — tout Etat, comme toute
théologie, suppose l'homme essentiellement méchant
et mauvais. Dans celui que nous examinons maintenant, le *bien*, avons-nous vu, ne commence qu'avec
la conclusion du contrat social et n'est, par conséquent
que le produit de ce contrat, — son contenu même.
Il n'est pas le produit de la liberté. Au contraire, tant
que les hommes restent isolés dans leur individualité
absolue, jouissant de toute leur liberté naturelle à la-

quelle ils ne reconnaissent d'autres limites que des limites de fait, non de droit, ils ne suivent qu'une seule
loi, — celle de leur naturel égoïsme : ils s'offensent,
se maltraitent et se volent mutuellement, s'entr'égor-
gent et s'entre-dévorent, chacun dans la mesure de
son intelligence, de sa ruse et de ses forces matérielles, comme le font aujourd'hui. ainsi que nous l'avons
déjà observé, les Etats. — Donc la liberté humaine
ne produit pas le *bien*, mais le *mal*, l'homme est mauvais de sa nature. Comment est-il devenu mauvais ?
C'est à la théologie de l'expliquer. Le fait est que l'E-
tat, en naissant, le trouve déjà mauvais et se charge de
le rendre bon, c'est-à-dire de transformer l'homme
naturel en citoyen.

A ceci on pourra observer, que puisque l'Etat est
le produit d'un contrat librement conclu par les hommes, et que le bien est le produit de l'Etat, il s'ensuit
qu'il est celui de la liberté ! Cette conclusion ne sera pas
juste du tout. L'Etat même dans cette théorie n'est
pas le produit de la liberté, mais au contraire du sacrifice et de la négation volontaires de la liberté. Les
hommes naturels, absolument libres *de droit*, mais
*dans le fait* exposés à tous les dangers qui à chaque
instant de leur vie menacent leur sécurité, pour assurer et sauvegarder cette dernière, sacrifient, renient
une portion plus ou moins grande de leur liberté, et
en tant qu'ils l'ont immolée à leur sécurité, en tant

qu'ils sont devenus citoyens, ils deviennent *les escla-*
*ves de l'Etat.* Nous avons donc raison d'affirmer
*qu'au point de vue de l'Etat le bien naît non de la li-*
*berté, mais au contraire de la négation de la liberté.*

N'est-ce pas une chose remarquable que cette similitude entre la théologie — cette science de l'église,
et la politique — cette théorie de l'Etat, que cette rencontre de deux ordres de pensées et de faits en apparence si contraires, dans une même conviction : *celle*
*de la nécessité de l'immolation de l'humaine liberté pour*
*moraliser les hommes et pour les transformer, selon*
*l'une — en des saints, selon l'autre — en de vertueux*
*citoyens.* — Quant à nous, nous ne nous en émer-
veillons en aucune façon, parce que nous sommes
convaincus et nous tâcherons de prouver plus bas,
que la politique et la théologie sont deux sœurs pro-
venant de la même origine et poursuivant le même
but sous des noms différents ; et que chaque Etat est
une église terrestre, comme toute église, à son tour
avec son ciel, séjour des bienheureux et des Dieux
immortels, n'est rien qu'un céleste Etat.

L'Etat donc, comme l'église, part de cette supposition fondamentale, que les hommes sont foncièrement mauvais et que livrés à leur liberté naturelle,
ils s'entre-déchireraient et offriraient le spectacle de
la plus affreuse anarchie où les plus forts assomme-
raient ou exploiteraient les plus faibles, — tout le con-

traire, n'est-ce pas, de ce qui arrive dans nos Etats modèles d'aujourd'hui? Il pose comme principe, que pour établir l'ordre public, il faut une autorité supérieure; que pour guider les hommes et pour réprimer leurs mauvaises passions, il faut un guide et un frein; mais que cette autorité doit être celle d'un homme de génie vertueux [1], législateur de son peuple, comme Moïse, Lycurgue, comme Solon — et que ce guide et ce frein seront la sagesse et la puissance répressive de l'Etat.

Au nom de la logique nous pourrions bien chicaner sur le législateur, car dans le système que nous examinons maintenant, il s'agit non d'un code de lois imposé par une autorité quelconque, mais d'un engagement mutuel librement contracté par les libres fondateurs de l'Etat. Et comme ces fondateurs, d'après le système en question, ne furent ni plus ni moins que des sauvages, qui, ayant vécu jusque-là dans la plus complète liberté naturelle, devaient ignorer la différence du bien et du mal, nous pourrions demander par quel moyen ils sont arrivés tout à coup à les distinguer et à les séparer? Il est vrai qu'on pourra

---

1. L'idéal de Mazzini. — Voyez *Doveri dell' uomo* — (Napoli 1860), p. 83 et *a Pio IX Papa*, p. 27 : « Crediamo santa l'Autorita quando consecrata del genio e della virtu, soli sacerdoti dell' avvenire, e manifestata della vasta potenza di sacrificio, predica il bene e liberamento accettata, guida visibilmente ad esso... »

nous répondre que, puisqu'ils ne formèrent d'abord leur contrat mutuel qu'en vue de leur commune sécurité, ce qu'ils appelèrent le *bien* ne fut alors rien que les quelques points peu nombreux, qui furent par eux stipulés dans leur contrat, comme par exemple : de ne pas s'entre-tuer, ni de s'entre-piller et de se soutenir mutuellement contre toutes les attaques venant du dehors ; mais que plus tard un législateur, homme de génie vertueux, déjà né au milieu d'une association ainsi formée et, par conséquent, en quelque sorte élevé dans son esprit, a pu en élargir, en approfondir les conditions et les bases et créer par là même un premier code de morale et de lois.

Mais aussitôt surgit une autre question : en supposant qu'un homme doué d'un génie extraordinaire, né au milieu de cette société encore très primitive, a pu, grâce à la très grossière éducation qu'il a pu recevoir dans son sein, et son génie aidant, concevoir un code de morale, comment a-t-il pu parvenir à le faire accepter par son peuple ? Par la force de la seule logique ? — C'est impossible. La logique finit bien par triompher toujours, même des esprits les plus récalcitrants, mais il faut bien plus que la durée de la vie d'un homme pour cela, et avec des esprits peu développés il lui aurait fallu plusieurs siècles. Par la force, par la violence ? Mais alors ce ne serait plus une société fondée sur le libre contrat, mais sur la conquête, sur l'asservissement, ce qui nous amènerait tout droit aux sociétés réelles, historiques, dans lesquelles toutes les choses s'expliquent beaucoup plus naturellement, il est vrai, que dans les théories de nos publicistes libéraux, mais dont aussi l'examen et l'étude, bien loin de servir, comme ces Messieurs le désirent à la glorification de l'Etat, nous entraînent, comme nous le verrons plus tard, à en désirer au contraire, au plus vite, la destruction radicale et complète.

Il reste un troisième moyen, dont un grand législateur d'un peuple sauvage aura pu se servir pour imposer son code à la masse de ses concitoyens : c'est l'autorité divine. Et en effet, nous voyons que les plus grands législateurs connus, depuis Moïse jusqu'à Mahomet inclusivement, ont eu recours à ce moyen. Il est très efficace dans les nations où les croyances et le sentiment religieux exercent encore une grande influence, et naturellement très puissant au milieu d'un peuple sauvage. Seulement, la société qu'il aura servi à fonder n'aura plus pour fondement le libre contrat : constituée par l'intervention directe de la volonté divine, elle sera nécessairement un Etat théocratique, monarchique ou aristocratique, mais dans aucun sens démocratique ; et comme on ne peut pas marchander avec les bons Dieux, comme ils sont aussi puissants que despotes, et comme on est forcé d'accepter aveuglément tout ce qu'ils vous imposent et de subir leur volonté quand même, il en résulte que, dans une législation dictée par les Dieux, il ne peut y avoir de place pour la liberté. Nous abandonnons donc la constitution, d'ailleurs très historique, de l'Etat par l'intervention, soit directe, soit indirecte, de la toute-puissance divine, en nous promettant d'y revenir plus tard, et nous retournons à l'examen de l'Etat libre fondé sur le libre contrat. Arrivés d'ailleurs à la conviction de ne pouvoir nous expliquer, en aucune manière, le fait contradictoire en lui-même d'une législation émanée du génie d'un seul homme et unanimement acclamée, librement acceptée par tout un peuple sauvage, sans que le législateur ait eu besoin de recourir soit à la force brutale, soit à quelque divine supercherie, nous voulons bien admettre ce miracle, et nous demandons maintenant l'explication d'un autre miracle non moins difficile à comprendre que le premier : le nouveau code de morale et de lois, une fois proclamé et unanimement accepté, comment passe-t-il dans la pratique, dans la vie? Qui veille à son exécution?

Peut-on admettre, qu'après cette acceptation unanime, tous ou seulement la majorité des sauvages composant une société primitive et qui, avant que la nouvelle législation n'eût été proclamée, avaient été plongés dans la plus profonde anarchie, se fussent tout d'un coup et à un tel point transformés par le seul

fait de cette proclamation et de cette libre acceptation, que d'eux-mêmes et sans autre stimulant que
leurs convictions propres, ils se fussent mis à observer consciencieusement et à exécuter régulièrement
des prescriptions et des lois qui leur imposaient une
morale jusque-là inconnue ?

Admettre la possibilité d'un tel miracle, ce serait
en même temps reconnaitre l'inutilité de l'Etat, la
capacité de l'homme naturel de concevoir, de vouloir
et de faire, rien que par l'impulsion de sa liberté propre, le bien, ce qui serait aussi contraire à la théorie
de l'Etat soi-disant libre qu'à celle de l'Etat religieux
ou divin ; toutes les deux ayant pour base fondamentale l'incapacité présumée des hommes de s'élever
au bien et de le faire par impulsion naturelle, puisque cette impulsion, d'après ces mêmes théories, les
pousse au contraire irrésistiblement et toujours vers
le mal. Par conséquent, toutes les deux nous ensei-
gnent que, pour assurer l'observation des principes
et l'exécution des lois dans quelque société humaine
que ce soit, il faut qu'il se trouve à la tête de l'Etat
un pouvoir vigilant, régulateur et au besoin répressif. — Reste à savoir qui devra et qui pourra l'exercer ?

Pour l'Etat fondé sur le droit divin et par l'intervention d'un Dieu quelconque, la réponse est toute
simple : ce seront les prêtres d'abord, puis les auto-

rités temporelles consacrées par les prêtres. La réponse sera bien plus difficile pour la théorie de l'Etat fondé sur le libre contrat. Dans une démocratie pure où règne l'égalité, qui pourrait être en effet le gardien et l'exécuteur des lois, le défenseur de la justice et de l'ordre public contre les mauvaises passions de chacun ? — chacun étant déclaré incapable de veiller sur lui-même et de museler, autant que cela est nécessaire pour le salut commun, sa liberté propre, naturellement portée vers le mal. — En un mot, qui remplira les fonctions de l'Etat ?

Les meilleurs citoyens, dira-t-on, les plus intelligents et les plus vertueux, ceux qui comprendront mieux que les autres les intérêts communs de la société et la nécessité pour chacun, le devoir de chacun de leur subordonner tous les intérêts particuliers. Il faut en effet que ces hommes soient aussi intelligents que vertueux, car s'ils étaient seulement intelligents sans vertu, ils pourraient fort bien faire servir la chose publique à leur intérêt privé, et s'ils n'étaient que vertueux sans intelligence, ils la ruineraient infailliblement malgré toute leur bonne foi. Il faut donc, pour qu'une république ne périsse pas, qu'elle possède à toutes les époques un nombre assez considérable d'hommes pareils ; il faut que, pendant toute sa durée, il y ait une succession pour ainsi dire continue de citoyens à la fois vertueux et intelligents.

Voilà une condition qui ne se réalise ni facilement ni souvent. Dans l'histoire de chaque pays, les époques qui offrent un assemblage considérable d'hommes éminents sont marquées comme des époques extraordinaires et qui resplendissent à travers les siècles. Ordinairement, dans les régions du pouvoir, c'est l'insignifiance, c'est le gris qui domine et souvent, comme nous l'avons vu dans l'histoire, c'est le noir et le rouge, c'est-à-dire tous les vices et la violence sanguinaire qui triomphent. Nous pourrions donc en conclure que, s'il était vrai, comme cela résulte clairement de la théorie de l'Etat soi-disant rationnel ou libéral, que la conservation et la durée de toute société politique dépendent d'une succession d'hommes aussi remarquables par leur intelligence que par leur vertu — de toutes les sociétés actuellement existantes, il n'en est pas une seule qui n'aurait dû, depuis longtemps, cesser d'exister. Si nous ajoutons à cette difficulté, pour ne point dire impossibilité, celles qui surgissent de la démoralisation toute particulière attachée au pouvoir, les tentations extraordinaires auxquelles sont infailliblement exposés tous les hommes qui tiennent en leurs mains le pouvoir, l'effet des ambitions, des rivalités, des jalousies et des cupidités gigantesques qui assaillent jour et nuit précisément les plus hautes positions, et contre lesquelles ne garantissent ni l'intelligence, ni même souvent la vertu, — car la vertu de l'homme isolé est fragile, — nous croirons avoir tout le droit de crier au miracle en voyant tant de sociétés exister ! mais passons outre.

Supposons que dans une societé idéale, à chaque époque, il se trouve un nombre suffisant d'hommes également intelligents et vertueux, pour remplir dignement les fonctions principales de l'Etat. Qui les cherchera, qui les trouvera, qui les distinguera et qui mettra en leurs mains les rênes de l'Etat ? S'en empareront-ils eux-mêmes dans la conscience de leur intelligence et de leur vertu ; ainsi que le firent deux sages de la Grèce, Kléobule et Périandre, auxquels, malgré leur grande sagesse supposée, les Grecs n'en attachèrent pas moins le nom odieux des tyrans ? Mais de quelle manière saisiront-ils le pouvoir ? Sera-ce par la persuasion ou par la force ? Si c'est par la première, nous observerons qu'on ne persuade bien que de ce dont on est bien persuadé soi-même et que les meilleurs hommes sont précisément ceux qui sont le moins persuadés de leur propre mérite ; en ont-ils même la conscience, il leur répugne ordinairement de l'imposer aux autres, tandis que les hommes mauvais et médiocres, toujours satisfaits d'eux-mêmes, n'éprouvent aucune répugnance à se glorifier. Mais supposons même que le désir de servir la patrie, ayant fait taire dans les hommes d'un réel mérite cette excessive modestie, ils se présentent eux-mêmes au suffrage de leurs concitoyens, — seront-ils toujours acceptés et préférés par le peuple à des intrigants ambitieux, éloquents et habiles ? Si, au contraire, ils veulent s'imposer par la force, il faut d'abord qu'ils aient à leur disposition une force suffisante pour vaincre la résistance d'un parti entier. Ils arriveront au pouvoir par la guerre civile, au bout de laquelle il y aura un parti non réconcilié mais vaincu et toujours hostile. Pour le contenir, ils devront continuer à user de la force. Ce ne sera donc plus une société libre, mais un Etat despotique fondé sur la violence et dans lequel vous trouverez peut-être beaucoup de choses qui vous paraîtront admirables — mais la liberté jamais.

Pour rester dans la fiction de l'Etat libre issu d'un contrat social, il nous faut donc supposer que la majorité des citoyens aura toujours eu la prudence, le discernement et la justice nécessaires pour élire et pour placer à la tête du gouvernement les hommes les plus dignes et les plus capables. Mais pour qu'un peuple ait montré, non une seule fois et seulement par hasard, mais toujours, dans toutes les élections qu'il aura eu à faire, pendant toute la durée de son existence, ce discernement, cette justice, cette prudence, ne faut-il pas que lui-même, pris en masse, ait atteint un si haut degré de moralité et de culture, qu'il ne doive plus avoir besoin ni de gouvernement, ni d'Etat. Un tel peuple ne peut avoir besoin seulement de vivre, laissant un libre cours à tous ses instincts : la justice et l'ordre public surgiront d'eux-mêmes et naturellement de sa vie, et l'Etat cessant d'être la providence, le tuteur, l'éducateur, le régulateur de la société, renonçant à tout pouvoir répressif, et tombant au rôle subalterne que lui assigne Proudhon, ne sera plus qu'un simple bureau d'affaires, une sorte de comptoir central au service de la société.

Sans doute, une telle organisation politique, ou plutôt une telle réduction de l'action politique, en faveur de la liberté de la vie sociale, serait un grand bienfait pour la société, mais elle ne contenterait nullement les partisans quand même de l'Etat. Il leur faut absolument un Etat-providence, un Etat-directeur de la vie sociale, dispensateur de la justice et régulateur de l'ordre public. C'est-à-dire, qu'ils se l'avouent ou non et lors même qu'ils s'appelleraient républicains, démocrates ou même socialistes, — il leur faut toujours un peuple plus ou moins ignorant, mineur, incapable ou, pour nommer les choses par leur nom, un peuple plus ou moins *canaille* à gouverner ; afin sans doute, que, faisant violence à leur désintéressement et à leur modestie, ils puissent eux-mêmes garder les premières places, afin d'avoir toujours l'occasion de se dévouer à la chose publique et que forts de leur dévouement vertueux et de leur intelligence exclusive, gardiens privilégiés de l'humain troupeau, tout en le poussant pour son bien et le conduisant au salut, ils puissent aussi le tondre un peu.

Toute théorie conséquente et sincère de l'Etat est essentiellement fondée sur le principe de l'*autorité* c'est-à-dire sur cette idée éminemment théologique, métaphysique, politique, que les masses, *toujours* incapables de se gouverner, devront subir en tout temps le joug bienfaisant d'une sagesse et d'une justice qui, d'une manière ou d'une autre, leur seront imposées d'en haut. Mais imposées au nom de quoi et par qui ? L'autorité reconnue et respectée comme telle par les masses, ne peut avoir que trois sources : la force, la religion ou l'action d'une intelligence supérieure. Nous parlerons plus tard des Etats fondés sur la double autorité de la religion et de la force, car tant que nous discutons la théorie de l'Etat fondé sur le libre contrat, nous devons faire abstraction de l'une et de l'autre. Il ne nous reste donc pour le moment que l'autorité de l'intelligence supérieure, représentée toujours, comme on sait, par les minorités.

Que voyons-nous en effet dans tous les Etats passés et présents, lors même qu'ils sont doués des institutions les plus démocratiques, tels que les Etats-Unis de l'Amérique du Nord et la Suisse ? Le self-govern-

ment des masses, malgré tout l'appareil de la toute-
puissance populaire, y reste pour la plupart du temps
à l'état de fiction. En réalité, ce sont les minorités
qui gouvernent. Dans les Etats-Unis, jusqu'à la dernière guerre d'émancipation et même en partie à présent — voire tout le parti du président actuel John-
son — c'étaient et ce sont les soi-disant démocrates,
les partisans quand même de l'esclavage et de la
féroce oligarchie des planteurs, démagogues sans foi
ni conscience, capables de tout immoler à leur cupidité, à leur malfaisante ambition et qui, par leur action et leur influence détestables, exercées à peu près
sans obstacles pendant près de cinquante ans de suite,
ont grandement contribué à dépraver les mœurs politiques dans l'Amérique du Nord. Aujourd'hui, une
minorité réellement intelligente, généreuse, mais tout
de même et toujours une *minorité*, — le parti des républicains, combat avec succès leur politique per-
nicieuse. Espérons que son triomphe sera complet,
espérons-le pour le bien de l'humanité tout entière ;
mais quelle que soit la sincérité de ce parti de la liberté, quelques grands et généreux que soient les
principes qu'il professe, n'espérons pas, qu'une fois
arrivé au pouvoir, il renonce à cette position exclusive de minorité gouvernante, pour se confondre avec
la masse de la nation et pour que le self-governmen
populaire devienne enfin une vérité. Pour cela il

faudra une révolution bien autrement profonde que toutes celles qui ont ébranlé jusqu'ici l'ancien et le nouveau monde.

En Suisse, malgré toutes les révolutions démocratiques qui s'y sont accomplies, c'est encore toujours la classe aisée, la bourgeoisie, c'est-à-dire la minorité privilégiée sous le rapport de la fortune, du loisir et de l'instruction, qui gouverne. La souveraineté du peuple, — mot que nous détestons d'ailleurs parce qu'à nos yeux toute souveraineté est détestable — le gouvernement des masses par elles-mêmes, y est également une fiction. Le peuple est souverain de droit, non de fait, car absorbé forcément par son travail quotidien, qui ne lui laisse aucun loisir, et sinon tout à fait ignorant, au moins très inférieur par son instruction à la classe bourgeoise, il est forcé de remettre aux mains de cette dernière sa prétendue souveraineté. Le seul avantage qu'il en retire, en Suisse comme dans les Etats-Unis de l'Amérique du Nord, c'est que les minorités ambitieuses, les classes politiques n'y peuvent arriver autrement au pouvoir qu'en lui faisant la cour, en flattant ses passions passagères, quelquefois fort mauvaises, et en le trompant le plus souvent.

Qu'on ne pense pas que nous voulons faire par là la critique du gouvernement démocratique au profit de la monarchie. Nous sommes fermement convaincus que la plus imparfaite république vaut mille fois mieux que la monarchie la plus éclairée, car du moins dans la république il est des moments où, quoique continuellement exploité, le peuple n'est pas opprimé, tandis que dans les monarchies il l'est toujours. Et puis le régime démocratique élève peu à peu les masses à la vie publique, ce que la monarchie ne fait jamais. Mais tout en donnant la préférence à la république, nous sommes néanmoins forcés de reconnaître et de proclamer que, quelle que soit d'ailleurs la forme du gouvernement, tant que par suite de l'inégalité *héréditaire* des occupations, des fortunes, de l'instruction et des droits, la société humaine restera partagée en classes différentes, il y aura toujours le gouvernement exclusif et l'exploitation inévitable des majorités par les minorités.

L'Etat n'est autre chose que cette domination et cette exploitation réglées et systématisées. Nous allons tâcher de le démontrer en examinant les conséquences du gouvernement des masses populaires par une minorité d'abord aussi intelligente et aussi dévouée qu'on veut, dans un Etat idéal, fondé sur un libre contrat.

Les conditions du contrat une fois arrêtées, il ne s'agit plus que de les mettre en pratique. Supposons donc qu'un peuple, assez sage pour reconnaître sa propre insuffisance, ait encore la perspicacité nécessaire pour ne confier le gouvernement de la chose publique qu'aux meilleurs citoyens. Ces individus privilégiés ne le sont pas d'abord de droit, mais seulement de fait. Ils ont été élus par le peuple parce qu'ils sont les plus intelligents, les plus habiles, les plus sages, les plus courageux et les plus dévoués. Pris dans la masse des citoyens, supposés tous égaux, ils ne forment pas encore de classe à part, mais un groupe d'hommes privilégiés par la seule nature, et distingués pour cela même par l'élection populaire. Leur nombre est nécessairement fort restreint, car en tout temps et dans tout pays, la quantité d'hommes doués de qualités tellement remarquables, qu'ils s'imposent comme d'eux-mêmes au respect unanime d'une nation, est, comme l'expérience nous l'apprend, très peu considérable. Donc, sous peine de faire de mauvaises élections, le peuple sera toujours forcé de choisir ses gouvernants parmi eux.

Voici donc la société partagée en deux catégories, pour ne pas dire encore en deux classes, dont l'une, composée de l'immense majorité des citoyens, se soumet librement au gouvernement de ses élus ; l'autre, formée d'un petit nombre de natures privilégiées, reconnues et acceptées comme telles par le peuple, et chargées par lui de le gouverner. Dépendants de l'élection populaire, ils ne se distinguent d'abord de la masse des citoyens que par les qualités mêmes qui

les ont recommandés à leur choix, et sont naturellement, parmi tous, les citoyens les plus utiles et les
plus dévoués. Ils ne se reconnaissent encore aucun
privilège, aucun droit particulier, excepté celui d'exercer, tant que le peuple le veut, les fonctions spéciales dont ils sont chargés. Du reste, par leur manière de vivre, par les conditions et les moyens de
leur existence, ils ne se séparent aucunement de tout
le monde, de sorte qu'une parfaite égalité continue
de régner entre tous.

Cette égalité peut-elle se maintenir longtemps ?
Nous prétendons que non, et rien de plus facile que
de le démontrer.

Rien n'est aussi dangereux pour la morale privée
de l'homme que l'habitude du commandement. Le
meilleur homme, le plus intelligent, le plus désinté-
ressé, le plus généreux, le plus pur, se gâtera infailliblement et toujours à ce métier. Deux sentiments inhérents au pouvoir ne manquent jamais de produire
cette démoralisation : *le mépris des masses populaires*
et *l'exagération de son propre mérite*.

Les masses, reconnaissant leur incapacité de se
gouverner par elles-mêmes, m'ont élu pour leur chef.
Par là elles ont hautement proclamé leur *infériorité*
et ma *supériorité*. Parmi cette foule d'hommes, reconnaissant moi-même à peine quelques égaux, je
suis seul capable de diriger la chose publique. Le

peuple a besoin de moi, il ne peut se passer de mes services, tandis que je me suffis à moi-même; il doit donc m'obéir pour son propre salut et, en daignant lui commander, je fais son bonheur. Il y a de quoi perdre la tête et le cœur aussi et devenir fou d'orgueil, n'est-ce pas ? — C'est ainsi que le pouvoir et l'habitude du commandement deviennent pour les hommes, même les plus intelligents et les plus vertueux, une source d'aberration à la fois intellectuelle et morale.

Toute moralité humaine, — et nous nous efforcerons un peu plus loin de démontrer la vérité absolue de ce principe, dont le développement, l'explication et l'application la plus large constituent le but même de cet écrit, — toute morale collective et individuelle repose essentiellement sur *le respect humain*. Qu'entendons-nous par respect humain ? C'est la reconnaissance de l'humanité, du droit humain et de l'humaine dignité en tout homme, quelle que soit sa race, sa couleur, le degré de développement de son intelligence et de sa moralité même. Mais si cet homme est stupide, méchant, méprisable, puis-je le respecter? Sans doute, s'il est tout cela, il m'est impossible de respecter sa vilenie, sa stupidité et sa brutalité; elles me dégoûtent et m'indignent; je prendrai contre elles, au besoin, les mesures les plus énergiques, jusqu'à le tuer même s'il ne me reste pas d'autre moyen de défendre contre lui ma vie, mon droit ou ce qui m'est respectable et cher. Mais au milieu du combat le plus énergique et le plus acharné, et au besoin même mortel contre lui, je dois respecter son caractère humain. — Ma propre dignité d'homme n'est qu'à ce prix. Pourtant, si lui-même ne reconnaît cette dignité en personne, faut-il, peut-on la reconnaître en lui ? S'il est une sorte de bête féroce ou, comme cela arrive quelquefois, pire qu'une bête, reconnaître en lui le caractère humain, ne serait-ce pas tomber dans la fiction ? Non, car quelle que soit sa dégradation intellectuelle et morale actuelle, s'il n'est organiquement ni un idiot, ni un fou, dans lesquels cas il faudrait le traiter non en criminel mais en malade, — s'il est en pleine possession de ses sens et de l'intelligence que la nature lui a départie, son caractère humain, au milieu même de ses plus monstrueux écarts, n'en existe pas moins d'une manière très réelle en lui, comme *faculté, toujours vivante tant qu'il vit de s'élever à la conscience de son humanité, — pour peu que s'effectue un changement radical dans les conditions sociales qui l'ont rendu tel qu'il est.*

Prenez le singe le plus intelligent et le mieux disposé, mettez-le dans les meilleures, dans les plus humaines conditions — vous n'en ferez jamais un homme. Prenez le criminel le plus endurci ou l'homme le plus pauvre d'esprit ; pourvu qu'il n'y ait ni dans l'un, ni dans l'autre, quelque lésion organique qui détermine soit l'idiotisme, soit une incurable folie, vous reconnaîtrez d'abord que, si l'un est devenu criminel, et si l'autre ne s'est pas encore développé jusqu'à la conscience de son humanité et de ses devoirs humains, *la faute n'en est pas à eux ni même à leur nature, mais au milieu social dans lequel ils sont nés et se sont développés.*

———

Nous touchons ici au point le plus important de la question sociale et de la science de l'homme en général. Nous avons déjà répété à plusieurs reprises que *nous nions d'une manière absolue le libre arbitre,* dans le sens qu'attachent à ce mot la théologie, la métaphysique et la science juridique; c'est-à-dire dans celui de la détermination spontanée de la volonté individuelle de l'homme par elle-même, indépendamment de toute influence tant naturelle que sociale.

*Nous nions l'existence d'une âme, d'un être moral séparé et séparable du corps.* Nous affirmons, au contraire, qu'*aussi bien que le corps de l'individu, avec toutes ses facultés et prédispositions instinctives, n'est rien que la résultante de toutes les causes géné-*

*rales et particulières qui ont déterminé son organi-*
*sation individuelle, — ce que l'on appelle impropre-*
*ment son âme : ses capacités intellectuelles et morales,*
*sont les produits directs ou, pour mieux dire, l'ex-*
*pression naturelle, immédiate de cette organisation*
*même et notamment du degré de développement orga-*
*nique auquel, par le concours de toutes ces causes*
*indépendantes de sa volonté, est arrivé son cerveau.*

Tout individu, même le plus modeste, est le produit des siècles ; l'histoire des causes qui ont concouru
à sa formation n'a point de commencement. Si nous
avions le don qu'aucun ne possède et ne possédera
jamais : celui de reconnaître et d'embrasser l'infinie
diversité des transformations de la matière ou de l'E-
tre qui se sont fatalement succédé seulement depuis
la naissance de notre globe terrestre jusqu'à la sienne,
nous pourrions, sans l'avoir connu jamais, dire
avec une précision presque mathématique quelle est
sa nature organique, déterminer jusqu'aux moindres
détails la mesure et le caractère de ses facultés intellectuelles et morales, — son *âme* en un mot, telle
qu'elle est à la première heure de sa naissance. Dans
l'impossibilité où nous sommes d'analyser et d'embrasser toutes ces transformations successives, nous
dirons sans crainte de nous tromper, que *tout individu*
*humain, au moment où il naît, est entièrement le*
*produit du développement historique, c'est-à-dire*

*physiologique et social de sa race, de son peuple, de sa caste, — si dans son pays il existe des castes, — de sa famille, de ses ancêtres et de la nature individuelle de son père et de sa mère, qui lui ont transmis directement, par voie d'héritage physiologique, — comme point de départ naturel pour lui, et comme détermination de sa nature individuelle, — toutes les conséquences fatales de leur propre existence antérieure, tant matérielle que morale, tant individuelle que sociale, — y compris leurs pensées, leurs sentiments et leurs actes, y compris aussi toutes les différentes vicissitudes de leur vie et les événements grands ou petits auxquels ils ont pris part, y compris également l'immense diversité des accidents auxquels ils ont pu être sujets [1], — avec tout ce qu'ils*

1. Les accidents auxquels l'embryon est sujet durant son développement dans le ventre de sa mère expliquent parfaitement la différence qui existe le plus souvent entre les enfants des mêmes parents et nous font comprendre comment des parents, gens d'esprit, peuvent avoir pour enfant un idiot. Mais ce n'est amais qu'une malheureuse exception due à l'action de quelque cause momentanée et fortuite. La nature, grâce à la non-existence du bon Dieu, n'étant jamais capricieuse et ne faisant rien sans cause suffisante, ne change jamais de tendance et de direction ant qu'elle n'y est point contrainte par une force majeure, de sorte que la règle dans la reproduction de l'espèce humaine, par une succession de couples constituant une famille, doit être celle-ci : *que si chaque couple ajoutait à l'héritage physiologique de ses parents un développement corporel, intellectuel et moral*

*ont hérité de la même manière de leurs propres parents.*

Nous n'avons pas besoin de rappeler, ce que personne d'ailleurs ne conteste, que les différences des races, des peuples, voire même des classes et des familles, sont déterminées par des causes géographiques, ethnographiques, physiologiques, économiques, — (y compris les deux grandes questions : celle des occupations, — de la division du travail collectif de la société, du mode de répartition des richesses et la question de l'alimentation, tant sous le rapport de la quantité que de la qualité), — de même que par des causes historiques, religieuses, philosophiques, juridiques, politiques et sociales ; et que toutes ces causes, en se combinant d'une manière différente pour chaque race, pour chaque nation, et le plus souvent pour chaque province, et pour chaque commune, pour chaque classe et pour chaque famille, donnent à chacune une physionomie à part, c'est-à-dire un type physiologique différent, une somme de prédispositions et de capacités particulières, — indépendamment de la volonté des individus qui les composent et qui en sont complètement les produits.

*nouveau, — comme tout perfectionnement idéal est nécessairement un perfectionnement matériel dû au cerveau, — chaque progéniture nouvelle devrait être, sous tous les rapports, supérieure à ses parents.*

Ainsi tout individu humain, au moment même de sa naissance, est la *résultante matérielle, organique,* de toute cette diversité infinie de causes qui se sont combinées en le produisant. Son âme, — c'est-à-dire sa prédisposition organique au développement des sentiments, des idées et de la volonté, — n'est rien qu'un produit. Elle est complètement déterminée par la qualité physiologique individuelle de son système cérébral et nerveux qui, comme tout le reste de son corps, dépend absolument de la plus ou moins heureuse combinaison de ces causes. Elle constitue principalement ce que nous appelons la nature *particulière, primitive de l'individu.*

Il y a autant de natures différentes qu'il y a d'individus. Ces différences individuelles se manifestent d'autant plus qu'elles se développent davantage, ou plutôt elles ne se manifestent pas seulement davantage, *elles deviennent réellement plus grandes à mesure que les individus se développent, parce que les choses, les circonstances extérieures, — en un mot, les mille causes pour la plupart du temps insaisissables qui influent sur le développement des individus sont elles-mêmes extrêmement différentes.* C'est ce qui fait que, plus un individu avance dans la vie, et plus sa nature individuelle se dessine, et plus il se distingue, tant par ses qualités que par ses défauts, de tous les autres individus.

Jusqu'à quel point la nature particulière ou l'âme de l'individu, — c'est-à-dire les particularités individuelles de l'appareil cérébral et nerveux, sont-elles développées chez un enfant nouveau-né ? — Voici une question dont la solution appartient aux physiologues. Nous savons seulement que toutes ces particularités doivent être nécessairement héréditaires, dans le sens que nous avons tâché d'expliquer, c'est-à-dire déterminées par une infinité de causes les plus diverses, les plus disparates : matérielles et morales, mécaniques et physiques, organiques et spirituelles, historiques, géographiques, économiques et sociales, grandes et petites, constantes et fortuites, immédiates et très éloignées dans l'espace et dans le temps, et *dont la somme ne se combine en un seul Etre vivant et ne s'individualise, pour la première et pour la dernière fois, dans le courant des transformations universelles, que dans cet enfant seulement, qui, dans l'acception tout individuelle de ce mot, n'a jamais eu et n'aura jamais de pareil.*

Reste à savoir jusqu'à quel point et dans quel sens cette nature individuelle se trouve réellement déterminée, au moment où l'enfant sort du ventre de sa mère? Cette détermination est-elle seulement matérielle, ou bien en même temps spirituelle et morale, ne fût-ce que comme tendance et comme capacité naturelle ou comme prédisposition instinctive ? L'enfant naît-il intelligent ou bête, bon ou mauvais, doué ou privé de volonté, disposé à se développer dans le sens d'un talent ou d'un autre ? Peut-il hériter du caractère, des habitudes, des défauts ou des qualités intellectuelles et morales de ses parents et de ses ancêtres?

Voilà des questions excessivement difficiles à résoudre, et nous ne pensons pas que la physiologie et la psychologie expérimentales soient encore arrivées à la maturité et à la hauteur nécessaires pour pouvoir y répondre avec pleine connaissance de cause. Notre illustre compatriote, M. Setchenoff dans son remarquable travail sur l'activité du cerveau dit, que, dans l'immense majorité des cas, les 999/1000 parties du caractère psychique de l'indi[vidu [1]

] sans doute plus ou moins sensibles dans l'homme jusqu'à sa mort. « Je ne prétends pas, dit-il, que par l'éducation on puisse transformer un sot en un homme d'esprit. C'est aussi impossible que de rendre l'ouïe à un individu né sans le nerf acoustique. Je pense seulement qu'en prenant dans leur enfance un nègre, un Laponais ou un Samoyède naturellement intelligents, on pourrait en faire, par une éducation européenne, donnée au milieu même de la société européenne, des hommes

1. Ici il manque une ou plusieurs lignes entre les pp. 64 et 65 des épreuves.

qui, sous le rapport psychique, se distingueraient fort peu d'un européen civilisé. »

En établissant ce rapport entre les 999/1000 parties du caractère psychique qui, selon lui, appartiennent à l'éducation, avec le seul millier qu'il laisse proprement à la naissance, M. Setchenoff n'a sans doute pas entendu parler des exceptions : des hommes de génie ou de talents extraordinaires, ni des idiots et des sots. Il n'a parlé que de l'immense majorité des hommes doués de facultés ordinaires ou moyennes. Ce sont, du point de vue de l'organisation sociale, les plus intéressants, nous dirions presque les seuls intéressants, — car la société est faite pour eux et par eux, non pour les exceptions, ni par les hommes de génie, quelque immense que leur puissance puisse paraître.

Ce qui nous intéresse surtout dans cette question, c'est de savoir si, aussi bien que les facultés individuelles, les *qualités morales* : la bonté ou la méchanceté, le courage ou la lâcheté, la force ou la faiblesse du caractère, la générosité ou l'avarice, l'égoïsme ou l'amour du prochain, et autres qualités positives ou négatives de ce genre, peuvent être, soit physiologiquement héritées des parents, des ancêtres, soit indépendamment de tout héritage, se former par l'effet d'une cause fortuite quelconque, connue ou inconnue, dans l'enfant tant qu'il réside encore dans le ventre de sa mère? — En un mot, si l'enfant peut apporter en naissant des *prédispositions morales quelconques* ?

Nous ne le pensons pas. Pour mieux poser la question, reconnaissons d'abord que, si l'existence de qualités morales *innées* était admissible, cela ne pourrait être qu'à condition qu'elles soient attachées dans l'enfant nouveau-né à quelque détermination ou particularité physiologique, toute matérielle de son organisme : l'enfant au sortir des entrailles de sa mère n'a encore ni âme, ni esprit, ni sentiments, ni même instincts ; il naît à tout cela ; il n'est donc qu'un être physique, et ses facultés et ses qualités, s'il en a, ne peuvent être qu'anatomiques et physiologiques. Ainsi pour qu'un enfant puisse naître bon, généreux, dévoué, courageux ou bien méchant, avare, égoïste et lâche, il faudrait que chacune de ces qualités ou chacun des défauts correspondent à autant de particularités matérielles et pour ainsi dire locales de son organisme, et notamment de son cerveau, ce qui nous ramènerait au système de Gall qui croyait avoir trouvé, pour chaque qualité et pour chaque défaut, sur le crâne, soit des bosses, soit des cavités correspondantes, comme on sait unanimement rejeté par tous les physiologistes modernes.

Mais si elle était fondée, qu'en résulterait-il ? Les défauts, les vices aussi bien que les bonnes qualités, étant innés, il resterait à savoir s'ils peuvent être vaincus ou non par l'éducation ? Dans le premier cas, la faute de tous les crimes commis par les hommes retomberait sur la société, qui n'aurait pas su leur donner une éducation convenable, et non sur eux, qui ne pourraient être considérés au contraire que comme des victimes de cette imprévoyance sociale. Dans le second cas, les prédispositions *innées* étant reconnues comme fatales et incorrigibles, il ne resterait plus à la société que de se défaire de tous les individus affligés de quelque vice naturel ou inné. Seulement, pour ne point tomber elle-même dans le vice horrible de l'hypocrisie, elle devrait reconnaître qu'elle le fait uniquement dans l'intérêt de sa conservation et non dans celui de la justice.

Il est une autre considération qui peut contribuer à éclaicir cette question : dans le monde intellectuel et moral aussi bien que dans le monde physique, le positif seul existe ; le négatif n'existe pas, ne constitue pas un être à part, n'étant rien qu'une diminution plus ou moins considérable du positif. Ainsi le froid n'est qu'une propriété différente de la chaleur, ce n'est rien qu'une absence relative, une diminution très grande de la chaleur ! Il en est de même de l'obscurité qui n'est que la lumière diminuée à l'excès...— L'obscurité et le froid absolus n'existent pas. Dans le monde intellectuel la bêtise n'est qu'une faiblesse d'esprit, et dans le moral la malveillance, la cupidité, la lâcheté ne sont rien que la bienveillance, la générosité. le courage réduits, non à zéro, mais à une très petite quantité. Si petite qu'elle soit, c'est donc toujours une quantité positive et qui, par l'éducation, peut être développée, fortifiée, augmentée dans un sens positif — ce qui ne serait pas si les vices ou les qualités négatives formaient une propriété à part ; il faudrait les tuer, non les développer, car leur développement ne pourrait alors avoir lieu que dans le sens négatif.

Enfin, sans nous permettre de préjuger ces graves questions physiologiques, dans lesquelles nous avouons notre complète ignorance, nous ajoutons, en nous appuyant sur l'autorité unanime en ce point de tous les physiologistes modernes, une dernière considération : il paraît constaté et prouvé que, dans l'organisme humain, il n'y a point de lieux et d'organes séparés pour les facultés instinctives, affectives ou morales et intellectuelles et que toutes s'élaborent dans la *même partie du cerveau* au moyen du *même outillage nerveux* [1], d'où, il semble clairement résul-

1. Voyez le remarquable article de M. Littré « De la méthode en psychologie » dans la revue « la Philosophie positive » : il est physiologiquement avéré, dit l'illustre positiviste, que *le cerveau ne crée rien; il reçoit.* Sa fonction est de faire, avec ce qui lui est transmis (par les sens) des sentiments et des idées ; *mais il n'est pour rien dans ce qui constitue le* substractum *de ces idées et de ces sentiments.* A vrai dire, tout lui vient du dehors, car les dispositions organiques, sans lesquelles ne s'entretiennent ni

ter qu'il ne peut être question de prédispositions morales ou inmorales différentes, fatalement déterminées par l'organisme même  d'un enfant de qualités particulières ou de vices héréditaires et innés, et que l'*innéité morale* ne se distingue d'aucune façon, ni en aucun point de l'*innéité intellectuelle*, l'une et l'autre se réduisant à un plus ou moins haut degré de perfection atteint en général par le développement du cerveau.

« Les dispositions anatomiques et physiologiques de l'intelligence une fois reconnues, dit M. Littré (p. 355), on peut pénétrer au loin de son histoire. Tant qu'elle n'a pas été remaniée et enrichie par la

la vie individuelle ni la vie collective et sans lesquelles aussi il n'y aurait pas de sentiment, *sont tellement extérieures* (à l'homme), que la  nature les réalise indépendamment de tout terme cérébral ou  psychique, dans les végétaux et surtout dans les animaux les plus inférieurs. Il en résulte qu'il faut modifier quelque peu le sens du mot *subjectif*. Subjectif ne peut signifier quelque chose qui soit préexistant au développement de l'être humain, tel qu'un *moi*, une idée, un sentiment, un idéal ; il ne peut signifier que *la faculté d'élaboration départie aux cellules nerveuses* ; excepté en ce sens, le subjectif est toujours mêlé d'objectif. (n° 111, p. 302). — Et (p. 343-44) il dit encore : « Le jugement n'est point une faculté planant sur les impressions qui lui sont amenées ; son office unique (activité  toute physiologique) est de les comparer pour en tirer une conclusion ; mais, il n'a aucune juridiction sur elles. L'*hallucination* le prouve ; *c'est la production d'impressions sans que  rien d'objectif* les provoque ; par  le jeu  morbide  des  cellules  nerveuses  chargées de civilisation, ne possédant que des *idées simples* [1] produites par les impressions tant internes qu'externes [2], *elle est au plus bas* ; et pour s'élever au plus haut elle n'a que la *rétention* et l'*association* [3], mais cela suffit. Peu à peu se forment des *combinaisons complètes* qui augmentent la force et le champ de l'activité céré-

la transmission, les impressions illusoires arrivent au centre intellectuel (« la substance grise des circonvolutions de cette partie du cerveau, qui occupe toute la partie supérieure et antérieure de la cavité crânienne ou du cerveau proprement dit »), comme si elles étaient réelles ; le jugement s'en emparant, travaille nécessairement sur ces matériaux fictifs et les conceptions imaginaires apparaissent. Au reste, sauf la lésion pathologique, une preuve toute semblable est fournie par le développement historique des conceptions humaines. *Au début les observations — à part les plus simples — sont fautives, et le jugement est fautif à leur suite* ; on voit le soleil se lever à l'est et se coucher à l'ouest, et là-dessus le jugement bâtit une conception erronée qu'il ne rectifie qu'à d'aide d'autres observations meilleures. *Si le jugement était primordial, non subséquent, l'histoire humaine aurait été différente* (l'humanité n'aurait point eu pour ancêtre un cousin du gorille) : *les grandes lumières seraient à l'origine*, d'où dériveraient par déductions les lumières secondaires ; telle est en effet l'hypothèse théologique..... » M. Littré aurait pu ajouter : et métaphysique et juridique *aussi*.

1. Nous aurions dit les notions primordiales ou *même les* simples représentations des objets.

2. Les impressions sensorielles que l'individu au moyen de ses nerfs reçoit des objets tant *extérieurs* qu'intérieurs.

3. La rétention des simples idées par la mémoire et leur association par l'activité même du cerveau.

brale [1] ; et de période en période, on entreprend de plus grands travaux intellectuels. *L'outillage mental* s'accroît et se perfectionne, et sans outillage on ne fait rien de considérable, pas plus dans le domaine de l'intelligence que dans celui de l'industrie.

« A mesure que cette élaboration s'effectue, elle appelle à son aide une importante propriété de la vie, je veux dire l'*hérédité* qui tend à la consolider présentement et à la faciliter ultérieurement. *Ses nouvelles aptitudes mentales, une fois acquises, se transmettent*, cela est un fait expérimental, *aux descendants sous la forme d'innéités* ; innéités secondaires, tertiaires, qui, dans le domaine mental, créent des espèces de races humaines perfectionnées. On le voit quand des populations, qui n'ont pas suivi les mêmes filières, se rencontrent ; l'inférieure, ou disparaît ou ne peut qu'après un long temps se mettre au niveau de la supérieure. »

Plus loin, après avoir cité les paroles de M. Luys : « La sphère cérébrale où règnent les passions affectives et celle où siègent les manifestations purement intellectuelles sont unies par des liens d'une stricte et intime solidarité. » — M. Littré ajoute [2] :

« *Cette similitude parfaite entre l'intellect et le*

1. Par l'association des simples idées.
2. P. 357.

*sentiment*, à savoir un fonds où les nerfs puisent [1], un centre où ce qu'ils puisent est élaboré [2], joint à l'identité des deux centres, tout cela indique que la *physiologie du sentiment ne peut pas être différente de celle de l'intellect* :

» En conséquence, *de même qu'il a fallu renoncer à chercher dans le cerveau des organes pour les affections ou passions et n'y voir que des activités affectives qu'il s'agit de déterminer.*

» La source des idées étant dans les impressions sensorielles, la source des sentiments est dans les im-

1. Le fonds où les nerfs puisent les impressions tant sensorielles qu'instinctives, le *sensorium commun*, c'est d'après M. Littré et M. Luys, *la couche optique* où viennent aboutir toutes les impressions sensitives tant externes qu'internes, — c'est-à-dire soit produites par les objets extérieurs, soit émanées de la trame des viscères ou les organes de l'intérieur, — et qui « par un système de fibres et de communications les transmet à la substance corticale (substance grise) des circonvolutions du cerveau proprement dit — siège des facultés tant affectives qu'intellectuelles » (pp. 340-41).

2. La substance grise du cerveau proprement dit composée de cellules nerveuses : « Il est établi que les cellules nerveuses qui composent la substance du cerveau, étant anatomiquement l'aboutissement (dernier) des nerfs et, par eux, de toutes les impressions internes, ont *fonctionnellemnt*, l'office de faire de ces impressions des idées ; les idées une fois faites, de les juger par différences et par ressemblance, de les retenir par la mémoire, de les réunir par l'association. *Rien de plus, rien de moins.* Tout le développement intellectuel de l'homme a son point de départ dans ces conditions anatomiques et physiologiques » (p. 352).

pressions *instinctives*. L'office des cellules nerveuses est de transformer en sentiments les impressions instinctives. Le problème de l'origine des sentiments est exactement parallèle à celui de l'origine des idées.

» Ce genre d'activité cérébrale s'exerce sur deux ordres d'impressions instinctives, celles qui appartiennent aux *instincts d'entretien de la vie individuelle* et celles qui appartiennent aux *instincts d'entretien de la vie de l'espèce*. La première catégorie y est transformée en *amour-propre*, et la seconde en *amour d'autrui* ; sous la forme primordiale d'amour d'un sexe, l'un pour l'autre, de la mère pour l'enfant et de l'enfant pour la mère.

» A ce point, un coup d'œil sur la physiologie comparée n'est pas déplacé. Chez les poissons qui sont cérébralement au plus bas degré de l'échelle des vertébrés, et qui ne connaissent ni la famille, ni les petits, l'instinct reste purement sexuel. Mais le sentiment auquel il donne naissance commence à se manifester chez plusieurs mammifères et oiseaux ; un vrai ménage s'établit, seulement il n'est la plupart du temps que temporaire. Il en est de même de l'ébauche de famille qui suscite l'œuvre des parents pour les petits et des petits pour les parents. Enfin chez plusieurs, l'homme entre autres, il se forme entre les familles des liens de même nature qu'entre les membres mêmes de la famille ; et la sociabilité naît ça et là sur quelques points du règne animal.

» Le fondement étant ainsi posé, il n'est pas malaisé de concevoir *que, des sentiments primordiaux*, à mesure que l'existence se complique, tant pour l'individu que pour la société, *il se forme des sentiments secondaires et des combinaisons de sentiments qui deviennent aussi indissolubles que le sont, dans l'intellect, les idées associées* » (p. 357).

Ainsi, il paraît avéré qu'il n'existe point dans le cerveau d'*organes spéciaux*, soit pour les diverses facultés intellectuelles, soit pour les différentes qualités, affections et passions morales bonnes ou mauvaises. Par conséquent, les qualités ou les défauts ne peuvent être ni hérités, ni innés, cette hérédité et cette innéité, avons-nous dit, ne pouvant être dans le nouveau-né que physiologique, matérielle. En quoi donc peut consister le perfectionnement progressif, historiquement transmissible du cerveau, tant sous le rapport intellectuel que sous le rapport moral ? Uniquement dans le développement harmonieux de tout le système cérébral et nerveux, c'est-à-dire tant de la justesse, de la finesse et de la vivacité des impressions nerveuses, que de la capacité du cerveau de transformer ces impressions en sentiments, en idées, et de combiner, d'embrasser et de retenir toujours de plus vastes associations de sentiments et d'idées.

Il est probable que, si dans une race, une nation, une classe, une famille, par suite de sa nature particulière, toujours déterminée par son histoire, par sa position géographique, économique, par la nature de ses occupations, par la quantité et par la qualité de sa nourriture, aussi bien que par son organisation politique et sociale, par toute sa vie en un mot, et par le caractère ou par le degré de son développement intellectuel et moral, — que si par suite de toutes ces déterminations particulières, un ou quelques-uns des systèmes de fonctions organiques, dont l'ensemble constitue la vie d'un corps humain, se trouvent développés au détriment de tous les autres systèmes, dans les parents, — il est probable, presque certain, disons-nous, que leur enfant héritera, à tel ou tel autre degré de cette fâcheuse désharmonie, — sauf à la réparer autant qu'il sera possible, et par son propre travail postérieur sur lui-même et quelquefois aussi par des révolutions sociales, sans lesquelles l'établissement d'une plus parfaite harmonie, dans le développement physiologique des individus, pris à part, peut être souvent impossible.

Dans tous les cas, disons-le, l'harmonie absolue dans le développement du corps humain et, par conséquent, aussi dans celui des humaines facultés musculaires, instinctives, intellectuelles et morales, est un idéal dont la réalisation ne sera jamais possible ;

d'abord parce que l'histoire pèse physiologiquement, plus ou moins (et vienne le temps où l'on pourra dire de moins en moins), — sur tous les peuples comme sur tous les individus, et ensuite parce que chaque famille et chaque peuple se trouvent toujours entourés de circonstances et de conditions différentes, parmi lesquelles quelques-unes du moins seront toujours contraires à leur développement complet et normal.

Aussi, ce qui se transmet par voie d'héritage de génération à génération et ce qui peut être *physiologiquement inné* dans les individus naissant à la vie, ce ne sont ni les qualités, ni les vices, ni aucune idée, ni association de sentiments et d'idées, mais uniquement l'outillage tant musculaire que nerveux : *les organes plus ou moins perfectionnés et harmonisés*, par lesquels l'homme se meut, respire et se sent, reçoit les impressions extérieures et retient, imagine, juge, combine, associe et embrasse les sentiments et les idées, qui ne sont autre chose que ces impressions mêmes, tant externes qu'internes, groupées et transformées d'abord en représentations concrètes, puis en notions abstraites, par l'activité toute physiologique et, ajoutons-le, tout à fait involontaire du cerveau.

Les associations de sentiments et d'idées, dont le développement et les transformations successives constituent toute la partie intellectuelle et morale de l'histoire de l'humanité, ne déterminent pas, dans le

cerveau humain, la formation de nouveaux organes,
correspondants à chacune prise à part, ne peuvent être
transmises aux individus par voie d'héritage physiologique. — Ce qui s'hérite physiologiquement c'est
l'aptitude de plus en plus fortifiée, élargie et perfec-
tionnée de les concevoir et d'en créer de nouvelles.
Mais les associations mêmes et les idées complexes
qui les représentent, telles que l'idée de Dieu, de la
patrie, de la morale, etc., ne pouvant jamais être
innées, ne sont transmises aux individus que par la
voie *de la tradition sociale et de l'éducation.* Elles
saisissent l'enfant dès le premier jour de sa naissance,
et comme elles se sont déjà incarnées dans la vie qui
l'entoure, dans tous les détails, tant matériels que
moraux, du monde social au milieu duquel il est né,
elles pénètrent de mille façons différentes dans sa
conscience d'abord enfantine, puis adolescente et ju-
vénile, qui naît, grandit et se forme sous leur toute-
puissante influence.

Prenant l'éducation dans le sens le plus large de ce
mot, y comprenant non seulement l'instruction et les
leçons de morale, mais encore et surtout les exemples
que donnent à l'enfant toutes les personnes qui l'entourent ; l'influence de tout ce qu'il entend, de ce qu'il
voit ; et non seulement la culture de son esprit, mais
encore le développement de son corps par la nourriture, par l'hygiène, par l'exercice de ses membres et de

sa force physique, — nous dirons, avec pleine certitude de ne pouvoir être sérieusement contredits par personne, que tout enfant, tout adulte, tout jeune homme et enfin tout homme mûr est le pur produit du monde qui l'a nourri et qui l'a élevé dans son sein — un produit fatal, involontaire et par conséquent irresponsable.

Il entre dans la vie sans âme, sans conscience, sans l'ombre d'une idée ou d'un sentiment quelconque, mais avec un organisme humain dont l'individuelle nature se trouve déterminée par une infinité de circonstances et de conditions, antérieures à la naissance même de sa volonté, et qui détermine à son tour sa plus ou moins grande capacité d'acquérir et de s'approprier des sentiments, des idées et des associations de sentiments et d'idées élaborées par des siècles et transmises à chacun *comme un héritage social*, par l'éducation qu'il reçoit. Bonne ou mauvaise, cette éducation s'impose à lui — il n'en est aucunement responsable. Elle le forme, autant que sa nature individuelle plus ou moins heureuse le permet pour ainsi dire à son image, de sorte qu'il pense, qu'il sent et qu'il veut ce que tout le monde, autour de lui, veut, sent et pense.

Mais alors, demandera-t-on peut-être, comment expliquer que l'éducation en apparence, du moins la plus identique, produise souvent, sous le rapport du

développement du caractère, de l'esprit et du cœur,
les résultats les plus différents ? Et d'abord, les natures ne naissent-elles pas différentes ? Cette différence
naturelle et innée, si petite qu'elle soit, est pourtant
positive et réelle : différence de tempéraments, d'é-
nergie vitale, de prédominance de tel sens ou de tel
groupe de fonctions organiques sur un autre, de vivacité et de capacités naturelles. Nous avons tâché de
prouver que les vices aussi bien que les qualités morales, faits de conscience individuelle et sociale, ne
peuvent être physiquement hérités et qu'aucune détermination physiologique ne peut condamner
l'homme au mal ; le rendre irrévocablement incapable de bien ; mais nous n'avons nullement songé à
nier qu'il n'y ait des natures très différentes, dont les
unes, plus heureusement douées, ne soient plus capables d'un large développement humain que les autres.
Nous pensons, il est vrai qu'on exagère trop aujour-
d'hui les différences naturelles qui séparent les individus et qu'il faut attribuer la plus grande partie de
celles qui existent entre eux, non tant à la nature qu'à
l'éducation différente qui a été répartie à chacun.
Pour décider cette question, il faudrait, en tout cas,
que les deux sciences qui sont appelées à la résoudre :
la psychologie physiologique ou la science du cerveau
et la pédagogie, qui est celle de l'éducation ou du développement social du cerveau, sortissent de l'état

d'enfance dans lequel elles se trouvent encore toutes les deux maintenant. Mais la différence physiologique des individus, à quelque degré que ce soit, une fois admise, il en résulte évidemment qu'un système d'éducation excellent en lui-même, en tant que système abstrait, peut être bon pour l'un, mauvais pour un autre.

Pour être parfaite, l'éducation devrait être beaucoup plus individualisée qu'elle ne l'est aujourd'hui, individualisée dans le sens de la liberté et uniquement par le respect de la liberté, même dans les enfants. Elle devrait avoir pour objet non la *dressure* du caractère, de l'esprit et du cœur, mais leur réveil à une activité indépendante et libre, et ne poursuivre d'autre but que la création de la liberté, ni d'autre culte ou plutôt d'autre morale, d'autre objet de respect : que la liberté de chacun et de tous ; que la simple justice, non juridique mais humaine ; la simple raison, non théologique, ni métaphysique, mais scientifique, et le travail tant musculaire que nerveux, comme base première et obligatoire pour tous, de toute dignité, de toute liberté et du droit. — Une telle éducation, répartie largement à tout le monde, aux femmes comme aux hommes, dans des conditions économiques et sociales fondées sur la stricte justice, ferait évanouir bien de soi-disant différences naturelles.

Si imparfaite qu'ait été l'éducation — pourra-t-on

nous répondre, —toujours est-il qu'elle seule ne saurait expliquer ce fait incontestable qu'au sein des familles les plus dépourvues de sens moral, on rencontre assez souvent des individus qui nous frappent par la noblesse de leurs instincts et de leurs sentiments, et qu'au contraire au milieu des familles moralement et intellectuellement les mieux développées, se montrent encore plus souvent des individus bas d'esprit et de cœur; ce fait semble contredire d'une manière absolue l'opinion qui fait résulter la plus grande partie des qualités intellectuelles et morales de l'homme de l'éducation qu'il a reçue. Mais ce n'est qu'une contradiction apparente. En effet, bien que nous ayons affirmé que dans l'immense majorité des cas l'homme est presque entièrement le produit des conditions sociales au milieu desquelles il se forme, et que nous n'ayons laissé à l'héritage physiologique, aux qualités naturelles qu'il apporte en naissant, qu'une part d'action comparativement assez faible, nous n'avons pas nié cette dernière; et même nous avons reconnu que dans certains cas exceptionnels, dans les hommes de génie ou de grand talent par exemple, aussi bien que dans les idiots ou dans les natures très perverses, cette part de l'action ou de la détermination naturelle sur le développement de l'individu — détermination aussi fatale que l'influence de l'éducation et de la société, peut être même fort grande. — Le dernier mot sur toutes ces questions appartient à la physiologie cérébrale et celle-ci n'est pas encore arrivée à un point qui lui permette de les résoudre aujourd'hui, même approximativement. La seule chose que nous puissions affirmer avec certitude aujourd'hui, c'est que toutes ces questions se débattent entre deux fatalismes : le fatalisme naturel, organique, physiologiquement héréditaire et celui de l'héritage, et de la tradition sociale, de l'éducation et de l'organisation publique, économique et sociale de chaque pays. — Il n'y a point de place pour le libre arbitre.

Mais en dehors de la détermination naturelle, positive ou négative de l'individu, qui, plus ou moins, peut le mettre en contradiction avec l'esprit qui règne dans toute sa famille, il peut exister pour chaque cas particulier d'autres causes occultes et qui, pour la plupart du temps, restent toujours ignorées, mais que nous devons néanmoins prendre en grande considération. Un concours de circonstances particulières, un événement imprévu, un accident quelquefois très insignifiant par lui-même, la rencontre fortuite d'une personne, quelquefois un livre qui tombe entre les mains d'un individu dans un moment propice — tout cela, dans un enfant, dans un adolescent ou dans un jeune homme, lorsque son imagination fermente et qu'elle est encore tout ouverte aux impressions de la vie, peut produire une révolution radicale en bien comme en mal. Ajoutez-y l'élasticité qui est propre à toutes les jeunes natures, surtout lorsqu'elles sont douées d'une certaine énergie naturelle, laquelle les fait révolter contre les influences trop impérieuses et trop despotiquement persistantes et grâce à laquelle quelquefois l'excès même du mal peut produire le bien.

L'excès du bien ou de ce qu'on appelle généralement le bien peut-il, à son tour, produire le mal ? Oui, lorsqu'il s'impose comme une loi despotique, absolue, soit religieuse, soit doctrinaire-philosophique, soit politique, juridique, sociale, ou comme loi patriarcale de la famille — en un mot, lorsque tout bien qu'il paraît être ou qu'il est réellement, il s'impose à l'individu comme la négation de la liberté et n'en est pas lui-même le produit. Mais alors la révolte contre le bien, ainsi imposé, n'est pas seulement naturelle, elle est légitime : loin d'être un mal elle est un bien au contraire ; car il n'est point de bien en dehors de la liberté, et la liberté est la source et la condition absolue de tout bien, qui soit véritablement digne de ce nom, le *bien n'étant autre chose que la liberté.*

Développer et prouver cette vérité qui nous paraît si simple, tel est l'unique but de cet écrit. Retournons maintenant à notre question.

L'exemple, de la même contradiction ou anomalie

apparente nous est offert souvent, dans une sphère plus large, par l'histoire des nations. Comment expliquer, par exemple, que dans la nation juive, la plus étroite jadis et la plus exclusive qu'il y ait eue au monde ; tellement exclusive et étroite que, reconnaissant le privilège pour ainsi dire absolu, la divine élection comme base principale de toute son existence nationale, elle s'est posée elle-même comme peuple favorisé entre tous, jusqu'au point de s'imaginer que son Dieu, Jehovah — Dieu le père des chrétiens — poussant sa sollicitude pour lui jusqu'à la plus sauvage cruauté envers toutes les autres nations, lui avait ordonné l'extirpation par le fer et le feu de tous les peuples qui avaient occupé avant lui la Terre-promise, afin de déblayer le terrain à son peuple-Messie ; — comment s'expliquer qu'un personnage comme Jésus-Christ, le fondateur de la religion cosmopolite ou mondiale, et par là même le destructeur de l'existence même de la nation juive, comme corps politique et social, ait pu naître en son sein ? Comment ce monde, exclusivement national est-il parvenu à produire un réformateur, un révolutionnaire religieux comme l'apôtre [1] . . . . . . . . . . . . . . .

1. La suite de cet écrit est perdue ou introuvable, si toutefois elle a été élaborée.

# AUX COMPAGNONS

DE L'ASSOCIATION INTERNATIONALE DES TRAVAILLEURS<br>DU LOCLE ET DE LA CHAUX-DE-FONDS.

———

Amis et frères [1],

Avant de quitter vos montagnes, j'éprouve le besoin de vous exprimer encore une fois, par écrit, ma gratitude profonde pour la réception fraternelle que vous m'avez faite. N'est-ce pas une chose merveilleuse qu'un homme, un Russe, un ci-devant noble, qui jusqu'à cette dernière heure vous a été parfaitement inconnu, et qui a mis pour la première fois le pied dans votre pays, à peine arrivé, se trouve entouré de plusieurs centaines de frères! Ce miracle ne peut plus être réalisé aujourd'hui que par *l'Association inter-*

1. Genève, le 23 février 1869. — *Le Progrès*, 6 (1er mars 1869), pp. 2-3.

*nationale des travailleurs*, et cela par une simple raison : elle seule représente aujourd'hui la vie historique, la puissance créatrice de l'avenir politique et social. Ceux qui sont unis par une pensée vivante, par une volonté et par une grande passion communes, sont réellement frères, lors même qu'ils ne se connaissent pas.

Il y eut un temps où la bourgeoisie, douée de la même puissance de vie et constituant exclusivement la classe historique, offrait le même spectacle de fraternité et d'union aussi bien dans les actes que dans la pensée. Ce fut le plus beau temps de cette classe, toujours respectable sans doute, mais désormais impuissante, stupide et stérile, l'époque de son plus énergique développement. Elle fut ainsi avant la grande révolution de 1793 ; elle le fut encore, quoique à un bien moindre degré, avant les révolutions de 1830 et de 1848. Alors la bourgeoisie avait un monde à conquérir, une place à prendre dans la société, et organisée pour le combat, intelligente, audacieuse, se sentant forte du droit de tout le monde, elle était douée d'une toute-puissance irrésistible : elle seule a fait contre la monarchie, la noblesse et le clergé réunis les trois révolutions.

A cette époque la bourgeoisie aussi avait créé une association internationale, universelle, formidable, la *Franc-Maçonnerie*.

On se tromperait beaucoup si l'on jugeait de la Franc-Maçonnerie du siècle passé, ou même de celle du commencement du siècle présent, d'après ce qu'elle est aujourd'hui. Institution par excellence bourgeoise, dans son développement, par sa puissance croissante d'abord et plus tard par sa décadence, la Franc-Maçonnerie a représenté en quelque sorte le développement, la puissance et la décadence intellectuelle et morale de la bourgeoisie. Aujourd'hui, descendue au triste rôle d'une vieille intrigante radoteuse, elle est nulle, inutile, quelquefois malfaisante et toujours ridicule, tandis qu'avant 1830 et avant 1793 surtout, ayant réuni en son sein, à très peu d'exceptions près, tous les esprits d'élite, les cœurs les plus ardents, les volontés les plus fières, les caractères les plus audacieux, elle avait constitué une organisation active, puissante et réellement bienfaisante. C'était l'incarnation énergique et la mise en pratique de l'idée humanitaire du xviiie siècle. Tous ces grands principes de liberté, d'égalité, de fraternité, de la raison et de la justice humaines, élaborés d'abord théoriquement par la philosophie de ce siècle, étaient devenus au sein de la Franc-Maçonnerie des dogmes pratiques et comme les bases d'une morale et d'une politique nouvelles, — l'âme d'une entreprise gigantesque de démolition et de reconstruction. La Franc-Maçonnerie n'a été rien moins, à cette époque, que la conspiration universelle de la bourgeoisie révolutionnaire contre la tyrannie féodale, monarchique et divine. — Ce fut l'Internationale de la bourgeoisie.

On sait que presque tous les acteurs principaux de la première révolution ont été des Francs-Maçons, et que lorsque cette révolution éclata, elle trouva, grâce à la Franc-Maçonnerie, des amis et des coopérateurs dévoués et puissants dans tous les autres pays, ce qui assurément aida beaucoup son triomphe. Mais il est également évident que le triomphe de la révolution a tué la Franc-Maçonnerie, car la révolution ayant comblé en grande partie les vœux de la bourgeoisie et lui ayant fait prendre la place de l'aristocratie nobiliaire, la bourgeoisie, après avoir été si longtemps une classe exploitée et opprimée, est devenue tout naturellement à son tour la classe privilégiée, exploitante, oppressive, conservatrice et réactionnaire, l'amie et le soutien le plus ferme de l'Etat. Après le coup d'Etat du premier Napoléon, la Franc-Maçonnerie était devenue, dans une grande partie du continent européen, une institution impériale.

La Restauration la ressuscita quelque peu. En se voyant menacée du retour de l'ancien régime, contrainte de céder à l'église et à la noblesse coalisées la place qu'elle avait conquise par la première révolution, la bourgeoisie était forcément redevenue révolutionnaire. Mais quelle différence entre ce révolutionarisme réchauffé et le révolutionarisme ardent et puissant qui l'avait inspirée à la fin du siècle dernier! Alors la bourgeoisie avait été de bonne foi, elle avait cru sérieusement et naïvement aux droits de l'homme, elle avait été poussée, inspirée par le génie de la démolition et de la reconstruction, elle se trouvait en pleine possession de son intelligence, et dans le plein développement de sa force; elle ne se doutait pas encore qu'un abîme la séparait du peuple; elle se croyait, se sentait, elle était réellement la représentante du peuple. La réaction thermidorienne et la conspiration de Babeuf l'ont à jamais privée de cette illusion. — L'abîme qui sépare le peuple travailleur de la bourgeoisie exploitante, dominante et jouissante s'est ouvert, et il ne faut rien moins que le corps de la bourgeoisie tout entière, toute l'existence privilégiée des bourgeois, pour le combler.

Aussi ne fut-ce plus la bourgeoisie tout entière, mais seulement une partie de la bourgeoisie qui se remit à conspirer après la Restauration, contre le régime clérical, nobiliaire et contre les rois légitimes.

Dans ma prochaine lettre, je vous développerai, si vous voulez bien me le permettre, mes idées sur cette dernière phase du libéralisme constitutionnel et du carbonarisme bourgeois.

## SECONDE LETTRE [1].

J'ai dit dans un article précédent que les tentatives réactionnaires, légitimistes, féodales et cléricales avaient fait revivre l'esprit révolutionnaire de la bourgeoisie, mais qu'entre cet esprit nouveau et celui qui l'avait animée avant 1793 il y avait une différence énorme. Les bourgeois du siècle passé étaient des géants en comparaison desquels les plus osants de la bourgeoisie de ce siècle n'apparaissent que comme des pygmées.

Pour s'en assurer, il n'y a qu'à comparer leurs programmes. Quel a été celui de la philosophie et de la grande révolution du xviii<sup>e</sup> siècle? Ni plus ni moins que l'émancipation intégrale de l'humanité tout entière; la réalisation du droit et de la liberté réelle et complète pour chacun, par l'égalisation politique et sociale de tous; le triomphe de l'humain sur les débris du monde divin; le règne de la justice et de la fraternité sur la terre. — Le tort de cette philosophie et de cette révolution, c'était de n'avoir pas compris que la réalisation de la fraternité humaine était impossible, tant qu'il existerait des Etats, et que l'aboli-

1. Genève, le 28 mars 1869. — *Le Progrès*, 7 (3 avril 1869), pp. 2-3.

tion réelle des classes, l'égalisation politique et sociale des individus ne deviendra possible que par
l'égalisation des moyens économiques d'éducation,
d'instruction, du travail et de la vie pour tous. Toutefois, on ne peut faire un reproche au xviiie siècle de
ce qu'il n'a pas compris cela. La science sociale ne se
crée et ne s'étudie pas seulement dans les livres; elle
a besoin des grands enseignements de l'histoire, et il
a fallu faire la révolution de 1789 et de 1793, il a
fallu repasser par les expériences de 1830 et de 1848,
pour arriver à cette conclusion désormais irréfraga-
ble, que toute révolution politique qui n'a pas pour
but *immédiat et direct* l'égalité économique n'est, au
point de vue des intérêts et des droits populaires,
qu'une réaction hypocrite et masquée.

Cette vérité si évidente et si simple était encore inconnue à la fin du xviiie siècle, et lorsque Babeuf vint
poser la question économique et sociale, la puissance
de la révolution était déjà épuisée. Mais il n'en reste
pas moins à cette dernière l'honneur immortel d'a-
voir posé le plus grand problème qui ait jamais été
posé dans l'histoire, celui de l'émancipation de l'humanité tout entière.

En comparaison de ce programme immense, voyons
quel but poursuit le programme du libéralisme révolutionnaire, à l'époque de la Restauration et de la
monarchie de Juillet? La soi-disant liberté bien sage,

bien modeste, bien réglementée, bien restreinte, toute faite pour le tempérament amoindri d'une bourgeoisie à demi rassassiée et qui, lasse de combats et impatiente de jouir, se sentait déjà menacée, non plus d'en haut, mais d'en bas, et voyait avec inquiétude poindre à l'horizon, comme une masse noire, ces innombrables millions de prolétaires exploités, las de souffrir et se préparant aussi à réclamer leur droit.

Dès le début du siècle présent, ce spectre naissant, qu'on a plus tard baptisé du nom de spectre rouge, ce fantôme terrible du droit de tout le monde opposé aux privilèges d'une classe d'heureux, cette justice et cette raison populaires, qui, en se développant davantage, doivent réduire en poussière les sophismes de l'économie, de la jurisprudence, de la politique et de la métaphysique bourgeoises, deviennent au milieu des triomphes modernes de la bourgeoisie, ses trouble-fêtes incessants, les amoindrisseurs de sa confiance, de son esprit.

Et pourtant, sous la Restauration, la question sociale était encore à peu près inconnue, ou pour mieux dire, oubliée. Il y avait bien quelques grands rêveurs isolés, tels que Saint-Simon, Robert Owen, Fourier, dont le génie ou le grand cœur avaient deviné la nécessité d'une transformation radicale de l'organisation économique de la société. Autour de chacun d'eux se groupait un petit nombre d'adeptes dévoués et ardents,

formant autant de petites églises, mais aussi ignorés
que les maîtres, et n'exerçant aucune influence au dehors. Il y avait encore le testament communiste de
Babeuf, transmis par son illustre compagnon et ami,
Buonarotti, aux prolétaires les plus énergiques, au
moyen d'une organisation populaire et secrète. Mais
ce n'était alors qu'un travail souterrain, dont les manifestations ne se firent sentir que plus tard, sous la
monarchie de Juillet, et qui sous la Restauration ne
fut aucunement aperçu par la classe bourgeoise. —
Le peuple, la masse des travailleurs restait tranquille
et ne revendiquait encore rien pour elle-même.

Il est clair que si le spectre de la justice populaire
avait une existence quelconque à cette époque, ce ne
pouvait être que dans la mauvaise conscience des
bourgeois. D'où venait-elle, cette mauvaise conscience ?
Les bourgeois qui vivaient sous la Restauration
étaient-ils, comme individus, plus méchants que leurs
pères qui avaient fait la Révolution de 1789 et de
1793 ? Pas le moins du monde. C'étaient à peu près
les mêmes hommes, mais placés dans un autre milieu,
dans d'autres conditions politiques, enrichis d'une
nouvelle expérience, et par conséquent ayant une autre conscience.

Les bourgeois du siècle dernier avaient sincèrement
cru qu'en s'émancipant eux-mêmes du joug monarchique, clérical et féodal, ils émanciperaient avec eux

tout le peuple. Et cette naïve et sincère croyance ce fut la source de leur audace héroïque et de toute leur puissance merveilleuse. Ils se sentaient unis à tout le monde, et marchaient à l'assaut, portant en eux la force, le droit de tout le monde. Grâce à ce droit et à cette puissance populaire qui s'étaient pour ainsi dire incarnés dans leur classe, les bourgeois du siècle dernier purent escalader et prendre cette forteresse du pouvoir politique, que leurs pères avaient convoitée pendant tant de siècles. Mais au moment même où ils y plantaient leur bannière, une lumière nouvelle se faisait dans leur esprit. Dès qu'ils eurent conquis le pouvoir, ils commencèrent à comprendre qu'entre leurs intérêts bourgeois et les intérêts des masses populaires, il n'y avait plus rien de commun, qu'il y avait au contraire opposition radicale, et que la puissance et la prospérité exclusives de la classe des possédants ne pouvait s'appuyer que sur la misère et sur la dépendance politique et sociale du prolétariat.

Dès lors, les rapports de la bourgeoisie et du peuple se transformèrent d'une manière radicale, et avant même que les travailleurs eussent compris que les bourgeois étaient leurs ennemis naturels, encore plus par nécessité que par mauvaise volonté, les bourgeois étaient déjà arrivés à la conscience de cet antagonisme fatal. C'est ce que j'appelle la mauvaise conciencé des bourgeois.

TROISIÈME LETTRE [1].

La mauvaise conscience des bourgeois, ai-je dit, a paralysé, dès le commencement de ce siècle, tout le mouvement intellectuel et moral de la bourgeoisie. Je me corrige, et je remplace ce mot *paralysé* par cet autre : *dénaturé*. Car il serait injuste de dire qu'il y a eu paralysie ou absence de mouvement dans un esprit qui, passant de la théorie à l'application des sciences positives, a créé tous les miracles de l'industrie moderne, les bateaux à vapeur, les chemins de fer et le télégraphe, d'un côté; et qui, de l'autre, en mettant au jour une science nouvelle, la statistique, et en poussant l'économie politique et la critique historique du développement de la richesse et de la civilisation des peuples jusqu'à leurs derniers résultats, a jeté les bases d'une philosophie nouvelle, — le socialisme, qui n'est autre chose, au point de vue des intérêts exclusifs de la bourgeoisie, qu'un sublime suicide, la négation même du monde bourgeois.

La paralysie n'est survenue que plus tard, depuis 1848, alors qu'épouvanté des résultats de ses premiers travaux, la bourgeoisie s'est rejetée sciemment en ar-

1. Genève, le 14 avril 1869. — *Le Progrès*, 8 (17 avril 1869), pp. 2-3.

rière, et que, pour conserver ses biens, renonçant à
toute pensée et à toute volonté, elle s'est soumise à
des protecteurs militaires et s'est donnée corps et âme
à la plus complète réaction. Depuis cette époque elle
n'a plus rien inventé, elle a perdu, avec le courage,
la puissance même de la création. Elle n'a plus même
la puissance ni l'esprit de la conservation, car tout ce
qu'elle a fait et ce qu'elle fait pour son salut la pousse
fatalement vers l'abîme.

Jusqu'en 1848, elle était encore pleine d'esprit. Sans
doute cet esprit n'avait plus cette sève vigoureuse qui
du xvi<sup>e</sup> au xviii<sup>e</sup> siècle lui avait fait créer un monde
nouveau. Ce n'était plus l'esprit héroïque d'une
classe qui avait eu toutes les audaces parce qu'il
lui avait fallu tout conquérir : c'était l'esprit sage et
réfléchi d'un nouveau propriétaire qui, après avoir
acquis un bien ardemment convoité, devait maintenant le faire prospérer et valoir. Ce qui caractérise
surtout l'esprit de la bourgeoisie dans la première
moitié de ce siècle, c'est une tendance presque exclusivement utilitaire.

On lui en a fait un reproche, et à tort. Je pense au
contraire qu'elle a rendu un dernier grand service à
l'humanité, en prêchant, encore plus par son exemple
que par ses théories, le culte, ou pour mieux dire, le
respect des intérêts matériels. Au fond, ces intérêts ont
toujours prévalu dans le monde : mais ils s'y étaient

produits jusque-là sous la forme d'un idéalisme hypocrite ou malsain, qui les avait précisément transformés en intérêts malfaisants et iniques.

Quiconque s'est un peu occupé d'histoire n'a pu manquer de s'apercevoir qu'au fond des luttes religieuses et théologiques les plus abstraites, les plus sublimes et les plus idéales, il y a eu toujours quelque grand intérêt matériel. Toutes les guerres de races, de nations, d'Etats et de classes, n'ont jamais eu d'autre but que la domination, condition et garantie nécessaires de la jouissance et de la possession. L'histoire humaine, considérée à ce point de vue, n'est rien que la continuation de ce grand combat pour la vie, qui, d'après Darwin, constitue la foi fondamentale de la nature organique.

Dans le monde animal, ce combat se fait sans idées et sans phrases, il est aussi sans solution; tant que la terre existera, le monde animal s'entre-dévorera. C'est la condition naturelle de sa vie. — Les hommes, animaux carnivores par excellence, ont commencé leur histoire par l'anthropophagie. — Ils tendent aujourd'hui à l'association universelle, à la production et à la jouissance collectives.

Mais entre ces deux termes, quelle tragédie sanglante et horrible! Et nous n'en avons pas encore fini avec cette tragédie. Après l'anthropophagie est venu l'esclavage, après l'esclavage le servage, après le ser-

vage le salariat, auquel doit succéder d'abord le jour
terrible de la justice, et plus tard, beaucoup plus tard,
l'ère de la fraternité. Voilà les phases par lesquelles
le combat animal pour la vie se transforme graduellement, dans l'histoire, en l'organisation humaine de
la vie.

Et au milieu de cette lutte fratricide des hommes
contre des hommes, dans cet entredévorement mutuel, dans cet asservissement et dans cette exploitation des uns par les autres qui, en changeant de noms
et de formes, se sont maintenus à travers tous les
siècles jusqu'à nos jours, quel rôle la religion a-t-elle
joué ? Elle a toujours sanctifié la violence, et l'a transformée en droit. Elle a transporté dans un ciel fictif
l'humanité, la justice et la fraternité, pour laisser sur
la terre le règne de l'iniquité et de la brutalité. Elle
a béni les brigands heureux, et pour les rendre encore plus heureux, elle a prêché la résignation e
l'obéissance à leurs innombrables victimes, les peuples. Et plus l'idéal qu'elle adorait dans le ciel sem-
blait sublime, plus la réalité de la terre devenait
horrible. Car c'est dans le caractère propre de tout
idéalisme, tant religieux que métaphysique, de
mépriser le monde réel, et, tout en le méprisant, de
l'exploiter -- d'où il résulte que tout idéalisme en
gendre nécessairement l'hypocrisie.

L'homme est matière, et ne peut pas impunément

mépriser la matière. Il est un animal, et ne peut détruire son animalité ; mais il peut et doit la transformer et l'humaniser par la liberté, c'est-à-dire par l'action combinée de la justice et de la raison, qui à leur tour n'ont de prise sur elle que parce qu'elles en sont les produits et la plus haute expression. Toutes les fois au contraire que l'homme a voulu faire abstraction de son animalité, il en est devenu le jouet et l'esclave, et le plus souvent même le serviteur hypocrite, — témoin les prêtres de la religion la plus idéale et la plus absurde du monde, le catholicisme.

Comparez leur obscénité bien connue avec leur serment de chasteté ; comparez leur convoitise insatiable avec leur doctrine du renoncement aux biens de ce monde, — et avouez qu'il n'existe pas d'êtres aussi matérialistes que ces prêcheurs de l'idéalisme chrétien. A cette heure même, quelle est la question qui agite le plus toute l'Eglise ? C'est la conservation de ses biens, que menace de confisquer partout aujourd'hui cette autre Eglise, expression de l'idéalisme politique, l'Etat.

L'idéalisme politique n'est ni moins absurde, ni moins pernicieux, ni moins hypocrite que l'idéalisme de la religion, dont il n'est d'ailleurs qu'une forme différente, l'expression ou l'application mondaine et terrestre. L'Etat, c'est le frère cadet de l'Eglise ; et le patriotisme, cette vertu et ce culte de l'Etat, n'est qu'un reflet du culte divin.

L'homme vertueux, selon les préceptes de l'école idéale, religieuse et politique à la fois, doit servir Dieu et se dévouer à l'Etat. Et c'est cette doctrine dont l'*utilitarisme* bourgeois, dès le début de ce siècle, a commencé à faire justice.

---

## QUATRIÈME LETTRE [1].

L'un des plus grands services rendus par l'utilitarisme bourgeois, ai-je dit, c'est d'avoir tué la religion de l'Etat, le patriotisme.

Le patriotisme, comme on le sait, est une vertu antique née au milieu des républiques grecques et romaines, où il n'y eut jamais d'autre religion réelle que celle de l'Etat, d'autre objet de culte que l'Etat.

Qu'est-ce que l'Etat ? C'est, nous répondent les métaphysiciens et les docteurs en droit, c'est la chose publique ; les intérêts, le bien collectif et le droit de tout le monde, opposés à l'action dissolvante des intérêts et des passions égoïstes de chacun. C'est la justice et la réalisation de la morale et de la vertu sur la terre.

1. Genève, le 28 avril 1869. — *Le Progrès*, 9 (1er mai, 1869), p. 2-3.

Par conséquent il n'est point d'acte plus sublime ni de plus grand devoir pour les individus, que de se dévouer, de se sacrifier, et au besoin de mourir pour le triomphe, pour la puissance de l'Etat.

Voilà en peu de mots toute la théologie de l'Etat. Voyons maintenant si cette théologie politique, de même que la théologie religieuse, ne cache pas sous de très belles et de très poétiques apparences, des réalités très communes et très sales.

Analysons d'abord l'idée même de l'Etat, telle que nous la représentent ses prôneurs. C'est le sacrifice de la liberté naturelle et des intérêts de chacun, individus aussi bien qu'unités collectives, comparativement petites : associations, communes et provinces, — aux intérêts et à la liberté de tout le monde, à la prospérité du grand ensemble. Mais ce tout le monde, ce grand ensemble, qu'est-il en réalité ? C'est l'agglomération de tous les individus et de toutes les collectivités humaines plus restreintes qui le composent. Mais du moment que pour le composer et pour s'y coordonner, tous les intérêts individuels et locaux doivent être sacrifiés, le tout, qui est censé les représenter, qu'est-il en effet ? Ce n'est pas l'ensemble vivant, laissant respirer chacun à son aise et devenant d'autant plus fécond, plus puissant et plus libre que plus largement se développent en son sein la pleine liberté et la prospérité de chacun ; ce n'est point la société humaine naturelle, qui confirme et augmente la vie de chacun par la vie de tous ; — c'est, au con·traire, l'immolation de chaque individu comme de toutes les associations locales, l'abstraction destructive de la société vivante, la limitation, ou pour mieux dire la complète négation de la vie et du droit de toutes les parties qui composent tout le monde, pour le soi-disant bien de tout le monde : c'est l'Etat, c'est l'autel de la religion politique sur lequel la société naturelle est toujours immolée : une universalité dévorante, vivant de sacrifices humains, comme l'Eglise. — L'Etat, je le répète encore, est le frère cadet de l'Eglise.

Pour prouver cette identité de l'Eglise et de l'Etat, je prie bien le lecteur de vouloir constater ce fait, que l'une comme l'autre sont fondés essentiellement sur l'idée du sacrifice de la vie et du droit naturel, et qu'ils partent également du même principe ; celui de la méchanceté naturelle des hommes, qui ne peut être vaincue, selon l'Eglise, que par la grâce divine et par la mort de l'homme naturel en Dieu, et selon l'Etat, que par la loi, et par l'immolation de l'individu sur l'autel de l'Etat. L'une et l'autre tendent à transformer l'homme, l'un en un saint, l'autre en un citoyen. Mais l'homme naturel doit mourir, car sa condamnation est unanimement prononcée par la religion de l'Eglise et par celle de l'Etat.

Telle est dans sa pureté idéale la théorie identique de l'Eglise et de l'Etat. C'est une pure abstraction ; mais toute abstraction historique suppose des faits historiques. Ces faits, comme je l'ai déjà dit dans mon précédent article, sont d'une nature toute réelle, toute brutale : c'est la violence, la spoliation, l'asservissement, la conquête. L'homme est ainsi formé, qu'il ne se contente pas de faire, il a encore le besoin de s'expliquer et de légitimer, devant sa propre conscience et aux yeux de tout le monde, ce qu'il a fait. La religion est donc venue à point pour bénir les faits accomplis et, grâce à cette bénédiction, le fait inique et brutal s'est transformé en droit. La science juridique et le droit politique, comme on sait, sont issus de la théologie d'abord ; et plus tard de la métaphysique, qui n'est autre chose qu'une théologie masquée, une théologie qui a la prétention ridicule de ne point être absurde, s'est efforcée vainement de leur donner le caractère de la science.

Voyons maintenant quel rôle cette abstraction de l'Etat, parallèle à cette abstraction historique qui s'appelle l'Eglise, a joué et continue de jouer dans la vie réelle, dans la société humaine.

L'Etat, ai-je dit, par son principe même, est un immense cimetière où viennent se sacrifier, mourir, s'enterrer toutes les manifestations de la vie individuelle et locale, tous les intérêts des parties dont

13.

l'ensemble constitue précisément la société. C'est
l'autel où la liberté réelle et le bien-être des peuples
sont immolés à la grandeur politique ; et plus cette
immolation est complète, plus l'Etat est parfait. J'en
conclus, et c'est ma conviction, que l'empire de Russie, c'est l'Etat par excellence, l'Etat sans rhétorique et sans phrases, l'Etat le plus parfait en Europe.
Tous les Etats, au contraire, dans lesquels les peuples peuvent encore respirer, sont, au point de vue
de l'idéal, des Etats incomplets, comme toutes les
autres Eglises, en comparaison de l'Eglise catholique
romaine, sont des Eglises manquées.

L'Etat est une abstraction dévorante de la vie populaire, ai-je dit ; mais pour qu'une abstraction puisse
naître, se développer et continuer d'exister dans le
monde réel, il faut qu'il y ait un corps collectif réel
qui soit intéressé à son existence. Ce ne peut être la
grande masse populaire, puisqu'elle en est précisément la victime : ce doit être un corps privilégié, le
corps sacerdotal de l'Etat, la classe gouvernante et
possédante, qui est dans l'Etat ce que la classe sacerdotale de la religion, les prêtres, sont dans l'Eglise.

Et en effet, que voyons-nous dans toute l'histoire ?
L'Etat a toujours été le patrimoine d'une classe privilégiée quelconque : classe sacerdotale, classe nobiliaire, classe bourgeoise ; — classe bureaucratique à
la fin, lorsque, toutes les autres classes s'étant épui-

sées, l'Etat tombe ou s'élève, comme on voudra, à la condition de machine ; mais il faut absolument pour le salut de l'Etat qu'il y ait une classe privilégiée quelconque qui s'intéresse à son existence. Et c'est précisément l'intérêt solidaire de cette classe privilégiée qui s'appelle le *patriotisme*.

------

### CINQUIÈME LETTRE [1].

Le patriotisme, dans le sens complexe qu'on attribue ordinairement à ce mot, a-t-il jamais été une passion ou une vertu populaire ?

L'histoire à la main, je n'hésite pas à répondre à cette question par un *non* décisif, et pour prouver au lecteur que je n'ai point tort de répondre ainsi, je lui demande la permission d'analyser les principaux éléments qui, combinés de manières plus ou moins différentes, constituent cette chose qu'on appelle le patriotisme.

Ces éléments sont au nombre de quatre : 1° L'élément naturel ou physiologique ; 2° l'élément économique ; 3° l'élément politique ; et 4° l'élément religieux ou fanatique.

1. Genève, le 25 mai 1869. — *Le Progrès*, 11 (29 mai 1869), pp. 2-3.

L'élément physiologique est le fond principal de tout patriotisme naïf, instinctif et brutal. C'est une passion naturelle et qui, précisément parce qu'elle est par trop naturelle, c'est-à-dire tout à fait animale, est en contradiction flagrante avec toute politique, et qui pis est, embarrasse beaucoup le développement économique, scientifique et humain de la société.

Le patriotisme naturel est un fait purement bestial, qui se retrouve à tous les degrés de la vie animale et même, on pourrait dire jusqu'à un certain point, dans la vie végétale. Le patriotisme pris dans ce sens c'est une guerre de destruction, c'est la première expression humaine de ce grand et fatal combat pour la vie qui constitue tout le développement, toute la vie du monde naturel ou réel — combat incessant, entredévorement universel qui nourrit chaque individu, chaque espèce de la chair et du sang des individus des espèces étrangères, et qui se renouvelant fatalement à chaque heure, à chaque instant, fait vivre, prospérer et se développer les espèces les plus complètes, les plus intelligentes, les plus fortes aux dépens de toutes les autres.

Ceux qui s'occupent d'agriculture ou de jardinage savent ce qu'il leur coûte de préserver leurs plantes contre l'envahissement d'espèces parasites qui viennent leur disputer la lumière et les éléments chimiques de la terre indispensables à leur nourriture. La plante la plus puissante, celle qui se trouve être la mieux adaptée aux conditions particulières du climat et du sol, se développant toujours avec une plus grande vigueur relative, tend naturellement à étouffer toutes les autres. C'est une lutte silencieuse, mais sans trève, et il faut toute l'énergique intervention de l'homme pour protéger contre cet envahissement fatal les plantes qu'il préfère.

Dans le monde animal la même lutte se reproduit, seulement avec plus de mouvement dramatique et de bruit. Ce n'est plus un étouffement silencieux et insensible. Le sang coule, et l'animal déchiré, dévoré, torturé, remplit l'air de ses gémissements. L'homme enfin, l'animal parlant, introduit la première phrase dans cette lutte, et cette phrase s'appelle le patriotisme.

Le combat pour la vie dans le monde animal et végétal n'est point seulement une lutte individuelle; c'est une lutte d'espèces, de groupes et de familles, les unes contre les autres. — Il y a dans chaque être vivant deux instincts, deux grands intérêts principaux : celui de la nourriture et celui de la reproduction. Au point de vue de la nourriture, chaque individu est l'ennemi naturel de tous les autres, sans considération aucune de liens de famille, de groupes et d'espèces. Le proverbe, que les loups ne se mangent pas entre eux, n'est juste qu'autant que les loups trouvent pour leur nourriture des animaux appartenant à d'autres espèces, mais nous savons fort bien qu'aussitôt que ces derniers viennent à leur manquer, ils se dévorent tranquillement entre eux. Les chattes et les truies et bien d'autres animaux encore mangent souvent leurs propres enfants, et il n'y a pas d'animal qui ne le fasse toutes les fois qu'il s'y trouve poussé par la faim. Les sociétés humaines n'ont-elles pas débuté par l'anthropophagie ? Et qui n'a pas entendu ces lamentables histoires de marins naufragés et perdus dans l'océan, sur quelque frêle embarcation, privés de nourriture, et décidant par le sort lequel d'entre eux devait être sacrifié et mangé par les autres ? Enfin, pendant cette terrible famine qui vient de décimer l'Algérie, n'avons-nous pas vu des mères dévorer leurs propres enfants ?

C'est que la faim est un rude et invincible despote, et la nécessité de se nourrir, nécessité tout individuelle, est la première loi, la condition suprême de la vie. C'est la base de toute vie humaine et sociale, comme c'est aussi celle de la vie animale et végétale. Se révolter contre elle, c'est anéantir tout le reste, c'est se condamner au néant.

Mais à côté de cette loi fondamentale de la nature vivante, il y en a une autre, tout aussi essentielle, celle de la reproduction. La première tend à la conservation des individus, la seconde à la constitution des familles, des groupes, des espèces. Les individus pour se reproduire, poussés par une nécessité naturelle, cherchent à s'accoupler avec les individus qui par leur organisation sont le plus rapprochés d'eux, qui leur sont semblables. Il y a des différences d'organisation qui rendent l'accouplement stérile ou même tout à fait impossible. Cette impossibilité est évidente entre le monde végétal et le monde animal ; mais même dans ce dernier, l'accouplement des quadrupèdes par exemple avec les oiseaux, les poissons, les reptiles ou les insectes, est également impossible. Si nous nous limitons aux seules quadrupèdes, nous retrouvons la même impossibilité entre des groupes différents, et nous arrivons à cette conclusion que la capacité de l'accouplement et la puissance de la reproduction ne deviennent réelles pour chaque individu que dans une sphère très restreinte d'individus qui, étant doués d'une organisation identique ou rapprochée de la sienne, constituent avec lui le même groupe ou la même famille.

L'instinct de reproduction établissant le seul lien de solidarité, qui puisse exister entre les individus du monde animal, là où cette capacité d'accouplement cesse, toute solidarité animale cesse aussi. Tout ce qui reste en dehors de cette possibilité de reproduction pour les individus, constitue une espèce différente, un monde absolument étranger, hostile et condamné à la destruction; tout ce qui est au-dedans constitue la grande patrie de l'espèce, — comme, par exemple, l'humanité pour les hommes.

Mais cette destruction ou cet entre-dévorement mutuel des individus vivants ne se rencontrent pas seulement aux limites de ce monde restreint que nous appelons la grande patrie ; nous les retrouvons aussi féroces et quelquefois plus féroces au milieu même de ce monde, à cause même de la résistance et de la compétition qu'ils y rencontraient et parce que les luttes tout aussi cruelles de l'amour viennent s'y ajouter encore à celles de la faim.

D'ailleurs chaque espèce d'animaux se subdivise en groupes et en familles différentes, sous l'influence des conditions géographiques et climatologiques des différents pays qu'elle habite. La différence plus ou moins grande des conditions de la vie détermine une différence correspondante dans l'organisation même des individus qui appartiennent à la même espèce. On sait d'ailleurs que tout individu animal cherche naturellement à s'accoupler avec l'individu qui lui est le plus semblable, d'où résulte naturellement le développement d'une grande quantité de variations dans la même espèce ; et comme les différences qui séparent toutes ces variations les unes des autres, sont fondées principalement sur la reproduction, et que la reproduction est l'unique base de toute solidarité animale, il est évident que la grande solidarité de l'espèce doit se subdiviser en autant de solidarités plus restreintes, ou que la grande patrie doit se morceler en une foule de petites patries animales, hostiles et destructives les unes des autres.

---

## LE PATRIOTISME PHYSIOLOGIQUE OU NATUREL [1].

J'ai montré dans ma précédente lettre comment le patriotisme en tant que qualité ou passion naturelle procède d'une loi physiologique, de celle précisément qui détermine la séparation des êtres vivants en espèces, en familles et en groupes.

La passion patriotique est évidemment une passion solidaire. Pour la retrouver plus explicite et plus clairement déterminée dans le monde animal, il faut donc la chercher surtout parmi les espèces d'animaux qui, comme l'homme, sont doués d'une nature éminemment sociable : parmi les fourmis, par exemple, les abeilles, les castors et bien d'autres qui ont des habitations communes stables, aussi bien que parmi les espèces qui errent en troupeaux ; les animaux à domi-

1. *Le Progrès*, 12 (12 juin 1869), pp. 2-3.

cile collectif et fixé, représentant, toujours au point de vue naturel, le patriotisme des peuples agriculteurs, et les animaux vagabonds en troupeaux, celui des peuples nomades.

Il est évident que le premier est plus complet que ce dernier, qui n'implique, lui, que la solidarité des individus dans le troupeau, tandis que le premier y ajoute encore celle des individus avec le sol ou le domicile qu'ils habitent. L'habitude, qui pour les animaux aussi bien que pour l'homme constitue une seconde nature, certaines manières de vivre, sont beaucoup mieux déterminées, plus fixées parmi les animaux collectivement sédentaires, que parmi les troupeaux vagabonds, et les habitudes différentes, ces manières particulières d'exister, constituent un élément essentiel du patriotisme.

On pourrait définir le patriotisme naturel ainsi : c'est un attachement instinctif, machinal et complètement dénué de critique pour des habitudes d'existence collectivement prises et héréditaires ou traditionnelles, et une hostilité tout aussi instinctive et machinale contre toute autre manière de vivre. C'est l'amour des siens et du sien et la haine de tout ce qui porte un caractère étranger. Le patriotisme, c'est donc un égoïsme collectif d'un côté et la guerre de l'autre.

Ce n'est point une solidarité assez puissante pour

que les individus membres d'une collectivité animale
ne s'entre-dévorent pas mutuellement au besoin ; mais
elle est assez forte pourtant pour que tous ces individus, oubliant leurs discordes civiles, s'unissent contre
chaque intrus qui leur arriverait d'une collectivité
étrangère.

Voyez les chiens d'un village par exemple. Les
chiens ne forment point naturellement de république
collective ; abandonnés à leurs propres instincts, ils
vivent en troupeaux errants, comme les loups, et ce
n'est que sous l'influence de l'homme qu'ils deviennent des animaux sédentaires. Mais une fois établis, ils constituent dans chaque village une sorte de
république non communautaire, mais fondée sur la
liberté individuelle, selon la formule tant aimée des
économistes bourgeois : chacun pour soi et le diable
attrape le dernier. C'est un laissez-faire et laissez-
aller sans limite, une concurrence, une guerre civile
sans merci et sans trève, où le plus fort mord toujours
le plus faible — tout à fait comme dans les républiques
bourgeoises. Maintenant qu'un chien d'un village voi-
sin vienne à passer seulement dans leur rue, et vous
voyez aussitôt tous ces citoyens en discorde se ruer
en masse contre le malheureux étranger.

Je le demande, n'est-ce pas la copie fidèle, ou plutôt l'original des copies qui se répètent chaque jour
dans la société humaine ? N'est-ce pas une manifes-

tation parfaite de ce patriotisme naturel duquel j'ai dit et j'ose encore répéter, qu'il n'est rien qu'une passion toute bestiale ? Bestial, il l'est sans doute, puisque les chiens incontestablement sont des bêtes, et que l'homme, animal comme le chien et comme tous les autres animaux sur la terre, mais animal doué de la faculté physiologique de penser et de parler, commence son histoire par la bestialité pour arriver à travers tous les siècles à la conquête et à la constitution plus parfaite de son humanité.

Une fois cette origine de l'homme connue, il n'est plus besoin de s'étonner de sa bestialité, qui est un fait naturel parmi tant d'autres faits naturels, ni même de s'indigner contre elle, car il n'en résulte pas du tout qu'il ne faille la combattre avec la plus grande énergie, puisque toute la vie humaine de l'homme n'est rien qu'un combat incessant contre sa bestialité naturelle au profit de son humanité.

J'ai tenu seulement à constater que le patriotisme que les poètes, les politiciens de toutes les écoles, les gouvernements et toutes les classes privilégiées nous vantent comme une vertu idéale et sublime, prend ses racines non dans l'humanité de l'homme, mais dans sa bestialité.

Et en effet, c'est à l'origine de l'histoire, et actuellement c'est dans les parties les moins civilisées de la société humaine, que nous voyons le patriotisme naturel régner sans partage. — Il constitue dans les collectivités humaines un sentiment sans doute beaucoup plus compliqué que dans les autres collectivités animales, par cette seule raison que la vie de l'homme, animal pensant et parlant, embrasse incomparablement plus d'objets que celle des animaux des autres espèces; aux habitudes et aux traditions toutes physiques viennent encore se joindre chez lui les traditions plus ou moins abstractives, intellectuelles et morales; une foule d'idées et de représentations fausses ou vraies, avec différentes coutumes religieuses, économiques, politiques et sociales. — Tout cela constitue en tant d'éléments du patriotisme naturel de l'homme, en tant que toutes ces choses, se combinant d'une façon ou d'une autre, forment, pour une collectivité quelconque, un mode particulier d'existence, une manière traditionnelle de vivre, de penser et d'agir autrement que les autres.

Mais quelque différence qu'il y ait entre le patriotisme naturel des collectivités humaines et celui des collectivités animales, sous le rapport de la quantité et même de la qualité des objets qu'ils embrassent, ils ont ceci de commun qu'ils sont également des passions instinctives, traditionnelles, habituelles, collectives et que l'intensité de l'un aussi bien que de l'autre ne dépend aucunement de la nature de leur contenu. On pourrait dire au contraire que moins ce contenu est compliqué, plus il est simple, plus intense et plus énergiquement exclusif est le sentiment patriotique qui le manifeste et l'exprime.

L'animal est évidemment beaucoup plus attaché aux coutumes traditionnelles de la collectivité dont il fait partie que l'homme; chez lui cet attachement patriotique est fatal, et incapable de s'en défaire par lui-même, il ne s'en délivre parfois que sous l'influence de l'homme. De même, dans les collectivités humaines, moins grande est la civilisation, moins compliqué et plus simple est le fond même de la vie sociale, et plus le patriotisme naturel, c'est-à-dire l'attachement instinctif des individus pour toutes les habitudes matérielles, intellectuelles et morales qui constituent la vie traditionnelle et coutumière d'une collectivité particulière, aussi bien que leur haine pour tout ce qui en diffère, pour tout ce qui y est étranger, se montrent intenses. — D'où il résulte que le patriotisme naturel est en raison inverse de la civilisation, c'est-à-dire du triomphe même de l'humanité dans les sociétés humaines.

Personne ne contestera que le patriotisme instinctif ou naturel des misérables populations des zones glacées, que la civilisation humaine a à peine effleurées et où la vie matérielle elle-même est si pauvre, ne soit infiniment plus fort ou plus exclusif que le patriotisme d'un Français, d'un Anglais ou d'un Allemand par exemple. L'Allemand, l'Anglais, le Français peuvent vivre et s'acclimater partout, tandis que l'habitant des régions polaires mourrait bientôt du mal du pays, si on l'en tenait éloigné. Et pourtant quoi de plus misérable et de moins humain que son existence! Ce qui prouve encore une fois que l'intensité du patriotisme naturel n'est point une preuve d'humanité, mais de bestialité.

A côté de cet élément positif du patriotisme, qui consiste dans l'attachement instinctif des individus pour le mode particulier d'existence de la collectivité dont ils sont les membres, il y a encore l'élément négatif, tout aussi essentiel que le premier et qui en est inséparable; c'est l'horreur également instinctive pour tout ce qui y est étranger — instinctive et par conséquent tout à fait bestiale: oui, réellement bestiale, car cette horreur est d'autant plus énergique et plus invincible que celui qui l'éprouve a moins pensé et compris, est moins homme.

Aujourd'hui on ne trouve cette horreur patriotique pour l'étranger que chez les peuples sauvages; on la retrouve encore en Europe au milieu des populations à demi-sauvages que la civilisation bourgeoise n'a point daigné éclairer — mais qu'elle n'oublie jamais d'exploiter. Il y a dans les plus grandes capitales de l'Europe, à Paris même, et à Londres surtout, des rues abandonnées à une population misérable et qu'aucune lumière n'a jamais éclairée. Il suffit qu'un étranger s'y présente pour qu'une foule d'êtres humains misérables, hommes, femmes, enfants, à peine vêtus et portant sur leur figure et sur toute leur personne les signes de la misère la plus affreuse et de la plus profonde abjection, l'entourent, l'insultent et quelquefois même le maltraitent, seulement parce qu'il est étranger. Ce patriotisme brutal et sauvage n'est-il donc point la négation la plus criante de tout ce qui s'appelle humanité?

Et pourtant, il est des journaux bourgeois très éclairés, comme le *Journal de Genève* par exemple, qui n'éprouvent aucune honte en exploitant ce préjugé si peu humain et cette passion toute bestiale. Je veux pourtant leur rendre justice et je reconnais volontiers qu'ils les exploitent sans les partager en aucune manière et seulement parce qu'ils trouvent intérêt à les exploiter, de même que font aujourd'hui à peu près tous les prêtres de toutes les religions, qui prêchent les niaiseries religieuses sans y croire et seulement parce qu'il est évidemment dans l'intérêt des classes privilégiées que les masses populaires continuent d'y croire.

Lorsque le *Journal de Genève* se trouve à bout d'arguments et de preuves, il dit : c'est une chose, une idée, un homme *étrangers*, et il a une si petite idée de ses compatriotes, qu'il espère qu'il lui suffira de proférer ce mot terrible d'*étranger*, pour qu'oubliant tout, et sens commun et humanité et justice, ils se mettent tous de son côté.

Je ne suis point Genevois, mais je respecte trop les habitants de Genève, pour ne pas croire que le *Journal* se trompe sur leur compte. Ils ne voudront sans doute pas sacrifier l'humanité à la bestialité exploitée par l'astuce.

—————

## LE PATRIOTISME (*suite* [1]).

J'ai dit que le patriotisme en tant qu'instinctif ou naturel, ayant toutes ses racines dans la vie animale, ne présente rien en plus qu'une combinaison particulière d'habitudes collectives : matérielles, intellectuelles et morales, économiques, politiques et sociales, développées par la tradition ou par l'histoire, dans une société humaine restreinte. Ces habitudes, ai-je ajouté encore, peuvent être bonnes ou mauvaises, le contenu ou l'objet de ce sentiment instinctif n'ayant aucune influence sur le degré de son intensité; et même si l'on devait admettre sous ce dernier rapport une différence quelconque, elle pencherait plutôt en

1. *Le Progrès*, 14 (10 juillet 1869), pp. 2-3.

faveur des mauvaises habitudes que des bonnes. Car
— à cause même de l'origine animale de toute société
humaine, et par l'effet de cette force d'inertie, qui
exerce une action tout aussi puissante dans le monde
intellectuel et moral que dans le monde matériel, —
dans chaque société qui ne dégénère pas encore, mais
qui progresse et marche en avant, les mauvaises habitudes, ayant toujours pour elles la priorité du temps,
sont plus profondément enracinées que les bonnes.
Ceci nous explique pourquoi, sur la somme totale des
habitudes collectives actuelles, dans les pays les plus
avancés du monde civilisé, les neuf dixièmes au moins
ne valent rien.

Qu'on ne s'imagine pas que je veuille déclarer la
guerre à l'habitude qu'ont généralement la société et
les hommes de se laisser gouverner par l'*habitude*.
En cela comme en beaucoup d'autres choses, ils ne
font que fatalement obéir à une loi naturelle, et il
serait absurde de se révolter contre des lois naturelles.
L'action de l'habitude dans la vie intellectuelle et
morale des individus aussi bien que des sociétés est
la même que celle des forces végétatives dans la vie
animale. L'une et l'autre sont des conditions d'existence et de réalité. Le bien aussi bien que le mal,
pour devenir une chose réelle, doit passer en habitude
soit dans l'homme pris individuellement, soit dans la
société. Tous les exercices, toutes les études auxquels

les hommes se livrent n'ont point d'autre but, et
les meilleures choses ne s'enracinent dans l'homme,
au point de devenir sa seconde nature, que par cette
puissance d'habitude. Il ne s'agit donc pas de se révolter follement contre elle, puisque c'est une puissance fatale, qu'aucune intelligence ni volonté humaines ne sauraient renverser. Mais si, éclairés par
la raison du siècle et par l'idée que nous nous formons
de la vraie justice, nous voulons sérieusement devenir
des hommes, nous n'avons qu'une chose à faire : c'est
d'employer constamment la force de volonté, c'est-à-
dire l'habitude de vouloir, que des circonstances indépendantes de nous-mêmes ont développée en nous,
à l'extirpation de nos mauvaises habitudes et à leur
remplacement par des bonnes. Pour humaniser une
société tout entière, il faut détruire sans pitié toutes
les causes, toutes les conditions économiques, politiques et sociales qui produisent dans les individus la
tradition du mal, et les remplacer par des conditions
qui auraient pour conséquence nécessaire d'engen-
drer dans ces mêmes individus la pratique et l'habitude du bien.

Au point de vue de la conscience moderne, de l'humanité et de la justice, telles que, grâce aux développements passés de l'histoire, nous sommes enfin par-
venus à les comprendre, le patriotisme est une mauvaise, étroite et funeste habitude, puisqu'elle est la

négation de l'égalité et de la solidarité humaines. La question sociale, posée pratiquement aujourd'hui par le monde ouvrier de l'Europe et de l'Amérique, et dont la solution n'est possible que par l'abolition des frontières des Etats, tend nécessairement à détruire cette habitude traditionnelle dans la conscience des travailleurs de tous les pays. Je montrerai plus tard comment, dès le commencement de ce siècle, elle a été déjà fortement ébranlée dans la conscience de la haute bourgeoisie financière, commerçante et industrielle, par le développement prodigieux et tout international de sa richesses et de ses intérêts économiques. Mais il faut que je montre d'abord comment, bien avant cette révolution bourgeoise, le patriotisme naturel, instinctif et qui par sa nature même ne peut être qu'un sentiment très étroit, très restreint et une habitude collective toute locale, a été dès le début de l'histoire, profondément modifié, dénaturé et diminué par la formation successive des Etats politiques.

En effet le patriotisme en tant que sentiment tout à fait naturel, c'est-à-dire produit par la vie réellement solidaire d'une collectivité et encore point ou peu affaibli par la réflexion ou par l'effet des intérêts économiques et politiques, aussi bien que par celui des abstractions religieuses ; ce patriotisme sinon tout à fait, du moins en très grande partie animal, ne peut embrasser qu'un monde très restreint : une tribu,

une commune, un village. Au commencement de
l'histoire, comme aujourd'hui chez les peuples sauvages, il n'y avait point de nation, ni de langue nationale, ni de culte national — il n'y avait donc pas
de patrie dans le sens politique de ce mot. Chaque
petite localité, chaque village avait sa langue particulière, son Dieu, son prêtre ou son sorcier, et n'était
rien qu'une famille multipliée, élargie, qui s'affirmait
en vivant, et qui, en guerre avec toutes les autres tri-
bus, niait par son existence tout le reste de l'humanité. Tel est le patriotisme naturel dans son énergique
et naïve crudité.

Nous retrouvons encore des restes de ce patriotisme
même dans quelques-uns des pays les plus civilisés de
l'Europe, en Italie par exemple, surtout dans les
provinces méridionales de la péninsule italienne, où
la configuration du sol, les montagnes et la mer,
créant des barrières entre les vallées, les communes
et les villes, les sépare, les isole et les rend à peu près
étrangères l'une à l'autre. Proudhon, dans sa brochure
sur l'unité italienne, a observé avec beaucoup de
raison que cette unité n'était encore qu'une idée, une
passion toute bourgeoise et nullement populaire ; que
les populations des campagnes au moins y sont res-
tées jusqu'à cette heure en très grande partie étrangères, et j'ajouterai même hostiles, parce que cette
unité qui se met en contradiction d'un côté avec leur

patriotisme local, de l'autre ne leur a rien apporté jusqu'ici qu'une exploitation impitoyable, l'oppression et la ruine.

Même en Suisse, surtout dans les cantons primitifs, ne voyons-nous pas très souvent le patriotisme local lutter contre le patriotisme cantonal et ce dernier contre le patriotisme politique, national de la confédération républicaine tout entière?

Pour me résumer, je conclus que le patriotisme en tant que sentiment naturel, étant dans son essence et dans sa réalité un sentiment essentiellement tout local, est un empêchement sérieux à la formation des Etats, et que par conséquent ces derniers et avec eux la civilisation n'ont pu s'établir qu'en détruisant sinon tout à fait, au moins à un degré considérable, cette passion animale.

------

## LE PATRIOTISME (*suite* [1]).

Après avoir considéré le patriotisme au point de vue naturel, et après avoir démontré *qu'à ce point de vue*, d'un côté, c'est un sentiment proprement bestial

1. *Le Progrès*, 17 (21 août 1869), pp. 2-4.

ou animal, puisqu'il est commun à toutes les espèces d'animaux, et que de l'autre, il est essentiellement local, puisqu'il ne peut jamais embrasser que l'espace ou le monde très restreint dans lequel l'homme privé de civilisation passe sa vie, — je vais passer maintenant à l'analyse du patriotisme exclusivement humain, du patriotisme *économique, politique,* et *religieux*.

C'est un fait constaté par les naturalistes et désormais passé à l'état d'axiome, que le nombre de chaque population animale correspond toujours à la quantité des moyens de subsistance qui se trouvent dans le pays qu'elle habite. La population augmente toutes les fois que ces moyens se trouvent en plus grande quantité; elle diminue avec la diminution de cette quantité. Lorsqu'une population animale a dévoré toutes les subsistances d'un pays, elle émigre. Mais cette émigration rompant toutes ses anciennes habitudes, toutes ses manières quotidiennes et routinières de vivre, et lui faisant chercher, sans aucune connaissance, sans aucune pensée, instinctivement et tout à fait à l'aventure, les moyens de subsister dans des pays absolument inconnus, est toujours accompagnée de privations et de souffrances immenses. La plus grande partie de la population animale émigrante périt de faim, servant souvent de nourriture aux survivants; et la plus petite partie seulement parvient à s'acclimater et à trouver de nouveaux moyens de vivre dans un nouveau pays.

Puis vient la guerre, la guerre entre les espèces qui se nourrissent des mêmes aliments, la guerre entre celles qui pour vivre ont besoin de se dévorer l'une l'autre. Considéré à ce point de vue, le monde naturel n'est rien qu'une hécatombe sanglante, une tragédie effrayante et lugubre écrite par la faim.

Ceux qui admettent l'existence d'un Dieu créateur ne se doutent pas du beau compliment qu'ils lui font en le représentant comme le créateur *de ce monde*. Comment ! un Dieu toute puissance, toute intelligence, toute bonté, n'aurait pu aboutir qu'à créer un monde pareil, une horreur.

Il est vrai que les théologiens ont un excellent argument par expliquer cette contradiction révoltante. Le monde avait été créé parfait, disent-ils, il y régna d'abord une harmonie absolue, jusqu'à ce que, l'homme ayant péché, Dieu, furieux contre lui, maudit l'homme et le monde.

Cette explication est d'autant plus édifiante qu'elle est pleine d'absurdités, et l'on sait que c'est dans l'absurde que consiste toute la force des théologiens. Pour eux, plus une chose est absurde, impossible, plus elle est vraie. Toute religion n'est que la déification de l'absurde.

Ainsi, Dieu parfait a créé un monde parfait, et

voilà que cette perfection dégringole, et peut attirer sur elle la malédiction de son créateur, et, après avoir été une perfection absolue, devient une imperfection absolue. Comment la perfection a-t-elle pu devenir l'imperfection ? A ceci on répondra que c'est précisément parce que le monde, quoique parfait au moment de la création, n'était pas néanmoins une perfection absolue, Dieu seul étant absolu, le Plus-que-parfait. Le monde n'étant parfait que d'une manière relative et en comparaison de ce qu'il est maintenant.

Mais alors pourquoi employer ce mot de perfection, qui ne comporte rien de relatif? La perfection n'est-elle pas nécessairement absolue? Dites donc que Dieu avait créé un monde imparfait, mais meilleur que celui que nous voyons maintenant. Mais s'il n'était que meilleur, s'il était déjà imparfait au sortir des mains du créateur, il ne présentait pas cette harmonie et cette paix absolue dont Messieurs les théologiens nous rabattent les oreilles. Et alors nous leur demanderons : Tout créateur, selon votre propre dire, ne doit-il pas être jugé d'après sa création, comme l'ouvrier d'après son œuvre ? Le créateur d'une chose imparfaite est nécessairement un créateur imparfait ; le monde ayant été imparfait, Dieu, son créateur, est nécessairement imparfait. Car ce fait qu'il a créé un monde imparfait ne peut s'expliquer que par son inintelligence, ou par son impuissance, ou par sa méchanceté.

Mais, dira-t-on, le monde était parfait, seulement il était moins parfait que Dieu. A cela, je répondrai que, lorsqu'il s'agit de la perfection, on ne peut pas parler de plus ou de moins ; la perfection est complète, entière, absolue, ou bien elle n'existe pas. Donc, si le monde était moins parfait que Dieu, le monde était imparfait ; d'où il résulte que Dieu, créateur d'un monde imparfait, était imparfait lui-même, qu'il reste imparfait, qu'il n'a jamais été Dieu, que Dieu n'existe pas.

Pour sauver l'existence de Dieu, Messieurs les théologiens seront donc forcés de m'accorder que le monde créé par lui était parfait à son origine. Mais alors je leur poserai deux petites questions. D'abord, si le monde a été parfait, comment deux perfections pouvaient-elles exister en dehors l'une de l'autre ? La perfection ne peut être qu'unique ; elle ne permet pas de dualité, parce que, dans la dualité, l'un limitant l'autre, le rend nécessairement imparfait. Donc, si le monde a été parfait, il n'y a pas eu de Dieu ni au-dessus ni même en dehors de lui, — le monde lui-même était Dieu. — Une autre question. Si le monde a été parfait, comment a-t-il fait pour déchoir ? Jolie perfection que celle qui peut s'altérer et se perdre ! Et si l'on admet que la perfection peut déchoir, donc Dieu peut déchoir aussi ! — Ce qui veut dire que Dieu a bien existé dans l'imagination croyante des hommes, mais que la raison humaine, qui triomphe de plus en plus dans l'histoire, le détruit.

Enfin, qu'il est singulier, ce Dieu des chrétiens ! Il créa l'homme de manière à ce qu'il puisse, à ce qu'il *doive* pécher et tomber. Dieu ayant parmi ses attributs infinis la toute-science, ne pouvait ignorer, en créant l'homme, qu'il tomberait ; et puisque Dieu le savait, l'homme devait tomber : autrement il aurait donné un démenti insolent à la toute-science divine. Que nous parle-t-on donc de liberté humaine ? il y avait fatalité ! Obéissant à cette pente fatale, — ce que d'ailleurs le plus simple père de famille aurait pu prévoir à la place du bon Dieu, — l'homme tombe : et voilà que la divine perfection se met dans une terrible colère, dans une colère aussi ridicule qu'odieuse ; Dieu ne maudit pas seulement les transgresseurs de sa loi, mais toute la descendance humaine, alors même qu'elle n'existait pas encore, et que, par conséquent elle était absolument innocente du péché de nos premiers parents ; et non content de cette révoltante injustice, il maudit encore ce monde harmonieux qui n'y était pour rien, et le transforme en un réceptacle de crimes et d'horreurs, en une perpétuelle boucherie. Puis, esclave de sa propre colère et de la malédiction prononcée par lui-même contre les hommes et le monde, contre sa propre création, et se rappelant un peu tard qu'il était un Dieu d'amour, que fait-il ?

Ce n'est pas assez d'avoir ensanglanté le monde par
sa colère ; il verse encore le sang de son Fils unique,
ce Dieu sanguinaire ; il l'immole sous le prétexte de
réconcilier le monde avec sa divine Majesté! Encore
s'il y avait réussi! Mais non, le monde naturel et
humain reste aussi déchiré et ensanglanté qu'avant
cette monstrueuse rédemption. — D'où il résulte
clairement que le Dieu des chrétiens, comme tous les
Dieux qui l'ont précédé, est un Dieu aussi impuissant
que cruel, aussi absurde que méchant.

Et ce sont de pareilles absurdités qu'on veut imposer à notre liberté, à notre raison! C'est avec de
pareilles monstruosités qu'on prétend moraliser, humaniser les hommes! Que Messieurs les théologiens
aient donc le courage de renoncer franchement à
l'humanité aussi bien qu'à la raison. Ce n'est pas assez de dire avec Tertullien : « *Credo quia absur-
dum*. Je crois en ce qui est absurde » ; — qu'ils tâ-
chent encore, s'ils le peuvent, de nous imposer leur
christianisme par le knout, comme le czar de toutes
les Russies, par le bûcher, comme Calvin, par la
Sainte Inquisition, comme les bons catholiques, par
la violence, la torture et la mort comme voudraient
pouvoir le faire encore les prêtres de toutes les religions possibles, — qu'ils essaient tous ces jolis
moyens, mais qu'ils n'espèrent pas triompher jamais
d'une autre façon.

Quant à nous, laissons une fois pour toutes ces absurdités et ces horreurs divines à ceux qui croient follement pouvoir longtemps encore exploiter la plèbe, les masses ouvrières en leur nom ; et retournant à notre raisonnement tout humain, rappelons-nous toujours que la lumière humaine, la seule qui puisse nous éclairer, nous émanciper, nous rendre dignes et heureux, n'est point au début, mais relativement au temps où l'on vit, à la fin de l'histoire, et que l'homme, dans son développement historique, est parti de l'animalité pour arriver de plus en plus à l'humanité. Ne regardons donc jamais en arrière, toujours en avant, car en avant est notre soleil et notre salut ; et s'il nous est permis, s'il est même utile de regarder quelquefois en arrière, ce n'est que pour constater ce que nous avons été et ce que nous ne devons plus être, ce que nous avons fait et ce que nous ne devons plus faire jamais.

Le monde naturel est le théâtre constant d'une lutte interminable, de la lutte pour la vie. Nous n'avons pas à nous demander pourquoi cela est ainsi. Nous ne l'avons pas fait, nous l'avons trouvé en naissant à la vie. C'est notre point de départ naturel, et nous n'en sommes nullement responsables. Qu'il nous suffise de savoir que cela est, que cela a été, et qu'il en sera probablement toujours ainsi. L'harmonie s'y établit par le combat, par le triomphe des uns, par la défaite et le plus souvent par la mort des autres. La croissance et le développement des espèces y sont limités par leur propre faim et par l'appétit des autres espèces, c'est-à-dire par la souffrance, par la mort. Nous ne disons pas avec les chrétiens, que cette terre soit une vallée de douleurs, mais nous devons convenir qu'elle n'est pas du tout aussi tendre mère qu'on le dit, et que les êtres vivants ont besoin de beaucoup d'énergie pour y vivre. Dans le monde naturel, les forts vivent et les faibles succombent, et les premiers ne vivent que parce que les autres succombent.

Est-il possible que cette loi fatale de la vie naturelle soit aussi celle du monde humain et social ?

---

## LE PATRIOTISME (*suite* [1]).

Les hommes sont-ils condamnés par leur nature à s'entre-dévorer pour vivre, comme le font les animaux des autres espèces ?

Hélas! nous trouvons au berceau de la civilisation humaine l'anthropophagie, en même temps et ensuite les guerres d'extermination, la guerre des races et des peuples : guerres de conquête, guerres d'équilibre,

1. *Le Progrès*, 19 (18 septembre 1869), p. 4.

guerres politiques et guerres religieuses, guerres pour les grandes idées comme celles que fait la France dirigée par son empereur actuel, et guerres patriotiques pour la grande unité nationale comme celles que méditent d'un côté le ministre pangermaniste de Berlin et de l'autre le czar panslaviste de Saint-Pétersbourg !

Et au fond de tout cela, à travers toutes les phrases hypocrites dont on se sert pour se donner une apparence d'humanité et de droit, que trouvons-nous ? Toujours la même question économique : *la tendance des uns de vivre et de prospérer aux dépens des autres.* Tout le reste n'est que de la blague. Les ignorants, les naïfs et les sots s'y laissent prendre, mais les hommes forts qui dirigent les destinées des Etats savent fort bien qu'au fond de toutes les guerres, il n'y a qu'un seul intérêt : le pillage, la conquête des richesses d'autrui et l'asservissement du travail d'autrui !

Telle est la réalité à la fois cruelle et brutale que les bons Dieux de toutes les religions, les Dieux des batailles, n'ont jamais manqué de bénir ; à commencer par Jéhovah, le Dieu des Juifs, le Père éternel de Notre-Seigneur Jésus-Christ, qui a commandé à son peuple élu de massacrer tous les habitants de la Terre promise ; — et à finir par le Dieu catholique, représenté par les papes, qui, en récompense du massacre des païens, des mahométans et des hérétiques, ont fait don de la terre de ces malheureux à leurs heureux massacreurs tout dégouttants de leur sang. Aux victimes, l'enfer ; aux bourreaux, leurs dépouilles, les biens de la terre, — tel est donc le but des guerres les plus saintes, des guerres religieuses.

Il est évident que, jusqu'à cette heure au moins, l'humanité n'a point fait exception à cette loi générale de l'animalité qui condamne tous les êtres vivants à s'entre-dévorer pour vivre. Le socialisme, comme je tâcherai de le démontrer par la suite de ces articles, le socialisme, en mettant à la place de la justice politique, juridique et divine la justice humaine, en remplaçant le patriotisme par la solidarité universelle des hommes, et la concurrence économique par l'organisation internationale d'une société toute fondée sur le travail, pourra seul mettre fin à ces manifestations brutales de l'animalité humaine, à la guerre.

Mais jusqu'à ce qu'il ait triomphé sur la terre, tous les Congrès bourgeois pour la paix et pour la liberté auront beau protester, et tous les Victor Hugo du monde auront beau les présider, les hommes continueront à s'entre-déchirer comme les bêtes fauves.

Il est bien constaté que l'histoire humaine, comme celle de toutes les autres espèces d'animaux a commencé par la guerre. Cette guerre, qui n'a eu et qui n'a d'autre but que de conquérir les moyens de la vie, a eu différentes phases de développement, parallèles aux différentes phases de la civilisation, c'est-à-dire du développement des besoins de l'homme et des moyens de les satisfaire.

Ainsi, animal omnivore, l'homme a vécu d'abord comme tous les autres animaux, de fruits et de plantes, de chasse et de pêche. Pendant bien des siècles, sans doute, l'homme chassa et pêcha comme le font les bêtes encore aujourd'hui, sans l'aide d'autres instruments que ceux dont la nature l'avait doué. La première fois qu'il se servit de l'arme la plus grossière, d'un simple bâton ou d'une pierre, il fit acte de réflexion, et s'affirma, sans en avoir sans doute le soupçon, comme un animal pensant, comme homme ; car l'arme même la plus primitive, devant nécessairement s'adapter au but que l'homme se propose d'atteindre, suppose un certain calcul de l'esprit, calcul qui distingue essentiellement l'homme animal de tous les autres animaux de la terre. Grâce à cette faculté de réfléchir, de penser, d'inventer, l'homme perfectionna ses armes, très lentement il est vrai, à travers beaucoup de siècles, et se transforma par là même en chasseur ou en bête féroce armée.

Arrivés à ce premier degré de civilisation, les petits groupes humains eurent naturellement plus de facilité à se nourrir en tuant les êtres vivants, sans en excepter les hommes, qui devaient leur servir d'aliments, que les bêtes privées de ces instruments de chasse ou de guerre ; et *comme la multiplication de toutes les espèces animales est toujours en proportion directe des moyens de subsistance*, il est évident que le nombre des hommes devait augmenter dans une proportion plus forte que celui des animaux des autres espèces, et qu'enfin il devait arriver un moment où la nature inculte ne pouvait plus suffire à nourrir tout le monde.

Si [1] la raison humaine n'était pas progressive ; si, s'appuyant d'un côté sur la tradition qui conserve au profit des générations futures les connaissances acquises par les générations passées, et se propageant d'un autre côté, grâce à ce don de la parole qui est inséparable de celui de la pensée, elle ne se développait pas toujours davantage ; si elle n'était pas douée de la faculté illimitée d'inventer de nouveaux procédés pour défendre l'existence humaine contre toutes les forces naturelles qui lui sont contraires, cette insuffisance de la nature aurait été nécessairement la limite de la multiplication de l'espèce humaine.

Mais grâce à cette précieuse faculté qui lui permet de savoir, de réfléchir, de comprendre, l'homme peut franchir cette limite naturelle qui arrête le développement de toutes les autres espèces animales. Quand les sources naturelles furent épuisées, il en créa d'artificielles. Profitant non de sa force physique, mais de sa supériorité d'intelligence, il se mit non plus

1. (Suite). *Le Progrès,* 20 (2 octobre 1869), p. 3.

simplement à tuer pour les dévorer immédiatement, mais à soumettre, à apprivoiser et à cultiver en quelque sorte les bêtes sauvages, pour les faire servir à ses buts. Et c'est ainsi qu'à travers des siècles encore, des groupes de chasseurs se transformèrent en groupes de pasteurs.

Cette nouvelle source d'existence multiplia naturellement encore davantage l'espèce humaine, ce qui mit cette dernière dans la nécessité de créer des moyens de subsistance nouveaux. L'exploitation des bêtes ne suffisant plus, les groupes humains se mirent à exploiter la terre. Les peuples nomades et pasteurs se transformèrent ainsi à travers beaucoup d'autres siècles en peuples cultivateurs.

C'est dans cette période de l'histoire que proprement s'établit l'esclavage. Les hommes, bêtes sauvages s'il en fut, commencèrent d'abord par dévorer leurs ennemis tués ou faits prisonniers. Mais lorsqu'ils commencèrent à comprendre l'avantage qu'il y avait pour eux à se faire servir par les bêtes ou les exploiter sans les tuer immédiatement, ils durent comprendre bientôt celui qu'ils pouvaient retirer des services de l'homme, le plus intelligent des animaux de cette terre. L'ennemi vaincu ne fut plus dévoré, mais il devint esclave, forcé de faire le travail nécessaire pour la subsistance de son maître.

Le travail des peuples pasteurs est si léger et si simple qu'il n'exige presque pas le travail des esclaves. Aussi voyons-nous que chez les peuples nomades et bergers le nombre des esclaves est fort restreint, pour ne pas dire presque nul. Il en est autrement des peuples sédentaires et agricoles. L'agriculture exige un travail assidu, journalier et pénible. L'homme libre des forêts et des plaines, le chasseur aussi bien que le pasteur, s'y assujettit avec une très grande répugnance. Aussi voyons-nous encore aujourd'hui chez les peuples sauvages de l'Amérique, par exemple, que c'est sur l'être comparativement le plus faible, sur la femme, que retombent tous les travaux de l'intérieur les plus durs et les plus dégoûtants. Les hommes ne connaissent d'autre métier que la chasse et la guerre, que dans notre civilisation même on considère encore comme les métiers les plus nobles, et méprisant toutes les autres occupations, restent étendus paresseusement fumant leurs pipes, tandis que leurs malheureuses femmes, ces esclaves naturelles de l'homme barbare, succombent sous le fardeau de leur besogne journalière.

Un pas de plus dans la civilisation, et l'esclave prend le rôle de la femme. Bête de somme intelligente, forcé de soulever toute la charge du travail corporel, il crée le loisir et le développement intellectuel et moral de son maître.

*(A suivre[1].)*      Michel Bakounine.

1. La suite n'a pas paru.

# DIEU ET L'ÉTAT

(Extrait du Manuscrit inédit)

15.

# DIEU ET L'ÉTAT

C'est au nom de cette fiction qui s'appelle tantôt
l'intérêt collectif, le droit collectif ou la volonté et la
liberté collectives, que les absolutistes jacobins, les
révolutionnaires de l'Ecole de J.-J. Rousseau et de
Robespierre proclament la théorie menaçante et inhu-
maine du droit absolu de l'Etat, tandis que les absolutistes monarchiques l'appuient avec beaucoup plus
de conséquence logique sur la grâce de Dieu. Les

1. Je reproduis ici les pp. 286 à 340, c'est-à-dire la dernière
partie du manuscrit; les pp. 240 à 286 restent donc inédites, j'ai
dit pourquoi dans l'introduction. Du reste, tout ce qu'on va lire
est pour ainsi dire indépendant de ce qui précède, étant écrit sous
forme de *note* aux phrases suivantes qui reproduisent les idées
des métaphysiciens que Bakounine va combattre : « *L'Etat s'impose donc à chacun comme le représentant unique du Bien, du
Salut, de la Justice de tous. Il limite la liberté de chacun au nom
de la liberté de tous, le droit de chacun au nom du droit de tous
les intérêts individuels de chacun au nom de l'intérêt collectif
de la société tout entière.* Avec ces mots se termine le *texte* proprement dit du manuscrit et tout ce qui suit est écrit en *note*.

doctrinaires libéraux, au moins ceux parmi eux qui prennent les théories libérales au sérieux, partent du principe de la liberté individuelle, se posent tout d'abord, comme on sait, en adversaires de celui de l'Etat. Ce sont eux qui ont dit les premiers que le gouvernement, c'est-à-dire le corps des fonctionnaires organisé d'une manière ou d'une autre et chargé spécialement d'exercer l'action de l'Etat, était un *mal* nécessaire, et que toute la civilisation consistait en ceci, d'en diminuer toujours davantage les attributs et les droits. Pourtant nous voyons, qu'en pratique, toutes les fois que l'existence de l'Etat est mise sérieusement en question, les libéraux doctrinaires ss montrent des partisans non moins fanatiques du droit absolu de l'Etat que les absolutistes monarchiques et jacobins.

Leur culte quand même de l'Etat, en apparence du moins si complètement opposé à leurs maximes libérales, s'explique de deux manières : d'abord *pratiquement* par les intérêts de leur classe, l'immense majorité des libéraux doctrinaires appartenant à la bourgeoisie. Cette classe si nombreuse et si respectable ne demanderait pas mieux que de s'accorder à elle-même le droit ou plutôt le privilège de la plus complète anarchie ; toute son économie sociale, la base réelle de son existence politique, n'a d'autre loi, on le sait, que cette anarchie exprimée dans ces mots devenus si célèbres : « *Laissez faire et laissez passer.* » Mais elle n'aime cette anarchie que pour elle-même et à condition seulement que les masses « trop ignorantes pour en jouir sans en abuser » restent soumises à la plus sévère discipline de l'Etat. Car si les masses, fatiguées de travailler pour autrui, allaient s'insurger, toute l'existence politique et sociale de la bourgeoisie croulerait. Aussi voyons-nous partout et toujours que, quand la masse des travailleurs se remue, les libéraux bourgeois les plus exaltés, redeviennent immédiatement des partisans forcenés de l'omnipotence de l'Etat. Et comme l'agitation des masses populaires devient aujourd'hui un mal croissant et chronique, nous voyons les bourgeois libéraux, même dans les pays les plus libres, se convertir de plus en plus au culte du pouvoir absolu.

A côté de cette raison pratique, il y en a une autre de nature toute *théorique* et qui force également les libéraux les plus sincères à revenir toujours au culte de l'Etat. Ils sont et s'appellent libéraux parce qu'ils prennent la liberté individuelle pour base et pour point de départ de leur théorie, et c'est précisément parce qu'ils ont ce point de départ ou cette base qu'ils doivent arriver, par une fatale conséquence, à la reconnaissance du droit absolu de l'Etat.

La liberté individuelle n'est point, selon eux, une création, un produit historique de la société. Ils pré-

tendent qu'elle est antérieure à toute société, et que
tout homme l'apporte en naissant, avec son âme immortelle, comme un don divin. D'où il résulte que
l'homme est quelque chose, qu'il n'est même complètement lui-même, un être entier et en quelque sorte
absolu qu'en dehors de la société. Etant libre lui-
même antérieurement et en dehors de la société, il
forme nécessairement cette dernière par un acte volontaire et par une sorte de contrat soit instinctif ou
tacite, soit réfléchi et formel. En un mot, dans cette
théorie, ce ne sont pas les individus qui sont créés
par la société, ce sont eux au contraire qui la créent,
poussés par quelque nécessité extérieure, telles que
le travail et la guerre.

On voit que, dans cette théorie, la société proprement dite n'existe pas ; la société humaine naturelle, le
point de départ réel de toute humaine civilisation, le
seul milieu dans lequel puisse réellement naître et
se développer la personnalité et la liberté des hommes
lui est parfaitement inconnue. Elle ne reconnaît d'un
côté que les individus, êtres existants par eux-mêmes
et libres d'eux-mêmes, et de l'autre, cette société con-
ventionnelle, formée arbitrairement par ces individus
et fondée sur un contrat soit formel, soit tacite
c'est-à-dire l'Etat. (Ils savent fort bien qu'aucun Etat
historique n'a jamais eu un contrat pour base et que
tous ont été fondés par la violence, par la conquête.

Mais cette fiction du contrat libre, base de l'Etat, leur est nécessaire, et ils se l'accordent sans plus de cérémonie).

Les individus humains dont la masse conventionnellement réunie forme l'Etat, apparaissent, dans cette théorie, comme des êtres tout à fait singuliers et pleins de contradiction. Doués chacun d'une âme immortelle et d'une liberté ou d'un libre arbitre qui leur sont inhérents, ils sont, d'un côté, des êtres infinis, absolus et comme tels complets en eux-mêmes, par eux-mêmes, se suffisant à eux-mêmes et n'ayant besoin de personne, à la rigueur pas même de Dieu, parce que étant immortels et infinis ils sont euxmêmes des Dieux. D'un autre, ils sont des êtres très brutalement matériels, faibles, imparfaits, limités et absolument dépendants de la nature extérieure qui les porte, les enveloppe et finit par les emporter tôt ou tard. Considérés au premier point de vue, ils ont si peu besoin de la société, que cette dernière apparaît plutôt comme un empêchement à la plénitude de leur être, à leur liberté parfaite. Aussi avons-nous vu, dès le début du Christianisme, des hommes saints et rigides, qui, ayant pris l'immortalité et le salut de leurs âmes au sérieux, ont rompu leurs liaisons sociales et fuyant tout commerce humain ont cherché dans la solitude la perfection, la vertu, Dieu. Ils ont considéré avec beaucoup de raison, avec beaucoup de conséquence logique, la société comme une source de corruption et l'isolement absolu de l'âme comme la condition de toutes les vertus. S'ils sortirent quelquefois de leur solitude, ce ne fut jamais par besoin, mais par générosité, par charité chrétienne pour les hommes qui continuant de se corrompre dans le milieu social, avaient besoin de leurs conseils, de leurs prières et de leur direction. Ce fut toujours pour sauver les autres, jamais pour se sauver et pour se perfectionner eux-mêmes. Ils risquaient au contraire de perdre leurs âmes en rentrant dans cette société qu'ils avaient fuie avec horreur, comme l'école de toutes les corruptions, et aussitôt leur sainte œuvre achevée ils retournaient au plus vite dans leur désert pour s'y reperfectionner de nouveau par la contemplation incessante de leur être individuel, de leur âme solitaire, en présence de Dieu seul.

C'est un exemple que tous ceux qui croient encore aujourd'hui à l'immortalité de l'âme, à la liberté innée ou au libre arbitre, devaient suivre, pour peu qu'ils désirent sauver leurs âmes, et les préparer dignement pour la vie éternelle. Je le répète encore, les saints anachorètes qui à force d'isolement arrivaient à une imbécillité complète, étaient parfaitement logiques. Du moment que l'âme est immortelle, c'est-à-dire infinie par son essence, libre et d'elle-même, elle doit se suffire à elle-même. Il n'y a que les êtres passagers, limités et finis qui puissent se compléter mutuellement; l'infini ne se complète pas. En rencontrant un autre, qui n'est pas lui-même, il se sent au contraire rétréci, donc il doit fuir, ignorer tout ce qui n'est pas lui-même. A la rigueur, ai-je dit, l'âme immortelle devait pouvoir se passer de Dieu même. Un être infini en lui-même ne peut en reconnaître un autre qui lui soit égal à côté de lui, ni encore moins un qui lui serait supérieur au-dessus de lui-même. Tout être qui serait aussi infini que lui-même et qui serait autre que lui, lui poserait une limite et par conséquent en ferait un être déterminé et fini. En reconnaissant un être aussi infini qu'elle-même, en dehors d'elle-même, l'âme immortelle se reconnaît donc nécessairement comme un être fini. Car l'infini n'est réellement tel qu'en embrassant tout et ne laissant rien en dehors de soi-même. A plus forte raison un être infini ne peut, ne doit pas reconnaître un être infini qui lui soit supérieur. L'infinité n'admet rien de relatif, rien de comparatif; ces mots infinité supérieure et infinité inférieure impliquent donc une absurdité. Dieu est précisément une absurdité. La théologie qui a le privilège d'être absurde et qui croit dans les choses précisément parce que ces choses sont absurdes, a mis au-dessus des âmes humaines immortelles et par conséquent infinies, l'infinité supérieure, absolue de Dieu. Mais pour se corriger, elle a créé la fiction de

Satan qui représente précisément la révolte d'un être infini contre l'existence d'une infinité absolue, contre Dieu. Et de même que Satan s'est révolté contre l'infinité supérieure de Dieu, de même les saints anachorètes du christianisme, trop humbles pour se révolter contre Dieu, se sont révoltés contre l'infinité égale des hommes, contre la société.

Ils ont déclaré avec beaucoup de raison qu'ils n'en avaient pas besoin pour se sauver ; et que puisque par une fatalité étrange ils étaient des infinités [1].... et déchues, la société de Dieu, la contemplation d'eux-mêmes en présence de cette infinité absolue leur suffisait.

Et je le déclare encore, c'est un exemple à suivre pour tous ceux qui croient en l'immortalité de l'âme. A ce point de vue, la société ne peut leur offrir qu'une perdition certaine. En effet, que donne-t-elle aux hommes ? Les richesses matérielles tout d'abord qui ne peuvent être produites en proportion suffisante que par le travail collectif. Mais pour qui croit à une existence éternelle, ces richesses ne doivent-elles point être un objet de mépris ? Jésus-Christ n'a-t-il point dit à ses disciples : « Ne ramassez point de trésors sur cette terre, car là où sont vos trésors, là est votre cœur.» — et une autre fois : « Il est plus facile à une grosse corde (un chameau, d'après une autre version), de

1. Un mot illisible (dé....qués).

passer par le trou d'une aiguille, qu'à un riche d'entrer dans le royaume céleste ». (Je m'imagine toujours la figure que doivent faire les pieux et riches bourgeois protestants de l'Angleterre, de l'Amérique, de l'Allemagne, de la Suisse, en lisant ces sentences si décisives et si désagréables pour eux).

Jésus-Christ a raison, entre la convoitise des richesses matérielles et le salut des âmes immortelles, il y a une incompatibilité absolue. Et alors, pour peu qu'on croie réellement à l'immortalité de l'âme, ne vaut-il pas mieux renoncer au confort et au luxe que donne la société et vivre de racines comme l'ont fait les anachorètes en sauvant son âme pour l'éternité, que de la perdre au prix de quelques dizaines d'années de jouissances matérielles. Ce calcul est si simple, si évidemment juste, que nous sommes forcés de penser que les pieux et riches bourgeois, banquiers, industriels, commerçants, qui font de si excellentes affaires par les moyens que l'on sait, tout en ayant toujours des paroles de l'Evangile à la bouche, ne comptent aucunement sur l'immortalité de l'âme pour [eux] et qu'ils l'abandonnent généreusement au prolétariat, se réservant humblement pour eux-mêmes ces misérables biens matériels qu'ils amassent sur cette terre.

En dehors des biens matériels, que donne encore la société ? Les affections charnelles, humaines, terrestres, la civilisation et la culture de l'esprit, toutes choses qui sont immenses au point de vue humain, passager et terrestre, mais qui devant l'éternité, devant l'immortalité, devant Dieu sont égales à zéro. La plus grande sagesse humaine n'est-elle point folie devant Dieu ?

Une légende de l'Eglise orientale raconte que deux saints anachorètes s'étant emprisonnés volontairement pendant quelques dizaines d'années dans une île déserte, s'isolant même l'un de l'autre et passant nuit et jour dans la contemplation et dans la prière, étaient arrivés à ce point qu'ils avaient même perdu l'usage de la parole ; de tout leur ancien dictionnaire, ils n'avaient conservé que trois ou quatre mots qui réunis ensemble ne présentaient aucun sens, mais qui n'en exprimaient pas moins, devant Dieu, les aspirations les plus sublimes de leurs âmes. Ils vivaient naturellement de racines comme les bêtes herbivores. Au point de vue humain, ces deux hommes étaient des imbéciles ou des fous, mais au point de vue divin, à celui de la croyance en l'immortalité de l'âme, ils se sont montrés des calculateurs bien plus profonds que Galilée et Newton. Car ils ont sacrifié quelques dizaines d'années de prospérité terrestre et d'esprit mondain pour gagner la béatitude éternelle et l'esprit divin.

Donc il est évident qu'en tant que doué d'une âme immortelle, d'une infinité et d'une liberté inhérentes à cette âme, l'homme est un être éminemment anti-social. Et s'il avait été toujours sage, si préoccupé exclusivement de son éternité, il avait eu l'esprit de mépriser tous les biens, toutes les affections et toutes les vanités de cette terre, il ne serait jamais sorti de cet état d'innocence ou d'imbécillité divine et ne se serait jamais formé en société. En un mot Adam et Eve n'auraient jamais goûté du fruit de l'arbre de la science et nous aurions tous vécu comme des bêtes dans ce paradis terrestre que Dieu leur avait assigné pour demeure. Mais du moment que les hommes ont voulu savoir, se civiliser, s'humaniser, penser, parler et jouir des biens matériels, ils ont dû nécessairement sortir de leur solitude et s'organiser en société. Car autant ils sont *intérieurement* infinis, immortels, libres, autant ils sont *extérieurement* limités, mortels, faibles et dépendants du monde extérieur.

Considérés au point de vue de leur existence terrestre, c'est-à-dire non fictive mais réelle, la masse des hommes présente un spectacle tellement dégradant, si mélancoliquement pauvre d'initiative, de volonté et d'esprit, qu'il faut être doué vraiment d'une grande capacité de se faire illusion pour trouver en eux une âme immortelle et l'ombre d'un libre arbitre quelconque. Ils se présentent à nous comme des êtres absolument et fatalement déterminés : déterminés avant tout par la nature extérieure, par la configuration du sol et par toutes les conditions matérielles de leur existence; déterminés par les innombrables rapports politiques, religieux et sociaux, par les coutumes, les habitudes, les lois, par tout un monde de préjugés ou de pensées élaborées lentement par les siècles passés, et qu'ils trouvent en naissant à la vie dans la société, dont ils ne sont jamais les créateurs, mais les produits d'abord et plus tard les instruments. Sur mille hommes on en trouvera à peine un, duquel on puisse dire à un point de vue non absolu mais seulement relatif, qu'il veut et qu'il pense de soi-même. L'immense majorité des individus humains, non seulement dans les *masses ignorantes*, mais tout aussi bien dans les classes civilisées et privilégiées, ne veulent et ne pensent que ce que tout le monde autour d'eux veut et pense, ils croient sans doute vouloir et penser eux-mêmes, mais ils ne font que reparaître servilement, routinièrement, avec des modifications tout à fait imperceptibles et nulles, les pensées et les volontés d'autrui. Cette servilité, cette routine, sources intarissables du lieu commun, cette absence de révolte dans la volonté et cette absence d'initiative dans la pensée des individus sont les causes principales de la lenteur désolante du développement historique de l'humanité. Pour nous, matérialistes ou réalistes, qui ne croyons ni en l'immortalité de l'âme ni dans le libre arbitre, cette lenteur, tout affligeante qu'elle soit, apparaît comme un fait naturel. Parti de l'état de gorille, l'homme n'arrive que très difficilement à la conscience de son humanité et à la réalisation de sa liberté. D'abord il ne peut avoir ni cette conscience, ni cette liberté; il naît bête féroce et esclave, et il ne s'humanise et ne s'émancipe progressivement qu'au sein de la société qui est nécessairement antérieure à la naissance de sa pensée, de sa parole et de sa volonté; et il ne peut le faire que par les efforts collectifs de tous les membres passés et présents de cette société qui est par conséquent la base et le point de départ naturel de son humaine existence. Il en résulte que l'homme ne réalise sa liberté individuelle ou bien sa personnalité qu'en se complétant de tous les individus qui l'entourent, et seulement grâce au travail et à la puissance collective de la société, en dehors de laquelle, de toutes les bêtes féroces qui existent sur la terre, il resterait, sans doute toujours la plus stupide et la plus misérable. Dans le système des matérialistes qui est le seul naturel et logique, la société loin d'amoindrir et de limiter, crée au contraire la liberté des individus humains. Elle est la racine, l'arbre et la liberté est son fruit. Par conséquent, à chaque époque, l'homme doit chercher sa liberté non au début, mais à la fin de l'histoire, et l'on peut dire que l'émancipation réelle et complète de chaque individu humain est le vrai, le grand but, la fin suprême de l'histoire.

Tout autre est le point de vue des idéalistes. Dans leur système, l'homme se produit d'abord comme un être immortel et libre et il finit par devenir un esclave. Comme esprit immortel et libre, infini et complet en lui-même, il n'a pas besoin de société ; d'où il résulte que s'il se met en société, ce ne peut être que par une sorte de déchéance, ou bien parce qu'il oublie et perd la conscience de son immortalité et de sa liberté. Etre contradictoire, infini à l'intérieur comme esprit, mais dépendant, défectueux et matériel au dehors, il est forcé de s'associer non en vue des besoins de son âme, mais pour la conservation de son corps. La société ne se forme donc que par une sorte de sacrifice des intérêts et de l'indépendance de l'âme aux besoins méprisables du corps. C'est une vraie déchéance et un asservissement pour l'individu intérieurement immortel et libre, une renonciation au moins partielle à sa liberté primitive.

On sait la phrase sacramentelle qui dans le jargon de tous les partisans de l'Etat et du droit juridique, exprime cette déchéance et ce sacrifice, ce premier pas fatal vers l'asservissement humain. L'individu jouissant d'une liberté complète à l'état de nature, c'est-à-dire avant qu'il ne soit devenu membre d'aucune société, fait, en entrant dans cette dernière, le sacrifice d'une partie de cette liberté, afin que la société lui garantisse tout le reste. A qui demande l'explication de cette phrase, on répond ordinairement par une autre : « *La liberté de chaque individu humain ne doit avoir d'autres limites que celle de tout les autres individus.* »

En apparence, rien de plus juste, n'est-ce pas ? Et pourtant cette théorie contient en germe toute la théorie du despotisme. Conformément à l'idée fondamentale des idéalistes de toutes les écoles et contrairement à tous les faits réels, l'individu humain apparaît comme un être absolument libre tant et seulement tant qu'il reste en dehors de la société, d'où il résulte que cette dernière, considérée et comprise uniquement comme société juridique et politique, c'est-à-dire comme Etat, est la négation de la liberté. Voilà le résultat de l'idéalisme, il est tout contraire comme on voit, aux déductions du matérialisme, qui conformément à ce qui se passe dans le monde réel, font procéder la liberté individuelle des hommes de la société, comme une conséquence nécessaire du développement collectif de l'humanité.

La définition matérialiste, réaliste et collectiviste de la liberté tout opposée à celle des idéalistes, est celle-ci : L'homme ne devient homme et n'arrive tant à la conscience qu'à la réalisation de son humanité que dans la société et seulement par l'action collective de la société tout entière ; il ne s'émancipe du joug de la nature extérieure que par le travail

collectif ou social qui seul est capable de transformer
la surface de la terre en un séjour favorable aux dé
veloppements de l'humanité ; et sans cette émancipation matérielle il ne peut y avoir d'émancipation
intellectuelle et morale pour personne. Il ne peut
s'émanciper du joug de sa propre nature, c'est-à-dire
il ne peut subordonner les instincts et les mouvements de son propre corps à la direction de son esprit
de plus en plus développé, que par l'éducation et par
l'instruction ; mais l'une et l'autre sont des choses
éminemment, exclusivement sociales ; car en dehors
de la société l'homme serait resté éternellement une
bête sauvage ou un saint, ce qui signifie à peu près
la même chose. Enfin l'homme isolé ne peut avoir
la conscience de sa liberté. Etre libre, pour l'homme,
signifie être reconnu et considéré et traité comme tel
par un autre homme, par tous les hommes qui l'entourent. La liberté n'est donc point un fait d'isolement, mais de réflexion mutuelle, non d'exclusion
mais au contraire de liaison, la liberté de tout individu n'étant autre chose que la réflexion de son humanité ou de son droit humain dans la conscience
de tous les hommes libres, ses frères, ses égaux.

Je ne puis me dire et me sentir libre seulement
qu'en présence et vis-à-vis d'autres hommes. En présence d'un animal d'une espèce inférieure, je ne suis
ni libre, ni homme, parce que cet animal est inca-

pable de concevoir et par conséquent aussi de reconnaître mon humanité. Je ne suis humain et libre moi-même qu'autant que je reconnais la liberté et l'humanité de tous les hommes qui m'entourent. Ce n'est qu'en respectant leur caractère humain que je respecte le mien propre. Un anthropophage qui mange son prisonnier, en le traitant de bête sauvage, n'est pas un homme mais une bête. Un maître d'esclaves n'est pas un homme, mais un maître. Ignorant l'humanité de ses esclaves, il ignore sa propre humanité. Toute la société antique nous en fournit une preuve : les Grecs, les Romains ne se sentaient pas libres comme hommes, ils ne se considéraient pas comme tels de par le droit humain ; ils se croyaient des privilégiés comme Grecs, comme Romains, seulement au sein de leur propre patrie, tant qu'elle restait indépendante, inconquise et conquérant au contraire les autres pays, par la protection spéciale de leurs Dieux nationaux, et ils ne s'étonnaient point, ni ne croyaient avoir le droit et le devoir de se révolter, lorsque, vaincus, ils tombaient eux-mêmes dans l'esclavage.

C'est le grand mérite du Christianisme d'avoir proclamé l'humanité de tous les êtres humains, y compris les femmes, l'égalité de tous les hommes devant Dieu. Mais comment l'a-t-il proclamée ? Dans le ciel, pour la vie à venir, non pour la vie présente et réelle, non sur la terre. D'ailleurs cette égalité à ve-

nir est encore un mensonge, car le nombre des élus
est excessivement restreint, on le sait. Sur ce point-
là, les théologiens des sectes chrétiennes les plus différentes sont unanimes. Donc la soi-disant égalité
chrétienne aboutit au plus criant privilège, à celui de
quelques milliers d'élus par la grâce divine sur des
millions de damnés. D'ailleurs cette égalité de tous
devant Dieu, alors même qu'elle devait se réaliser
pour chacun, ne serait encore que l'égale nullité et
l'esclavage égal de tous devant un maître suprême.
Le fondement du culte chrétien et la première condition de salut, n'est-ce pas la renonciation à la dignité humaine et le mépris de cette dignité en présence de la grandeur divine? Un chrétien n'est donc
pas un homme, dans ce sens qu'il n'a pas la conscience de l'humanité, et parce que, ne respectant pas
la dignité humaine en soi-même, il ne peut la respecter en autrui ; et ne la respectant pas en autrui, il ne
peut la respecter en soi-même. Un chrétien peut
être un prophète, un saint, un prêtre, un roi, un général, un ministre, un fonctionnaire, le représentant
d'une autorité quelconque, un gendarme, un bourreau, un noble, un bourgeois exploitant ou un pro
létaire asservi, un oppresseur ou un opprimé, un tor-
tureur ou un torturé, un maître ou un salarié, mais
il n'a pas le droit de se dire un homme, parce que
l'homme ne devient réellement tel que lorsqu'il res-

pecte et qu'il aime l'humanité et la liberté de tout le monde, et que sa liberté et son humanité sont respectées aimées, suscitées et créées par tout le monde.

Je ne suis vraiment libre que lorsque tous les êtres humains qui m'entourent, hommes et femmes, sont également libres. La liberté d'autrui, loin d'être une limite ou la négation de ma liberté, en est au contraire la condition nécessaire et la confirmation. Je ne deviens libre vraiment que par la liberté d'autres, de sorte que plus nombreux sont les hommes libres qui m'entourent et plus profonde et plus large est leur liberté, et plus étendue, plus profonde et plus large devient ma liberté. C'est au contraire l'esclavage des hommes qui pose une barrière à ma liberté, ou ce qui revient au même, c'est leur bestialité qui est une négation de mon humanité parce que encore une fois, je ne puis me dire libre vraiment, que lorsque ma liberté, ou ce qui veut dire la même chose, lorsque ma dignité d'homme, mon droit humain, qui consiste à n'obéir à aucun autre homme et à ne déterminer mes actes que conformément à mes convictions propres, réfléchis par la conscience également libre de tous, me reviennent confirmés par l'assentiment de tout le monde. Ma liberté personnelle ainsi confirmée par la liberté de tout le monde s'étend à l'infini.

On voit que la liberté, telle qu'elle est conçue par

16.

les matérialistes, est une chose très positive, très complexe et surtout éminemment sociale, parce qu'elle ne
peut être réalisée que par la société et seulement dans
la plus étroite égalité et solidarité de chacun avec tous.
On peut distinguer en elle trois moments de développement, trois éléments, dont le premier est éminemment positif et social ; c'est le plein développement
et la pleine jouissance de toutes les facultés et puissances humaines pour chacun par l'éducation, par
l'instruction scientifique et par la prospérité matérielle, toutes choses qui ne peuvent être données à
chacun que par le travail collectif, matériel et intellectuel, musculaire et nerveux de la société tout entière.

Le second élément ou moment de la liberté est
négatif. C'est celui de la *révolte* de l'individu humain
contre toute autorité divine et humaine, collective et
individuelle.

C'est d'abord la révolte contre la tyrannie du fantôme suprême de la théologie, contre Dieu. Il est
évident que tant que nous aurons un maître au ciel,
nous serons esclaves sur la terre. Notre raison et
notre volonté seront également annulées. Tant que
nous croirons lui devoir une obéissance absolue, et
vis-à-vis d'un Dieu il n'y a point d'autre obéissance
possible, nous devrons nécessairement nous soumettre
passivement et sans la moindre critique à la sainte

autorité de ses intermédiaires et de ses élus : Messies, prophètes, législateurs divinement inspirés, empereurs, rois et tous leurs fonctionnaires et ministres, représentants et serviteurs consacrés des deux grandes institutions qui s'imposent à nous comme établies [par] Dieu même pour la direction des hommes : de l'*Eglise et de* l'*Etat*. Toute autorité temporelle ou humaine procède directement de l'autorité spirituelle ou divine. Mais l'autorité c'est la négation de la liberté. Dieu, ou plutôt la fiction de Dieu, est donc la consécration et la cause intellectuelle et morale de tout esclavage sur la terre, et la liberté des hommes ne sera complète que lorsqu'elle aura complètement anéanti la fiction néfaste d'un maître céleste.

C'est en suite et en conséquence la révolte de chacun contre la tyrannie des hommes, contre l'autorité tant individuelle que sociale représentée et légalisée par l'Etat. Ici il faut pourtant bien s'entendre et pour s'entendre il faut commencer par établir une distinction bien précise entre l'autorité officielle et par conséquent tyrannique de la société organisée en Etat, de l'influence et de l'action naturelle de la société non officielle, mais naturelle sur chacun de ses membres.

La révolte contre cette influence naturelle de la société est beaucoup plus difficile pour l'individu que la révolte contre la société officiellement organisée,

contre l'Etat, quoique souvent elle soit tout aussi inévitable que cette dernière. La tyrannie sociale, souvent
écrasante et funeste, ne présente pas ce caractère de
violence impérative, de despotisme légalisé et formel
qui distingue l'autorité de l'Etat. Elle ne s'impose
pas comme une loi à laquelle tout individu est forcé
de se soumettre sous peine d'encourir un châtiment
juridique. Son action est plus douce, plus insi-
nuante, plus imperceptible, mais d'autant plus puissante que celle de l'autorité de l'Etat. Elle domine
les hommes par les coutumes, par les mœurs, par la
masse des sentiments, des préjugés et des habitudes
tant de la vie matérielle que de l'esprit et du cœur et
qui constituent ce que nous appelons l'opinion publique. Elle enveloppe l'homme dès sa naissance, le
transperce, le pénètre, et forme la base même de sa
propre existence individuelle ; de sorte que chacun
en est en quelque sorte le complice contre lui-même,
plus ou moins, et le plus souvent sans s'en douter
lui-même. Il en résulte, que pour se révolter contre
cette influence que la société exerce naturellement sur
lui, l'homme doit au moins en partie se révolter
contre lui-même, car avec toutes ses tendances et aspirations matérielles, intellectuelles et morales, il n'est
lui-même rien que le produit de la société. De là cette
puissance immense exercée par la société sur les
hommes.

Au point de vue de la morale absolue, c'est-à-dire de celui du respect humain, et je m'en vais dire tout à l'heure ce que j'entends par ce mot, cette puissance de la société peut être bienfaisante, comme elle peut être aussi malfaisante. Elle est bienfaisante lorsqu'elle tend au développement de la science, de la prospérité matérielle, de la liberté, de l'égalité et de la solidarité fraternelle des hommes, elle est malfaisante lorsqu'elle a des tendances contraires. Un homme né dans une société de brutes reste à très peu d'exceptions près une brute ; né dans une société gouvernée par les prêtres, il devient un idiot, un cagot ; né dans une bande de voleurs, il deviendra probablement un voleur ; né dans la bourgeoisie il sera un exploiteur du travail d'autrui ; et s'il a le malheur de naître dans la société des demi-dieux qui gouvernent cette terre, nobles, princes, fils de rois, il sera selon les degrés de ses capacités, de ses moyens et de sa puissance un mépriseur, un asservisseur de l'humanité, un tyran. Dans tous ces cas, pour l'humanisation même de l'individu, sa révolte contre la société qui l'a vu naître devient indispensable.

Mais, je le répète, la révolte de l'individu contre la société, c'est une chose bien autrement difficile, que sa révolte contre l'Etat. L'Etat est une institution historique, transitoire, une forme passagère de la société, comme l'Eglise elle-même dont il est le frère cadet, mais il n'a point le caractère fatal et immuable de la société qui est antérieure à tous les développements de l'humanité et qui, participant pleinement de la toute-puissance des lois, de l'action et des manifestations naturelles, constitue la base même de toute existence humaine. L'homme, au moins depuis qu'il a fait son premier pas vers l'humanité, depuis qu'il a commencé à être un être humain, c'est-à-dire un être parlant et pensant plus ou moins, naît dans la société, comme la fourmi naît dans sa fourmilière et comme l'abeille dans sa ruche; il ne la choisit pas, il en est au contraire le produit, et il est aussi fatalement soumis aux lois naturelles qui président à ses développements nécessaires, comme il obéit à toutes les autres lois naturelles. La société est antérieure et à la fois elle survit à chaque individu humain, comme la nature elle-même; elle est éternelle comme la nature, ou plutôt née sur la terre, elle durera aussi longtemps que durera notre terre. Une révolte radicale contre la société serait donc aussi impossible pour l'homme qu'une révolte contre la nature, la société humaine n'étant d'ailleurs autre chose que la dernière grande manifestation ou création de la nature sur cette terre; et un individu qui voudrait mettre la société, c'est-à-dire la nature en général et spécialement sa propre nature en question, se mettrait par là même en dehors de toutes les conditions d'une réelle existence, s'élancerait dans le néant, dans le vide absolu, dans l'abstraction morte, dans Dieu. On peut donc aussi peu demander si la société est un bien ou un mal, qu'il est impossible de demander si la nature, l'être universel, matériel, réel, unique, suprême, absolu, est un bien ou un mal ; c'est plus que tout cela ; c'est un immense fait positif et primitif, antérieur à toute conscience, à toute idée, à toute appréciation intellectuelle et morale, c'est la base même, c'est le monde dans lequel fatalement et plus tard se développe pour nous ce que nous appelons le bien et le mal.

Il n'en est pas ainsi de l'Etat ; et je n'hésite pas à dire que l'Etat c'est le mal, mais un mal historiquement nécessaire, aussi nécessaire dans le passé que le sera tôt ou tard son extinction complète, aussi nécessaire que l'ont été la bestialité primitive et les divagations théologiques des hommes. L'Etat n'est point la société, il n'en est qu'une forme historique aussi brutale qu'abstraite. Il est né historiquement dans tous les pays du mariage de la violence, de la rapine, du pillage, en un mot de la guerre et de la conquête, avec les Dieux créés successivement par la fantaisie théologique des nations. Il a été dès son origine et il reste encore à présent la sanction divine de la force brutale et de l'iniquité triomphante. C'est, dans les pays même les plus démocratiques comme les Etats-Unis de l'Amérique et la Suisse,

.....[1] régulière du privilège d'une minorité quelcon‑
que et de l'asservissement réel de l'immense majorité

La révolte est beaucoup plus facile contre l'Etat,
parce qu'il y a dans la nature même de l'Etat quelque
chose qui provoque à la révolte. L'Etat c'est l'auto‑
rité, c'est la force, c'est l'ostentation et l'infatuation
de la force. Il ne s'insinue pas, il ne cherche pas à
convertir : et toutes les fois qu'il s'en mêle, il le fait
de très mauvaise grâce ; car sa nature, ce n'est point
de persuader, mais de s'imposer, de forcer. Quelque
peine qu'il se donne pour masquer cette nature comme
le violateur légal de la volonté des hommes, comme
la négation permanente de leur liberté. Alors même
qu'il commande le bien, il le dessert et le gâte, pré‑
cisément parce qu'il le commande, et que tout com‑
mandement provoque et suscite les révoltes légitimes
de la liberté ; et parce que le bien, du moment qu'il
est commandé, au point de vue de la vraie morale, de
la morale humaine, non divine sans doute, au point
de vue du respect humain et de la liberté, devient le
mal. La liberté, la moralité et la dignité humaine de
l'homme consiste précisément en ceci, qu'il fait le
bien, non parce qu'il lui est commandé, mais parce
qu'il le conçoit, qu'il le veut et qu'il l'aime.

La société, elle, ne s'impose pas formellement, of‑

---

1. *Un mot illisible.*

ficiellement, autoritairement, elle s'impose naturellement, et c'est à cause de cela même que son action
sur l'individu est incomparablement plus puissante
que celle de l'Etat. Elle crée et elle forme tous les individus qui naissent et qui se développent en son
sein. Elle fait passer en eux lentement, depuis le pre_
mier jour de leur naissance jusqu'à celui de leur
mort, toute sa propre nature matérielle, intellectuelle
et morale ; elle s'individualise pour ainsi dire dans
chacun.

L'individu humain réel est si peu un être universel et abstrait, que chacun, du moment qu'il se forme
dans les entrailles de sa mère, se trouve déjà déterminé et particularisé par une foule de causes et d'actions matérielles, géographiques, climatologiques,
ethnographiques, hygiéniques et par conséquent économiques, qui constituent proprement la nature matérielle exclusivement particulière à sa famille, à sa
classe, à sa nation, à sa race, et autant que les pen-
chants et les aptitudes des hommes dépendent de l'ensemble de toutes ces influences extérieures ou physiques, chacun naît avec une nature ou un caractère
individuel matériellement déterminé. De plus, grâce
à l'organisation relativement supérieure du cerveau
humain, chaque homme apporte en naissant, à des
degrés d'ailleurs différents, non des idées et des sentiments innés comme le prétendent les idéalistes,

mais la capacité à la fois matérielle et formelle de sentir, de penser, de parler et de vouloir. Il n'apporte avec lui que la faculté de former et de développer les idées, et comme je viens de le dire, une puissance d'activité toute formelle, sans aucun contenu. Qui lui donne son premier contenu? La société.

Ce n'est pas ici le lieu de rechercher comment se sont formées les premières notions et les premières idées, dont la plupart furent naturellement très absurdes, dans les sociétés primitives. Tout ce que nous pouvons dire avec une pleine certitude, c'est que d'abord elles n'ont pas été créées isolément et spontanément par l'esprit miraculeueement illuminé d'individus inspirés, mais bien par le travail collectif, le plus souvent imperceptible de l'esprit de tous les individus qui ont fait partie de ces sociétés et dont les individus marquants, les hommes de génie n'ont jamais pu donner que la plus fidèle ou la plus heureuse expression, tous les hommes de génie ayant toujours été comme Voltaire, « *prenant leur bien partout où ils le trouvaient* ». Donc c'est le travail intellectuel collectif des sociétés primitives qui a créé les premières idées. Ces idées ne furent d'abord rien que de simples constatations, naturellement très imparfaites des faits naturels et sociaux et des conclusions encore moins judicieuses tirées de ces faits. Tel fut le commencement de toutes les représentations, imaginations et pensées humaines. Le contenu de ces pensées, loin d'avoir été créé par une action spontanée de l'esprit humain, lui fut donné d'abord par le monde réel tant extérieur qu'intérieur. L'esprit de l'homme, c'est-à-dire le travail ou le fonctionnement tout à fait organique et par conséquent matériel de son cerveau, provoqué par les impressions tant extérieures qu'intérieures que lui transmettent ses nerfs, n'y ajoute qu'une action toute formelle, consistant à comparer et à combiner ces impressions des choses et des faits en des systèmes justes ou faux. C'est ainsi que naquirent les premières idées. Par la parole ces idées ou plutôt ces premières imaginations se précisèrent, se fixèrent en se transmettant d'un individu humain à un autre ; de sorte que les imaginations individuelles de chacun se rencontrèrent, se contrôlèrent, se modifièrent, se complétèrent mutuellement, et se confondant plus ou moins en un système unique, finirent par former la conscience commune, la pensée collective de la société. Cette pensée transmise par la tradition d'une génération à une autre et se développant toujours davantage par le travail intellectuel des siècles, constitue le patrimoine intellectuel et moral d'une société, d'une classe, d'une nation.

Chaque génération nouvelle trouve à son berceau tout un monde d'idées, d'imaginations et de sentiments qu'elle reçoit comme un héritage des siècles passés. Ce monde ne se présente pas d'abord à l'homme nouvellement né sous sa forme idéale, comme système de représentations et d'idées, comme religion, comme doctrine ; l'enfant serait incapable de le recevoir ni de le concevoir sous cette forme; mais il s'impose à lui comme un monde de faits incarné et réalisé tant dans les personnes que dans toutes les choses qui l'entourent, en parlant à ses sens par tout ce qu'il entend et ce qu'il voit dès le premier jour de sa vie. Car les idées et les représentations humaines, n'ayant été d'abord rien que les produits des faits réels, tant naturels que sociaux, dans ce sens qu'ils en ont été la réflexion ou la répercussion dans le cerveau humain et la reproduction pour ainsi dire idéale et plus ou moins judicieuse de ces faits par cet organe absolument matériel de la pensée humaine, acquièrent plus tard, après qu'elles se sont bien établies, de la manière que je viens d'expliquer, dans la conscience collective d'une société quelconque, la puissance de devenir à leur tour des causes productives de faits nouveaux, non proprement naturels, mais sociaux. Elles finissent par modifier et par transformer, très lentement il est vrai, l'existence, les habitudes et les institutions humaines, en un mot tous les rapports des hommes dans la société, et par leur incarnation dans les choses les plus journalières de la vie de chacun, elles deviennent sensibles, palpables pour tous, même pour les enfants. De sorte que chaque génération nouvelle s'en pénètre dès sa plus tendre enfance, et quand elle arrive à l'âge viril, où commence proprement le travail de sa propre pensée, nécessairement accompagné d'une critique nouvelle, elle trouve en elle-même aussi bien que dans la société qui l'entoure, tout un monde de pensées ou de représentations établies, qui lui servent de point de départ et lui donnent en quelque sorte la matière première ou l'étoffe pour son propre travail intellectuel et moral. De ce nombre sont les imaginations traditionnelles et communes que les métaphysiciens, trompés par la manière tout à fait insensible et imperceptible, par laquelle, venant du dehors, elles pénètrent et s'impriment dans le cerveau des enfants, avant même qu'ils ne fussent arrivés à la conscience d'eux-mêmes, appellent faussement les *idées innées*.

Telles sont les idées générales ou abstraites sur la divinité et sur l'âme, idées complètement absurdes, mais inévitables, fatales dans le développement historique de l'esprit humain qui n'arrivant que très lentement à travers beaucoup de siècles à la connaissance rationnelle et critique de soi-même et de ses manifestations propres, part toujours de l'absurde pour arriver à la vérité et de l'esclavage pour conquérir la liberté ; idées sanctionnées par l'ignorance universelle et par la stupidité des siècles, aussi bien que par l'intérêt bien entendu des classes privilégiées, au point qu'aujourd'hui même, on ne saurait se prononcer ouvertement et dans un langage populaire contre elles, sans révolter une notable partie des masses populaires et sans encourir le danger d'être lapidé par l'hypocrisie bourgeoise. A côté de ces idées tout abstraites et toujours en liaison très intime avec elles, l'adolescent trouve dans la société et par suite de l'influence toute-puissante exercée par cette dernière sur son enfance, il trouve en lui-même une quantité d'autres représentations ou idées beaucoup plus déterminées et qui touchent de plus près à la vie réelle de l'homme, à son existence journalière. Telles sont les représentations sur la nature et sur l'homme, sur la justice, sur les devoirs et les droits des individus et des classes, sur les convenances sociales, sur la famille, sur la propriété, sur l'Etat et beaucoup d'autres encore qui règlent les rapports des hommes entre eux. Toutes ces idées qu'il trouve incarnées dans les choses et dans les hommes, en naissant, et qui s'impriment dans son propre esprit par l'éducation et par l'instruction qu'il reçoit, avant même qu'il ne soit arrivé à la connaissance de soi-même, il les retrouve plus tard consacrées, expliquées, commentées par les théories qui expriment la conscience universelle ou le préjugé collectif et par toutes les institutions religieuses, politiques et économiques de la société dont il fait partie. Et il en est tellement imprégné lui-même, que fût-il ou non personnellement intéressé à les défendre, il en est involontairement, par toutes ses habitudes matérielles, intellectuelles et morales, le complice.

Ce dont il faut s'étonner, ce n'est donc pas de l'action toute-puissante que ces idées, qui expriment la conscience collective de la société, exercent sur la masse des hommes ; mais bien au contraire, qu'il se trouve, dans cette masse, des individus qui ont la pensée, la volonté et le courage de les combattre. Car la pression de la société sur l'individu est immense, et il n'y a point de caractère assez fort, ni d'intelligence assez puissante qui puissent se dire à l'abri des atteintes de cette influence aussi despotique qu'irrésistible.

Rien ne prouve le caractère social de l'homme que cette influence. On dirait que la conscience collective d'une société quelconque, incarnée aussi bien dans les grandes institutions publiques que dans tous les détails de sa vie privée et servant de base à toutes ses théories, forment une sorte de milieu ambiant, une sorte d'atmosphère intellectuelle et morale, nuisible mais absolument nécessaire à l'existence de tous ses membres. Elle les domine, elle les soutient en même temps, les reliant entre eux par des rapports coutumiers et nécessairement déterminés par elle, même ; inspirant à chacun la sécurité, la certitude et constituant pour tous la condition suprême de l'existence du grand nombre, la banalité, le lieu-commun, la routine.

Le plus grand nombre des hommes, pas seulement dans les masses populaires, mais dans les classes privilégiées et éclairées aussi bien et souvent même plus que dans les masses, ne se sentent tranquilles et en paix avec eux-mêmes que lorsque dans leurs pensées et dans tous les actes de leur vie ils suivent fidèlement, aveuglément la tradition et la routine : « Nos pères ont pensé et fait ainsi, nous devons penser et faire comme eux; tout le monde autour de nous pense et agit ainsi, pourquoi penserions et agirions-nous autrement que tout le monde ? » Ces mots expriment la philosophie, la conviction et la pratique des quatre-vingt-dix-neuf centièmes parties de l'humanité, prise indifféremment dans toutes les classes de la société. Et comme je l'ai déjà observé, c'est là le plus grand empêchement au progrès et à l'émancipation plus rapide de l'espèce humaine.

Quelles sont les causes de cette lenteur désolante et si proche de la stagnation qui constitue, selon moi, le plus grand malheur de l'humanité? Ces causes sont multiples. Parmi elles, l'une des plus considérables sans doute, c'est l'ignorance des masses. Privées généralement et systématiquement de toute éducation scientifique, grâce aux soins paternels de tous les gouvernements et des classes privilégiées qui trouvent utile de les maintenir aussi longtemps que possible dans l'ignorance, dans la piété, dans la foi, trois substantifs qui expriment à peu près la même chose, elles ignorent également l'existence et l'usage de cet instrument d'émancipation intellectuelle qu'on appelle la critique, sans laquelle il ne peut y avoir de révolution morale et sociale complète. Les masses qui ont tout intérêt à se révolter contre l'ordre des choses établi, y sont encore plus ou moins rattachées par la religion de leurs pères, cette providence des classes privilégiées.

Les classes privilégiées qui n'ont plus aujourd'hui quoi qu'elles disent, ni la piété ni la foi, y sont rattachées à leur tour par leur intérêt politique et social. Pourtant, il est impossible de dire que ce soit là la seule raison de leur attachement passionnel pour les idées dominantes. Quelque mauvaise opinion que j'aie de la valeur actuelle, intellectuelle et morale de ces classes, je ne puis admettre que l'intérêt seul soit le mobile de leurs pensées et de leurs actes.

Il y a sans doute dans chaque classe et dans chaque parti un groupe plus ou moins nombreux d'exploiteurs intelligents, audacieux et consciencieusement malhonnêtes, ce que l'on appelle les *hommes forts*, libres de tous préjugés intellectuels et moraux, également indifférents à toutes les convictions et se servant de toutes au besoin pour atteindre leur but. Mais ces hommes distingués ne forment jamais dans les classes les plus corrompues qu'une minorité très infime ; la foule y est aussi moutonnière que dans le peuple lui-même. Elle subit naturellement l'influence de ses intérêts qui lui font de la réaction une condition d'existence. Mais il est impossible d'admettre qu'en faisant de la réaction elle n'obéisse seulement qu'à un sentiment d'égoïsme. Une grande masse d'hommes, même passablement corrompus, lorsqu'elle agit collectivement, ne saurait être aussi dépravée. Il y a dans toute association nombreuse, et à plus forte raison dans les associations traditionnelles, historiques, comme les classes, fussent-elles même arrivées à ce point d'être devenues absolument malfaisantes ou contraires à l'intérêt et au droit de tout le monde, un principe de moralité, une religion, une croyance quelconque, sans doute très peu rationnelles, le plus souvent ridicules et, conséquemment, très étroites, mais sincères, et qui constituent la condition morale indispensable de leur existence.

---

L'erreur commune et fondamentale de tous les idéalistes, erreur qui est d'ailleurs une conséquence très logique de tout leur système, c'est de chercher la base de la morale dans l'individu isolé, tandis qu'elle ne se trouve et ne peut se trouver que dans les individus associés. Pour le prouver, commençons à faire justice, une fois pour toutes, de l'individu isolé ou absolu des idéalistes.

Cet individu humain solitaire et abstrait est une fiction, pareille à celle de Dieu, toutes les deux ayant été créées simultanément par la fantaisie croyante ou par la raison enfantine, non réfléchie, expérimentale et critique mais imaginative des peuples, d'abord, et plus tard développées, expliquées et dogmatisées par les théories théologiques et métaphysiques des penseurs idéalistes. Toutes les deux, représentant un abstractum vide de tout contenu et incompatible avec une réalité quelconque, aboutissent au Néant. Je crois avoir prouvé l'immoralité de la fiction de Dieu : plus tard, dans l'Appendice je prouverai encore davantage son absurdité. Maintenant je veux analyser la fiction aussi immorale qu'absurde de cet individu humain absolu ou abstrait, que les moralistes de l'Ecole idéale prennent pour base de leurs théories politiques et sociales.

Il ne me sera pas difficile de prouver que l'individu humain qu'ils préconisent et qu'ils aiment, est un être parfaitement immoral. C'est l'égoïsme personnifié, l'être antisocial par excellence. Puisqu'il est doué d'une âme immortelle, il est infini et complet en lui-même ; donc il n'a besoin de personne, pas même de Dieu, à plus forte raison n'a-t-il pas besoin d'autres hommes. Logiquement il ne devait point supporter l'existence d'un individu égal ou supérieur, aussi immortel et aussi infini, ou plus immortel ou plus infini que lui-même, soit à côté soit au-dessus de lui. Il devrait être le seul homme sur la terre, que dis-je, il devrait pouvoir se dire le seul être, le monde. Car l'infini qui trouve quoi que ce soit en dehors de lui-même, trouve une limite, n'est plus l'infini, et deux infinis qui se rencontrent, s'annulent.

Pourquoi les théologiens et les métaphysiciens, qui se montrent d'ailleurs des logiciens si subtils, ont-ils commis et continuent-ils de commettre cette inconséquence d'admettre l'existence de beaucoup d'hommes également immortels, c'est-à-dire également infinis, et au-dessus d'eux celle d'un Dieu encore plus immortel et plus infini ? Ils y ont été forcés par l'impossibilité absolue de nier l'existence réelle, la mortalité aussi bien que l'indépendance mutuelle des millions d'êtres humains qui ont vécu et qui vivent sur cette terre. C'est un fait dont, malgré toute leur bonne volonté, ils ne peuvent faire abstraction. Logiquement, ils auraient dû en conclure que les âmes ne sont pas immortelles et qu'elles n'ont point d'existence séparée de leurs enveloppes corporelles et mortelles, et qu'en se limitant et se trouvant dans une dépendance mutuelle, rencontrant en dehors d'eux-mêmes une infinité d'objets différents, les individus humains, comme tout ce qui existe dans ce monde, sont des êtres passagers, limités et finis. Mais en reconnaissant cela, ils devraient renoncer aux bases mêmes de leurs théories idéales, ils devraient se ranger sous le drapeau du matérialisme pur, ou de la science expérimentale et rationnelle. C'est à quoi les convie aussi la voix puissante du siècle.

Ils restent sourds à cette voix. Leur nature d'inspirés, de prophètes, de doctrinaires et de prêtres, et leur esprit poussé par les subtils mensonges de la métaphysique, habitué aux crépuscules des fantaisies idéales, se révoltent contre les franches conclusions et contre le plein jour de la vérité simple. Ils l'ont tellement en horreur qu'ils préfèrent supporter la contradiction qu'ils créent eux-mêmes par cette fiction absurde de l'âme immortelle, soit à devoir en chercher la solution dans une absurdité nouvelle, dans la fiction de Dieu. Au point de vue de la théorie, Dieu n'est réellement autre chose que le dernier refuge et l'expression suprême de toutes les absurdités et contradictions de l'Idéalisme. Dans la théologie, qui représente la métaphysique enfantine et naïve, il apparaît comme la base et la cause première de l'absurde, mais dans la métaphysique proprement dite, c'est-à-dire dans la théologie subtilisée et rationalisée, il en

constitue au contraire la dernière instance et le suprême recours, dans ce sens que toutes les contradictions qui paraissent insolubles dans le monde réel,
on les explique en Dieu et par Dieu, c'est-à-dire par
l'absurde enveloppé autant que possible d'une apparence rationnelle.

L'existence d'un Dieu personnel et l'immortalité
de l'âme sont deux fictions inséparables, sont les deux
pôles de la même absurdité absolue, l'un provoquant
l'autre et l'un cherchant vainement son explication,
sa raison d'être dans l'autre. Ainsi pour la contradiction évidente qu'il y a entre l'infinité supposée de
chaque homme et le fait réel de l'existence de beaucoup d'hommes, donc quantité d'êtres infinis qui se
trouvent, en dehors l'un de l'autre, se limitant nécessairement ; entre leur mortalité et leur immortalité ;
entre leur dépendance naturelle et leur indépendance
absolue l'un de l'autre, les idéalistes n'ont qu'une seule
réponse : Dieu ; — si cette réponse ne vous explique
rien, et ne vous satisfait pas, tant pis pour vous. Ils
ne peuvent pas vous en donner d'autre.

La fiction de l'immortalité de l'âme et celle de la
morale individuelle, qui en est la conséquence nécessaire, sont la négation de toute morale. Et sous
ce rapport, il faut rendre justice aux théologiens, qui,
beaucoup plus conséquents, plus logiques que les
métaphysiciens, nient hardiment ce que l'on est con-

venu d'appeler aujourd'hui la *morale indépendante*,
déclarant, avec beaucoup de raison, que du moment
qu'on admet l'immortalité de l'âme et l'existence de
Dieu, il faut reconnaître aussi qu'il ne peut y avoir
qu'une seule morale, c'est la loi divine, révélée, la
morale religieuse, c'est-à-dire le rapport de l'âme immortelle avec Dieu par la grâce de Dieu. En dehors
de ce rapport irrationnel, miraculeux et mystique,
le seul saint et le seul salutaire, et en dehors des conséquences qui en découlent pour l'homme, tous les
autres rapports sont nuls. La morale divine est la
négation absolue de la morale humaine.

La morale divine a trouvé sa parfaite expression
dans cette maxime chrétienne: « Tu aimeras Dieu
plus que toi-même et tu aimeras ton prochain autant
que toi-même », ce qui implique le sacrifice de soi-
même et du prochain à Dieu. Passe pour le sacrifice
de soi-même, il peut être taxé de folie ; mais le sacrifice du prochain est, au point de vue humain,
absolument immoral. Et pourquoi suis-je forcé à un
sacrifice inhumain ? Pour le salut de mon âme. C'est
le dernier mot du Christianisme. Donc pour complaire à Dieu et pour sauver mon âme, je dois sacrifier mon prochain. C'est l'absolu égoïsme. Cet
égoïsme non diminué, ni détruit, mais seulement
masqué dans le Catholicisme, par la collectivité forcée et par l'unité autoritaire, hiérarchique et despo-

tique de l'Eglise, apparaît dans toute sa franchise
cynique dans le Protestantisme, qui est une sorte de
« *sauve qui peut* » religieux.

Les métaphysiciens à leur tour s'efforcent de pallier
cet égoïsme qui est le principe inhérent et fondamental de toutes les doctrines idéales, en parlant fort peu,
aussi peu que possible des rapports de l'homme avec
Dieu, et beaucoup des rapports mutuels des hommes.
Ce qui n'est pas du tout beau, ni franc, ni logique
de leur part ; car du moment qu'on admet l'existence
de Dieu, on est forcé de reconnaître la nécessité des
rapports de l'homme avec Dieu ; et on doit reconnaître qu'en présence de ces rapports avec l'être absolu
et suprême, tous les autres rapports sont nécessairement simulés. Ou bien Dieu n'est pas Dieu, ou
bien sa présence absorbe, détruit tout. Mais passons...

Les métaphysiciens cherchent donc la morale dans
les rapports des hommes entre eux, et en même
temps, ils prétendent qu'elle est un fait absolument
individuel, une loi divine écrite dans le cœur de chaque homme, indépendamment de ses rapports avec
d'autres individus humains. Telle est la contradiction
inextricable sur laquelle est fondée la théorie morale
des idéalistes. Du moment que je porte antérieurement à tous mes rapports avec la société et par conséquent indépendamment de toute influence de cette

société sur ma propre personne, une loi morale écrite primitivement par Dieu même dans mon cœur, cette loi morale est nécessairement étrangère et indifférente sinon hostile à mon existence dans la société ; elle ne peut concerner mes rapports avec les hommes, et ne peut régler seulement que mes rapports avec Dieu, comme l'affirme très logiquement la théologie. Quant aux hommes, au point de vue de cette loi, ils me sont parfaitement étrangers. La loi morale s'étant formée et inscrite en mon cœur en dehors de tous mes rapports avec eux, elle ne peut avoir rien à faire avec eux.

Mais, dira-t-on, cette loi vous commande précisément d'aimer les hommes, autant que vous-mêmes, parce qu'ils sont vos semblables et de ne leur rien faire que vous ne voudriez pas qu'il soit fait à vous-même, d'observer à leur égard l'égalité, l'équation morale, la justice. A ceci je réponds que s'il est vrai que la loi morale contient ce commandement, je dois en conclure qu'elle ne s'est formée et qu'elle n'a pas été écrite isolément dans mon cœur ; elle suppose nécessairement l'existence antérieure de mes rapports avec d'autres hommes, mes semblables, et par conséquent elle ne crée pas ces rapports, mais les trouvant déjà naturellement établis, elles les règle seulement, et en est en quelque sorte la manifestation développée, l'explication, le produit. D'où il résulte que la

terme aujourd'hui. Ni dans l'anthropophagie ni dans
l'esclavage on ne trouve sans doute aucune trace des
principes divins. Mais dans cette lutte incessante des
peuples et des hommes entre eux qui constitue l'histoire et à la suite même des souffrances sans nombre
qui en sont le résultat le plus clair, les âmes peu à
peu se réveillent, sortant de leur engourdissement, de
leur abrutissement, rentrant en elles-mêmes, se reconnaissant et s'approfondissant toujours davantage
dans leur être intime, provoquées et suscitées d'ailleurs l'une par l'autre, elles commencent à se souvenir, à pressentir d'abord, puis à entrevoir et à saisir
plus clairement les principes que Dieu, de toute éternité, y a tracés de sa main propre.

Ce réveil et ce souvenir s'effectuent d'abord dans
les âmes non les plus infinies et les plus immortelles,
ce qui serait une absurdité ; l'infini n'admettant ni
de plus ni de moins, ce qui fait que l'âme du plus grand
idiot est aussi infinie et immortelle que celle du plus
grand génie ; ils s'effectuent dans les âmes les moins
grossièrement matérialisées, et par conséquent plus
capables de se réveiller et de se ressouvenir. Ce sont
les hommes de génie, les inspirés de Dieu, les révélateurs, les législateurs, les prophètes. Une fois que
ces grands et saints hommes, illuminés et provoqués
par l'esprit, sans l'aide duquel rien de grand ni de bon
ne se fait dans ce monde, une fois qu'ils ont retrouvé

en eux-mêmes une de ces divines vérités que chaque homme porte inconsciemment en son âme, il devient naturellement beaucoup plus facile aux hommes plus grossièrement matérialisés de faire cette même découverte en eux-mêmes. Et c'est ainsi que toute grande vérité, tous les principes éternels manifestés d'abord dans l'histoire comme des révélations divines, se réduisent plus tard à des vérités divines sans doute, mais que chacun néanmoins peut et doit retrouver en soi-même et reconnaître comme les bases de sa propre essence infinie, ou de son âme immortelle. Cela explique comment une vérité d'abord révélée par un seul homme, se répandant peu à peu au dehors, fait des disciples, d'abord peu nombreux et ordinairement persécutés aussi bien que le maître par les masses et par les représentants officiels de la société ; mais se répandant toujours davantage à cause même de ces persécutions, elle finit par envahir tôt ou tard la conscience collective, et après avoir été longtemps une vérité exclusivement individuelle, se transforme à la fin en une vérité socialement acceptée ; réalisée tant bien que mal, dans les institutions publiques et privées de la société, elle en devient la loi.

Telle est la théorie générale des moralistes de l'école métaphysique. A la première apparence, ai-je dit, elle est très plausible et semble réconcilier les choses les plus disparates : la révélation divine et la

raison humaine, l'immortalité et l'indépendance absolue des individus, avec leur mortalité et leur dépendance absolue, l'individualisme et le socialisme. Mais
en examinant cette théorie et ses conséquences de
plus près, il nous sera facile de reconnaître que ce
n'est qu'une réconciliation apparente qui couvre sous
un faux masque de rationalisme et de socialisme,
l'antique triomphe de l'absurdité divine sur la raison
humaine et de l'égoïsme individuel sur la solidarité
sociale. En dernière instance, elle aboutit à la séparation et à l'isolement absolu des individus, et par
conséquent à la négation de toute morale.

Malgré ses prétentions au rationalisme pur, elle
commence par la négation de toute raison, par l'absurde, par la fiction de l'infini perdu dans le fini ou
par la supposition d'une âme, d'une quantité d'âmes
immortelles logées et emprisonnées dans des corps
mortels. Pour corriger et pour expliquer cette absurdité, elle est forcée d'avoir recours à une autre, à
l'absurdité par excellence, à Dieu, sorte d'âme immortelle, personnelle, immuable, logée et emprisonnée dans un univers passager et mortel et gardant tout
de même son omniscience et son omnipotence. Lorsqu'on lui pose des questions indiscrètes, qu'elle est
naturellement incapable de résoudre, parce que l'absurde ne se résout, ni ne s'explique, elle répond par
ce mot terrible de Dieu, l'absolu mystérieux, qui ne

signifiant absolument rien ou signifiant l'impossible, selon elle, résout, explique tout. C'est son affaire et son droit, car c'est pour cela, qu'héritière et fille plus ou moins obéissante de la théologie, elle s'appelle la métaphysique.

Ce que nous avons à considérer ici, ce sont les conséquences morales de sa théorie. Constatons d'abord que sa morale, malgré son apparence socialiste, est une morale profondément, exclusivement individuelle, après quoi il ne nous sera plus difficile de prouver qu'ayant ce caractère dominant, elle est en effet la négation de toute morale.

Dans cette théorie, l'âme immortelle et individuelle [de] chaque homme, infinie ou absolument complète par son essence, et comme telle n'ayant absolument besoin d'aucun être, ni de rapports avec d'autres êtres pour se compléter, se trouve emprisonnée et comme anéantie d'abord dans un corps mortel. Dans cet état de déchéance, dont les raisons sans doute nous resteront éternellement inconnues, parce que l'esprit humain est incapable de les expliquer et que l'explication s'en trouve seulement dans le mystère absolu, dans Dieu ; réduite à cet état de matérialité et de dépendance absolue vis-à-vis du monde extérieur, l'âme humaine a besoin de la société pour se réveiller, pour se ressouvenir, pour reprendre connaissance d'elle-même et des principes divins qui

*ment* besoin de cette société, sans en avoir, au point de vue moral, le moindre besoin.

Mais quel est le nom qu'on doit donner à des rapports qui n'étant motivés que par des besoins exclusivement matériels, ne se trouvent pas en même temps sanctionnés, appuyés par un besoin moral quelconque ? Evidemment, il ne peut y en avoir qu'un seul, c'est l'*exploitation*. Et en effet, dans la morale métaphysique et dans la société bourgeoise qui a, comme l'on sait, cette morale pour base, chaque individu devient nécessairement l'*exploiteur* de de la société, c'est-à-dire de tous, et l'Etat, sous ses formes différentes, depuis l'Etat théocratique et la Monarchie la plus absolue jusqu'à la République la plus démocratique basée sur le suffrage universel le plus large, n'est autre chose qui le régulateur et le garantisseur de cette exploitation mutuelle.

Dans la société bourgeoise, fondée sur la morale métaphysique, chaque individu, par la nécessité ou par la logique même de sa position, apparaît comme un exploiteur des autres, parce qu'il a besoin de tous *matériellement* et il n'a besoin de personne, *moralement*. Donc chacun, fuyant la solidarité sociale comme une entrave à la pleine liberté de son âme, mais la cherchant comme un moyen nécessaire pour l'entretien de son corps, ne la considère qu'au point de vue de son utilité matérielle, personnelle, et ne lui apporte, ne lui donne que ce qui est absolument nécessaire pour avoir non le droit, mais le pouvoir de s'assurer de cette utilité par lui-même. Chacun la considère en un mot comme un exploiteur. Mais quand tous sont également exploiteurs, il faut nécessairement qu'il y en ait d'heureux et de malheureux, parce que toute exploitation suppose des exploités. Il y a donc des exploiteurs, qui le sont en même temps en puissance et en réalité ; et d'autres, le grand nombre, le peuple, qui ne le sont seulement qu'en puissance, de vouloir, mais non en réalité. Réellement ils sont les éternels exploités. En économie sociale, voilà donc à quoi aboutit la morale métaphysique ou bourgeoise ; à une guerre sans merci et sans trève entre tous les individus, à une guerre acharnée où le plus grand nombre périt pour assurer le triomphe et la prospérité du petit nombre.

La seconde raison qui peut induire un individu arrivé à la pleine possession de soi-même de conserver des rapports avec d'autres hommes, c'est le désir de plaire à Dieu et le devoir de remplir son second commandement ; le premier étant d'aimer Dieu plus que soi-même, et le second d'aimer les hommes, ses prochains, autant que soi-même et de leur faire, *pour l'amour de Dieu*, tout le bien qu'il désire qu'on lui fasse.

Remarquez ces mots : « *pour l'amour de Dieu* » ;

ils expriment parfaitement le caractère du seul amour humain qui soit possible dans la morale métaphysique, qui consiste précisément à ne point aimer les hommes pour eux-mêmes, par propre besoin, mais seulement pour complaire au maître souverain. Au reste, il doit en être ainsi; car du moment que la métaphysique admet l'existence d'un Dieu, et les rapports de l'homme avec Dieu, elle doit, comme la théologie, leur subordonner tous les rapports humains. L'idée de Dieu absorbe, détruit tout ce qui n'est pas Dieu, remplaçant toutes les réalités humaines et terrestres par des fictions divines.

Dans la morale métaphysique, ai-je dit, l'homme arrivé à la conscience de son âme immortelle et de sa liberté individuelle devant Dieu et en Dieu, ne peut pas aimer les hommes, parce que moralement il n'en a plus besoin, et parce qu'on ne peut aimer, ai-je ajouté encore, que ce qui a besoin de vous.

Si l'on en croit les théologiens et les métaphysiciens, la première condition est parfaitement remplie dans les rapports de l'homme avec Dieu, car ils prétendent que l'homme ne peut se passer de Dieu. L'homme peut donc et doit aimer Dieu, puisqu'il en a tant besoin. Quant à la seconde condition, celle de ne pouvoir aimer que ce qui a besoin de cet amour, on ne la trouve point réalisée dans les rapports de l'homme avec Dieu. Ce serait une impiété que de dire raison, de la justice et de la vraie liberté, disent les autres, que ne le sont les masses populaires, ont la sainte et noble mission de les y conduire. Sacrifiant leurs intérêts et négligeant leurs propres affaires, ils doivent se dévouer au bonheur *de leur frère cadet,* le peuple. Le gouvernement n'est pas un plaisir, c'est un pénible devoir : on n'y cherche pas la satisfaction soit de son ambition, soit de sa vanité, soit de sa cupidité personnelle, mais seulement l'occasion de sacrifier au bonheur de tout le monde. C'est pour cela sans doute que le nombre des compétiteurs aux fonctions officielles est toujours si petit, et que rois et ministres, grands et petits fonctionnaires n'acceptent le pouvoir qu'à leur cœur défendant.

Tels sont donc, dans la société conçue selon la théorie des métaphysiciens, les deux genres différents et même opposés de rapports qui peuvent exister entre les individus. Le premier est celui de l'*exploitation*, et le second celui de *gouvernement.* S'il est vrai que gouverner signifie se sacrifier pour le bien de ceux qu'on gouverne, ce second rapport est en effet en pleine contradiction avec le premier, avec celui de l'exploitation. Mais entendons-nous. Selon la théorie idéale, soit théologique soit métaphysique, ces mots, *le bien des masses,* ne peuvent signifier leur bien-être terrestre, ni leur bonheur temporel ; qu'est-ce que c'est que quelques dizaines [d'années] de vie terrestre

â la consécration de l'esclavage et de l'immoralité, je
dois montrer maintenant comment la science réelle,
le matérialisme et le socialisme, — ce second terme
n'étant d'ailleurs que le juste et complet développement du premier, — précisément parce qu'ils prennent
pour point de départ la nature matérielle et l'esclavage
naturel et primitif des hommes, et parce qu'ils s'o-
bligent par là même de chercher l'émancipation des
hommes non en dehors, mais au sein même de la
société, non contre elle, mais par elle, doivent aboutir
tout aussi nécessairement à l'établissement de la plus
large liberté des individus et de l'humaine moralité.

*(Ici le manuscrit se termine.)*

FIN

# TABLE DES MATIÈRES


Introduction

Fédéralisme, socialisme et antithéologisme . . . . . . .  :

Aux compagnons de l'association internationale des travailleurs du locle et de la chaux-de-fonds. . . . . .  207

Dieu et l'état (extrait du manuscrit inédit) . . . . . .  261



Imprimerie Générale de Châtillon-sur-Seine. — Pichat et Pepin.